经济学博士文库

中国贸易技术溢出效应逆差收敛性研究
——基于贸易技术结构高度化（TSS）指数

余慧倩◎著

Study on the Narrowing of
Negative Trade Technology Spillover Effect of China
——Based on the Technological Structure Supererogation (TSS) Index

图书在版编目（CIP）数据

中国贸易技术溢出效应逆差收敛性研究/余慧倩著. —北京：经济管理出版社，2017.1
ISBN 978-7-5096-4887-2

Ⅰ.①中⋯　Ⅱ.①余⋯　Ⅲ.①对外贸易—技术贸易—研究—中国　Ⅳ.①F752.67

中国版本图书馆 CIP 数据核字（2016）第 324752 号

组稿编辑：申桂萍
责任编辑：侯春霞
责任印制：黄章平
责任校对：超　凡

出版发行：经济管理出版社
　　　　　（北京市海淀区北蜂窝 8 号中雅大厦 A 座 11 层　100038）
网　　址：www.E-mp.com.cn
电　　话：(010) 51915602
印　　刷：北京玺诚印务有限公司
经　　销：新华书店
开　　本：720mm×1000mm/16
印　　张：14.5
字　　数：260 千字
版　　次：2017 年 5 月第 1 版　2017 年 5 月第 1 次印刷
书　　号：ISBN 978-7-5096-4887-2
定　　价：59.00 元

·版权所有　翻印必究·

凡购本社图书，如有印装错误，由本社读者服务部负责调换。

联系地址：北京阜外月坛北小街 2 号
电　　话：(010) 68022974　　邮编：100836

前　言

改革开放以来，中国高度重视对外贸易，希望借此达到取长补短、积极吸收贸易技术溢出效应、缩小经济技术发展差距的目的。本书以中国外贸技术结构为研究对象，与已有研究相比，本书对近20年来中国进出口贸易技术结构的变迁进行了细致的量化分析。在此基础上，比较了中国与世界其他主要国家外贸技术结构及其高度化发展的异同，探讨了中国从外贸中取得的技术溢出效应和利益，辨析了当前中国贸易发展和技术发展所处阶段，预测了未来中国贸易技术结构的调整和外贸技术溢出逆差的收敛。

本书含导论和结论在内共包括十章内容。导论部分是对研究背景与意义、目标与方法、主要研究内容与创新点的介绍。第一章是对技术和技术溢出等基本概念的阐述，是本书的逻辑基础。第二章是国际贸易技术溢出文献综述，主要从理论渊源、理论模型、实证框架、国别差异、影响因素等方面进行综述。第三章是对国际贸易技术结构的分析。在这一章中，笔者逐年计算了1992~2010年19个年份、1033种SITC四位码国际贸易商品的技术含量，描绘了当前的国际贸易格局和国际贸易技术结构的变迁。第四章是对中国进出口贸易技术结构的分析，重点关注中国外贸活动在"量"的扩大过程中是否同步实现了"质"的优化。本章第一节和第二节分别介绍了中国出口和进口贸易技术结构的特征并对二者进行了比较，第三节提出了中国出口和进口贸易技术结构的未来调整目标。第五章是从商品层面对中国进口贸易技术溢出效应的计量分析，检验了进口贸易知识溢出、进口竞争效应与出口商品竞争力之间的协整关系。第六章是从行业层面对中国进口贸易技术溢出效应的计量分析，重点讨论贸易技术溢出对中国22个制造业行业全要素生产率的影响。第七章比较了中国与世界其他主要国家的贸易技术结构高度化发展状况，编制了1992年、2001年和2010年三个典型年份全球各国贸易技术结构高度化发展状况的排行榜。本章第一节归纳指出中国近20年来贸易技术结构高度化发展的最显著特征是贸易技术溢出效应呈逆差且逐渐收敛。第二节通过实证分析阐明贸易技术溢出效应逆差是发展中国家贸易技术结构高度化发展的普遍特征，贸易技术溢出效应顺差是发达国家贸易技术结构高度化发展的普遍特征。第三节预测了中国贸易技术溢出效应从逆差收敛至平衡的变化过程。第八章探讨了加速中国贸易技术溢出效应逆差收敛的政策措施。最后结论部分概述了本书的主要结论，对未来进一步的研究内容与领域进行了展望。第四章和第七章是本书的核心。本书主要采用了文献分析法、统计分析法、对比分析法、归纳与演绎法等多种方法。

Abstract

After the reform and opening up, China has paid great attention to foreign trade, in order to absorb more trade technology spillover effect, and narrow the gap of the economic and technological development between China and developed countries. This paper takes China's foreign trade technological structure as the research object. Compared with the former studies, this study versatilely and quantitatively presents the changes of China's recent 20 years' trade technological structure. The trade technological structure development of China and other major countries of the world are compared, and their similarities and differences are uncovered. And the technological spillover effect and interests gained from foreign trade for China is discussed. Then the phase of China's current technology development and trade development is analyzed. The future adjustment of China's trade technological structure and the narrowing of its negative trade technology spillover effect are also forecasted in this study.

Concluding introduction and conclusion, this dissertation contains ten chapters in all. The introduction shows the background and significance, goals and methods, the main research contents and innovations of this study. The first chapter illustrates concepts of technology and technology spillover. The second chapter reviews literatures of international trade technology spillover. The third chapter describes international trade technological structure and respectively calculates the yearly technology content of 1033 kinds of SITC four digit intentional trade goods from 1992 to 2010. The fourth chapter describes and compares China's export and import trade technological structure, and forecasts its future reform targets. The fifth and sixth chapters respectively analyze the influence of trade spillover effects from a commodity and industry perspective. The seventh chapter compares China's trade technological structure supererogation and other major countries', and complies three typical years' global ranking list. The eighth chapter discusses about measures of narrowing of China's negative trade technological spillover effect. And the last conclusion part summarizes the whole research. The fourth and seventh chapters are the core part of the study. Statistic analysis, comparative analysis, induction and deduction method are used in this study.

目 录

导 论 ·· 001
    一、研究背景 ·· 001
    二、研究目标 ·· 004
    三、研究方法与框架 ··· 005
    四、研究的创新点 ··· 007

第一章 技术与技术溢出 ·· 010
    第一节 技术内涵的界定 ··· 010
    第二节 技术活动的特征 ··· 013
        一、需求对技术创新的影响 ··· 013
        二、经济利益对技术创新的驱动 ····································· 014
        三、技术活动成功与否的判别条件 ·································· 015
        四、技术水平高低的辨别标准 ······································· 016
    第三节 技术优势累积与技术溢出 ······································ 017
        一、技术优势的累积 ·· 017
        二、技术溢出与技术保护 ·· 018
        三、技术吸收与自主创新 ·· 020

第二章 国际贸易技术溢出文献综述 ·· 022
    第一节 理论渊源和理论模型 ··· 023
        一、理论渊源 ·· 023

二、理论模型概述 ………………………………………… 026

第二节　实证研究进展 ………………………………………… 031

　　一、实证分析框架 ………………………………………… 031

　　二、国别差异比较 ………………………………………… 035

　　三、影响因素研究 ………………………………………… 037

　　四、国内研究概述 ………………………………………… 041

第三节　当前研究待改进之处 ………………………………… 044

第三章　国际贸易技术结构与商品技术含量 …………………… 047

第一节　国际贸易商品技术含量 ……………………………… 048

　　一、概念界定 ……………………………………………… 048

　　二、测度方法和指数设计 ………………………………… 049

　　三、编码体系与数据处理 ………………………………… 055

第二节　国际贸易商品—技术结构 …………………………… 058

　　一、贸易商品技术分布 …………………………………… 058

　　二、贸易商品技术结构 …………………………………… 062

第三节　国际贸易国别—技术结构——兼与中国比较 ……… 071

　　一、世界主要经济体贸易技术结构比较 ………………… 071

　　二、世界主要经济体的全球贸易份额 …………………… 075

　　三、国别比较的主要结论与对中国的定位 ……………… 078

第四节　国际贸易技术结构变迁：1992~2010 年 …………… 080

　　一、不同技术商品贸易额比重变迁 ……………………… 080

　　二、商品 CVT 指数值变迁 ………………………………… 083

第四章　中国对外贸易技术结构变迁：1992~2010 年 ………… 085

第一节　中国出口贸易技术结构变迁 ………………………… 087

　　一、出口贸易技术结构变迁特点 ………………………… 087

　　二、出口商品变迁特点 …………………………………… 092

第二节　中国进口贸易技术结构变迁——兼与出口比较 …… 094

　　一、进口贸易技术结构当前的特征 ……………………… 094

  二、进口贸易技术结构变迁特点 ………………………………………… 101

 第三节 中国对外贸易技术结构调整目标 …………………………………… 108

  一、出口贸易调整目标 …………………………………………………… 108

  二、进口贸易调整目标 …………………………………………………… 109

第五章 进口溢出、进口竞争与出口商品竞争力协整分析 ……………… 111

 第一节 中国进出口战略概述 …………………………………………………… 111

 第二节 协整分析过程与结果 …………………………………………………… 113

  一、研究背景 ……………………………………………………………… 113

  二、平稳性检验 …………………………………………………………… 114

  三、实证模型结果分析 …………………………………………………… 116

 第三节 竞争效应、淘汰机制与战略性贸易政策 …………………………… 120

  一、竞争效应与淘汰机制 ………………………………………………… 120

  二、进口竞争与企业吸收能力 …………………………………………… 121

第六章 进口贸易技术溢出与中国制造业全要素生产率 …………………… 123

 第一节 制造业全要素生产率测算 ……………………………………………… 123

  一、文献回顾 ……………………………………………………………… 123

  二、测算方法 ……………………………………………………………… 127

  三、马姆奎斯特生产率指数 ……………………………………………… 129

  四、全要素生产率测算结果 ……………………………………………… 132

 第二节 进口贸易对制造业全要素生产率的影响 …………………………… 134

  一、文献回顾 ……………………………………………………………… 134

  二、模型设定 ……………………………………………………………… 136

  三、单位根与协整检验 …………………………………………………… 137

  四、实证模型结果分析 …………………………………………………… 138

第七章 中国贸易技术溢出效应逆差及其收敛 ………………………………… 141

 第一节 中国与世界主要国家贸易技术溢出效应逆、顺差初判 ………… 142

  一、中国与主要发达国家贸易技术结构高度化发展比较 …………… 142

二、中国与主要发展中国家贸易技术结构高度化发展比较 ………… 144
　　三、韩国与新加坡的成功案例 ……………………………………… 147
第二节　全球 TSS 值排名与中国的位次——1992 年、2001 年与
　　　　2010 年的比较 ……………………………………………… 149
　　一、CVT 指数与 TSS 指数的缺陷 ………………………………… 149
　　二、1992 年全球排名与中国的位次 ……………………………… 150
　　三、2001 年全球排名与中国的位次 ……………………………… 152
　　四、2010 年全球排名与中国的位次 ……………………………… 154
第三节　技术溢出效应逆、顺差诊断与对中国的预测 ……………… 156
　　一、世界各经济体贸易技术溢出效应逆、顺差诊断 …………… 156
　　二、中国贸易技术溢出效应逆差收敛预测 ……………………… 158

第八章　加速中国外贸技术溢出效应逆差收敛探析 ……………… 160

第一节　中国贸易竞争力思辨 …………………………………………… 161
　　一、中国的贸易影响力 …………………………………………… 161
　　二、中国贸易竞争力的双刃性 …………………………………… 163
第二节　加速完善市场机制，释放企业创新精神 …………………… 165
　　一、企业技术创新的系统性风险 ………………………………… 165
　　二、创新机制建设有待完善 ……………………………………… 166
第三节　培育自身累积优势，迈向技术强国目标 …………………… 169
　　一、加快技术优势累积 …………………………………………… 169
　　二、激活企业家创新精神 ………………………………………… 170
　　三、引导制造业实体健康发展 …………………………………… 172

结　论 …………………………………………………………………… 176

　　一、本书的主要结论 ……………………………………………… 176
　　二、研究的不足与进一步的研究方向 …………………………… 182

附　录 …………………………………………………………………… 184

　　附录一　第三章附表 ……………………………………………… 184

附录二	第四章附表	188
附录三	第七章附表	193
附录四	中国贸易技术溢出效应逆差收敛预测（与第七章对应）	195
附录五	第八章附表	199

参考文献 ········· 203

后　记 ········· 219

导 论

一、研究背景

在一国经济技术进步中,国际贸易一直扮演着重要角色。国外技术溢出和国内自主创新都是推动一国经济技术进步的重要力量。在世界发展史上,还没有哪个国家能够始终引领技术创新潮流。近现代史上的经济强国和技术强国无不经历过向其他国家"偷师学艺"的历史,其间不乏秘密引进国外技工、走私机器、派遣工业间谍、蔑视知识产权等各种不体面的手段。[①]第二次世界大战后,发达国家重新建立起了一套世界技术认证与管理体系和相关游戏规则,不体面的技术扩散手段被禁止并被视为非法行为。然而,学习和模仿是人类的天性,赶上和超越是后发国家的普遍要求。于是,正常的国际贸易便成了发展中国家在参与国际交往的过程中获得有关新产品和新技术的一个重要渠道。由于从发达国家引进先进技术可能会因为信息不对称而引发逆向选择和道德风险等问题,且花费昂贵,因此,除专项安排的技术引进计划外,发展中国家大都把国际贸易尤其是进口贸易

[①]《鲁滨逊漂流记》的作者、英国著名小说家丹尼尔·笛福(Daniel Defoe)是当时英国颇为著名的政论家。1728年迪福发表了一篇名为《英格兰商业计划》(A Plan of the English Commerce)的经济学著作,在该书中迪福描述了英国都铎王朝为发展毛纺织产业而动用的各种非体面手段,该产业当时在欧洲"低地国家"是高技术产业,而英国与"低地国家"的技术差距很大。该案例转引自[英]张夏准:《富国的伪善——自由贸易的迷失与资本主义秘史》,严荣译,社会科学文献出版社2009年版,第24页。在德国经济学家弗里德里希·李斯特(Friedrich List)的著作中也对英国当时偷学技术等活动有描述,见[德]弗里德里希·李斯特:《政治经济学的国民体系》,邱伟立译,华夏出版社2009年版,第30页。有关材料不再一一列举。

作为技术溢出的重要渠道。这也是本项研究高度重视该渠道的重要原因。

中国曾是世界上最重要的技术溢出国和名副其实的"技术高地"。试想，如果古代中国人对"四大发明"申请了专利并向国外征收专利费，那会是一幅怎样的景象。然而，历史不容许假设。立足当下、正视现实，近代以来的中国与发达国家相比，技术上的差距不是缩小了，而是扩大了。这也正是改革开放后我国高度重视对外贸易的原因，并希望借此达到取长补短、积极吸纳国外技术溢出效应的目的。

现在的问题是，当代中国与当今发达国家相比，其经济发展过程中的技术差距到底有多大？改革开放30多年来中国得自国外技术溢出的利益又有多少？搞清楚这些基础性问题，对于理性而有效地进行国际贸易战略选择，获取更多的技术溢出收益，具有重要意义。

众所周知，从总量角度看，全球研究开发（R&D）活动主要集中在发达国家[1]，世界专利数量也主要集中在发达国家[2]，中国在这两个方面所占比重都非常低。国内学术界这类分析和描述不算少，但缺乏更深入的探讨，尤其缺乏从结构分析角度对中国当前技术水平及与国外技术差距的分析与探讨。本书试图在这些方面有所贡献。

技术是具有生命力的活动，而不仅仅是写在专利档案上的冷冰冰的方案。经济学关注技术主要是基于技术的经济性（Economic）特征，而不是将其视为一个简单的技术性（Technical）问题。[3] 经济学关于技术水平和技术差距的理解是多维的。因此，在展开理论分析时，也可以从多个角度进行。

本书把国际贸易作为观察和分析技术对经济增长的影响及其互动关系的一个基本视角，其根据在于：

首先，经济学具有通过贸易结构和贸易商品竞争力来表征一国技术实力的分

---

[1] 资料显示，1995年，七国集团（G7）R&D投入占全球R&D投入的85%，包括中国在内的其他国家合计只占15%（Keller，2004）。

[2] 发达国家拥有世界90%的专利，包括中国在内的发展中国家只拥有世界不到10%的专利。在一些战略性、前沿性领域，如生物技术，美国拥有全世界该领域59%的专利、欧洲拥有19%、日本拥有17%，包括中国在内的发展中国家仅拥有该领域约5%的专利。数据引自梁晓亮：《DVD专利使用费之争告诉我们什么？》，《经济日报》，2002年12月16日，第3版；江涌：《知识产权：中国一直被动挨打》，《世界知识》，2009年第19期，第57—59页。

[3] 详见本书第一章第一节有关内容。

析传统。经验表明，贸易发展与技术进步之间具有良好的循环反馈机制。国际贸易拓展了国内厂商的竞争边界和技术前沿，本国厂商与外国厂商在全球竞争舞台上共竞技，产品是先进还是落后高下立见，国外先进产品的竞争冲击也会让国内厂商有所顾忌而不敢故步自封。

其次，对一国技术发展状况的考量也需要有全球的视角。以自身为镜，难免只见成绩、忽视不足。以世界为镜，则不仅易于发现自身的不足，且有助于激发更大的发展动力。因此，基于贸易视角比基于国内活动视角更具国际可比较性（International Comparablility）。

最后，从实证分析数据优化程度考量，更需要以全球贸易为研究的起点。当前全球贸易统计数据已经精细到 SITC 五位码和 HS 八位码水平[1]、商品分类口径多达数千种，相关数据库可以提供全球所有国家（地区，下同）的贸易数据。相比之下，国内的投入—产出数据或 R&D 数据等多限于行业层面的二位码分类水平，分类口径只有几十种，高分类口径的数据很难得到，世界各国这方面统计资料也很难全面获悉。综合来看，贸易层面数据比产业层面数据更适合承担实证性结构解析任务。本节拟通过对中国贸易技术结构的分析定位中国目前的技术发展水平及与外国的技术差距。

外国技术活动是如何影响本国技术进步的？有关这一问题的研究及其进展迫切需要深化。在各种技术溢出理论中，相较而言，贸易技术溢出理论的分析框架算是较为完备的。通过文献研读，我们发现，贸易技术溢出理论与本书将要进行的贸易技术结构分析具有很高的契合度。由于缺乏对贸易活动的结构化理解，贸易技术溢出实证研究难免遭遇瓶颈，而贸易技术结构分析则有助于疏通该瓶颈。[2] 本书拟通过把贸易技术结构分析与贸易技术溢出分析结合起来，以深化贸易技术溢出效应的实证研究。

本书统计分析发现，近 20 年来，中国出口贸易技术结构高度化发展水平一直低于进口贸易技术结构高度化发展水平，通过进口得自国外的贸易技术溢出效应高于中国出口对外国的贸易技术溢出效应。不仅中国，几乎所有发展中国家都

---

[1] SITC 是"标准国际贸易分类"（Standard International Trade Classification）的英文缩写，HS 是"商品名称及编码协调制度"（Harmonized Commodity Description and Coding System）的英文简称的缩写，有关介绍详见第三章第一节。

[2] 具体内容及本书拟改进之处见第二章第三节有关内容。

具有该特征，而绝大部分经济发展与合作组织（Organization for Economic Cooperation and Development，OECD）发达国家的情况则正好相反，其出口贸易技术结构高度化发展水平高于进口贸易技术结构高度化发展水平。本书将以中国为代表的这种现象称为"贸易技术溢出效应逆差"，将以 OECD 发达国家为代表的现象称为"贸易技术溢出效应顺差"。贸易技术溢出效应呈逆差且逐渐收敛是中国近 20 年来贸易技术结构高度化发展中的最显著特征。厘清这一点，有助于我们更好地定位未来中国外贸发展的长期战略及其近期目标。

综上所述，国际贸易是本书展开研究的基本视角，贸易技术结构是本书展开研究的基本切入点，技术溢出理论是本书展开研究的主要思想来源。分析和阐明中国贸易技术结构的特征和演进轨迹，检验进口贸易技术溢出效应对中国外贸和制造业发展的影响，比较中国与世界主要经济体贸易技术结构高度化发展中的差异，预测中国外贸技术溢出效应逆差未来的发展趋势，是研究的重点。做好上述研究，不仅有助于回答中国与发达国家相比技术差距有多大以及得自国外技术溢出的利益又有多少等问题，也有助于回答采取何种战略和策略能够更好地推动中国从经济大国和贸易大国迈向经济强国和贸易强国这样一个时代性命题。

二、研究目标

（一）理论研究目标

本书拟在前人研究成果基础上：①构建表征商品技术含量与国际贸易技术结构发展状况的指数，以化解传统的 R&D 资本存量指标对技术活动产出绩效刻画不足以及行业和商品层面数据难以获取的难题。②对国际贸易技术溢出给出一个基于贸易技术结构角度的解释，以改进当前流行的 C-H 贸易技术溢出模型对贸易技术结构以及贸易促进一国技术进步机制刻画的不足。③寻找中国近 20 年来贸易技术结构发展演变的规律和特征，比较中国与发达国家和其他发展中国家贸易技术结构发展演变的异同。

（二）实证研究目标

本书拟在前人研究成果基础上：①改进贸易商品技术含量测度方法和贸易商品技术等级分类方法。逐年计算 1992~2010 年 19 个年份、1033 种 SITC 四位码国际贸易商品的技术含量，并将贸易商品重新划分为高、中高、中等、中低和低技术五档技术等级。②展示中国自 20 世纪 90 年代以来进出口贸易技术结构的演进历程。将中国贸易技术结构分析的样本年份向前推进至 1992 年,即中国向联合国上报 SITC 和 HS 贸易数据的首个年份;将中国贸易技术结构分析的商品口径从当前的 SITC 二位码、三位码水平推进至四位码水平。③将中国贸易技术溢出效应研究从国家及行业层面拓展到商品层面。④利用本书新构建的指数编制典型年份各国进出口贸易技术结构发展以及各国贸易技术溢出效应状况的全球排行榜。比较中国与世界主要发达国家、其他金砖国家以及东盟等主要国家(地区)贸易技术结构和贸易技术溢出效应的变动。⑤预测中国贸易技术溢出效应从逆差转向平衡的收敛情况。

(三) 政策研究目标

在理论和实证研究基础上:①提出中国进出口贸易技术结构调整升级的近期、中期和远期目标,探讨改善中国贸易技术结构的政策措施。②探讨当前中国技术发展和贸易发展所处的阶段及在全球中的位次,探索推动中国贸易技术溢出效应逆差收敛、缩小中国与发达国家的经济技术差距的政策措施。

三、研究方法与框架

(一) 研究方法

根据拟定的研究目标,本书将主要采用下述研究方法:

1. 文献分析法

通过文献分析找到研究的前沿边界,发现其中的不足和待改进之处,在吸取前人成果的基础上进一步开展研究。本书主要涉及三类文献,第一类是与贸易技术溢出有关的文献,第二类是与贸易商品技术含量测度有关的文献,第三类是与全要素生产率测度有关的文献,除第一类文献将辟专章进行综述外,后两类文献将在相关专题部分分别予以介绍。

2. 统计分析法

现有研究的统计分析口径较粗,对中国贸易技术结构的刻画较笼统。有鉴于此,本书将在数据统计分析方面下大力气,对包括中国在内的全球一百多个国家的贸易技术结构和一千多种 SITC 四位码国际贸易商品技术含量进行统计分析。统计分析主要涉及联合国 Comtrade 数据库贸易商品数据、世界银行国别收入数据、中国国家统计局制造业行业投入产出和 R&D 活动方面的统计数据及相关价格指数等。

3. 对比分析法

刻画与描述中国及世界其他主要国家的贸易技术结构与演变轨迹是本研究的重点。在描述性分析基础上，本书对中国与世界其他主要国家的贸易技术结构、中国贸易技术结构的当前状况与历史演进以及中国进口贸易与出口贸易技术结构进行了比较分析。对比研究中还运用了分析综合法，先将研究对象分解成多个板块，如"贸易商品的技术分布"、"不同类型商品的贸易额比重"、"不同类型商品占全球贸易的份额"等，各板块分别承担某一方面的功能，将各个板块综合起来，有利于还原对贸易技术结构的整体认识。通过分析、比较与综合，实现从具体的统计数据向抽象的贸易技术结构的跨越。

4. 归纳与演绎法

本书通过研究中所掌握的世界主要国家贸易技术结构的不同特征归纳出与发达国家集合以及发展中国家集合有关的两项一般性特征，并进一步通过全球各国的大样本分析检验一般性特征的成立。本书还利用了演绎法，在前人提出的"收入假说"基础上，重新构建了测度商品技术含量的指数，计算了国际贸易商品的技术含量。本书通过引入一个表征贸易技术结构高度化发展的新指数以推动研究进展，借用该指数考察了各国贸易技术结构高度化发展状况，编制了全球各国进出口贸易技术结构高度化发展排名表，定位和辨析了中国当前技术发展和贸易发展所处阶段。

5. 理论的相互借鉴与融合

本书借鉴了社会学中技术创新由经济社会发展拉动的理论观点，该观点与现代经济增长理论中技术创新是经济增长的发动机的观点互为补充。本书尝试将贸易技术溢出理论引入到对技术发展阶段与贸易发展阶段的判定研究中。通过比较不同国家的贸易技术结构揭示国家间经济技术发展的差距，通过辨析国别贸易技术溢出效应逆（顺）差状态判定一国技术发展和贸易发展的阶段。

研究中利用的其他研究方法包括：计量分析法，本书以计量分析作为统计分析的补充和精炼；案例分析法，本书中介绍了韩国和新加坡贸易技术结构高度化发展方面的成功案例；调研法，笔者曾于2011年暑假到山东省某地级市对企业技术创新问题进行了专题调研。

（二）主要内容及章节安排

本书含导论和结论在内共包括十章内容。导论部分是对研究背景与意义、目标与方法、主要研究内容与创新点的介绍。第一章是对技术和技术溢出等基本概念的阐述，构成了本书的逻辑基础。第二章是国际贸易技术溢出文献综述，主要从理论渊源、理论模型、实证框架、国别差异、影响因素等方面进行论述。第三章是对国际贸易技术结构的分析。在这一章中笔者逐年计算了 1992~2010 年 19 个年份、1033 种 SITC 四位码国际贸易商品的技术含量，描绘了当前的国际贸易格局和国际贸易技术结构的变迁。第四章是对中国进出口贸易技术结构的分析，介绍并比较了中国出口和进口贸易技术结构的特征，提出了中国出口和进口贸易技术结构的未来调整目标。第五章是从商品层面对中国进口贸易技术溢出效应的计量分析，检验了进口贸易知识溢出、进口竞争效应与出口商品竞争力之间的协整关系。第六章是从行业层面对中国进口贸易技术溢出效应的计量分析，重点讨论贸易技术溢出对中国 22 个制造业行业全要素生产率的影响。第七章比较了中国与世界其他主要国家贸易技术结构高度化发展状况，编制了 1992 年、2001 年和 2010 年三个典型年份全球各国贸易技术结构高度化发展状况的排行榜，预测了中国贸易技术溢出效应从逆差收敛至平衡的变化过程。第八章探讨了加速中国贸易技术溢出效应逆差收敛的政策措施。最后结论部分概述了本书的主要内容，对未来进一步研究的内容与领域进行了展望。

（三）技术路线

本研究技术路线如图 0-1 所示。

四、研究的创新点

（1）尝试将贸易技术溢出理论引入到对技术发展阶段与贸易发展阶段的判定研究中。引入"贸易技术结构高度化发展"和"贸易技术溢出效应逆（顺）差"两个概念，通过实证分析阐明贸易技术溢出效应逆差是发展中国家贸易技术结构高度化发展中的普遍特征，贸易技术溢出效应顺差是发达国家贸易技术结构高度化发展中的普遍特征。

（2）在统计分析基础上指出贸易技术溢出效应呈逆差且逐渐收敛是中国近 20 年来贸易技术结构高度化发展中的最显著特征，预测了中国贸易技术溢出效应从逆差走向平衡的收敛。预计 2021 年前后，中国整体进出口贸易技术溢出将达到平衡。那时，中国制成品贸易仍然处于技术溢出效应逆差状态，预期逆差额将由 2010 年的 3457 美元缩小至 2021 年的 2160 美元。

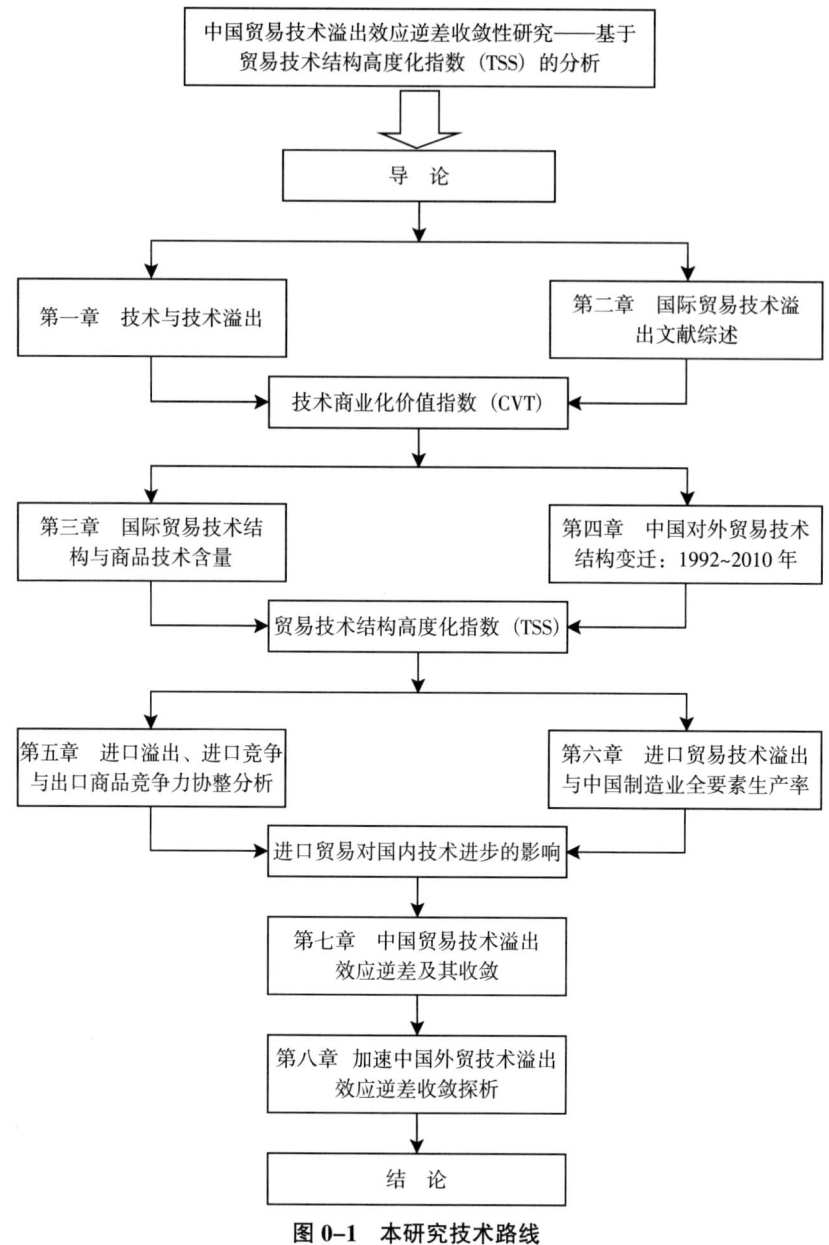

图 0-1 本研究技术路线

（3）对国际贸易商品技术含量测度方法提出了改进意见，在前人研究成果基础上，重构了"技术商业化价值指数"（Commercialized Value of Technology, CVT）。借用该指数，采用联合国统计司 Comtrade 数据库 SITC 四位码贸易统计数据和世界银行数据库的各国收入数据,逐年计算了1992~2010年19个年份、1033种SITC四位码国际贸易商品的技术含量,分析、比较和阐明了中国与世界其他主要国家的贸易技术结构。

(4) 在CVT指数基础上首次提出和阐明了"贸易技术结构高度化指数"(Technological Structure Supererogation of Trade,TSS)。借用该指数,深入比较了中国与世界其他主要国家贸易技术结构高度化发展状况,编制了1992年、2001年和2010年三个典型年份世界各国进出口贸易技术结构高度化发展状况的全球排行榜,对中国当前贸易技术结构高度化发展及其在全球的排序做了定位:1992年中国整体贸易进口和制成品贸易进口的全球排名分别为第26位和第40位,到2010年分别上升到第12位和第3位;1992年中国整体贸易出口和制成品贸易出口的全球排名分别为第45位和第48位,到2010年分别为第33位和第50位。

(5) 将有关中国贸易技术溢出的研究从当前的SITC二位码和三位码水平推进至四位码水平,将样本分析年份向前推进至1992年,即中国向联合国上报SITC和HS贸易数据的首个年份,将分析层面从当前的国别和产业层面推进至商品层面。

第一章
技术与技术溢出

第一节 技术内涵的界定

技术是一个难以一言以蔽之的概念。尽管它是现代社会中一个使用频率极高的词汇，但面对技术是什么这个问题，人们难以取得共识。谈及技术时，人们往往首先想到的是科学或科技这类自然科学领域的词汇。对技术一词范畴的界定最早是在自然科学研究中实现的，而且是以与科学一词相对峙的方式① 实现的。英文 technology 一词大约形成于 17 世纪初。② 在早期希腊语中，人们把 techne③ 同 logos④ 结合起来，意思是对工艺和技能进行论述。当前具有代表性的观点是，技

---

① 美国学者罗伯特·金·莫顿在《十七世纪英格兰的科学、技术与社会》这本在科学社会学领域具有奠基意义的作品中叙述和引述了如下观点："十七世纪的自然科学并没有为工业生产服务"，"直到十八世纪为止，科学家与发明家所走的是两条各自不同的道路，科学与技术的联盟还不如以后的时代那样巩固"，"即使是在晚近的时期，科学家也很少致力于技术革新。典型的现代专业发明家都不是科学家，他们从有益于实际应用的、日益增长的纯粹科学宝藏中获取利益"。详见该书中文版，[美] 罗伯特·金·莫顿：《十七世纪英格兰的科学、技术与社会》，范岱年等译，商务印书馆 2000 年版，第 205 页。
② "technology" 由希腊单词 "technologia" 演变而来，约在 1615 年被引进英语。参见译言网 http://article.yeeyan.org/view/145075/120845，最新访问日期为 2012 年 3 月 1 日。
③ "techne" 在希腊语中意为 "艺术" 或者 "工艺"。
④ "logos" 中译名为逻格斯，是古希腊哲学的一个基本概念。古希腊哲学家赫拉克利特（Heraclitus，约公元前 535~前 475 年）最早使用了这个概念，认为逻格斯是一种智慧，是世间万物变化的一种微妙尺度和准则。

术是一门应用性科学，是根据生产实践经验和自然科学原理发展而成的各种生产性知识、工艺、方法与技能。相关国际组织曾对技术有过界定，与上述代表性观点大体一致。如世界知识产权组织（WIPO）指出："技术是制造一种产品或提供一种服务的系统知识，这种知识可能是一项产品或工艺的发明、一项外形设计、一种实用新型、一种技术情报或技能，也可能反映在专家为设计、安装、开办或维修一个工厂或为管理一个工商业企业而提供的服务等方面。"[1] 联合国工业发展组织（UNIDO）指出："技术乃指为了制造一种或几种产品以及以此为目的开设企业所需的全部知识、经验和技能。"[2]

很长时期以来，人文社会科学学科对技术的理解没有超出自然科学学科对技术的认识范畴，人们把技术的物化载体，如生产工具、机器、设备视为技术的标志。经济学家对技术的兴趣大约萌发自17世纪西欧资本主义萌芽阶段蓬勃兴起的采掘、矿冶、纺织以及航海贸易等活动。经济学在诞生之初就把技术和技术活动作为一个重要的观察对象。在当时，由于生产力落后于生产关系的发展，上述先驱行业在实践活动中普遍面临诸多难题，产生了许多亟待解决的技术性问题。在此背景下，新技术不断涌现，助推了产出和贸易额的增长。置身其中的经济学家们普遍感受到了技术对经济社会的巨大影响，在其著作中纷纷表达了对技术的关注[3]，并由此形成经济学对技术的独特理解。把对技术的关注建立在其经济性特征基础上，而不是视其为一个简单的技术性问题，是经济学与其他学科对待和理解技术的本质差异。经济学绝不会局限于生产和制造的角度来定义技术。遗憾的是，新古典主义经济学（New Classical Economics）体系中，技术没有得到充分关注而是被简单地假定为外生给定。直到内生增长理论（Endogenous Growth Theory）出现，这种局面才得以改变。内生增长理论将内生技术进步视为经济增长的唯一源泉（Romer, 1990; Grossman & Helpman, 1991; Aghion & Howitt,

---

[1] 世界知识产权组织编：《技术贸易手册》，刘朝晋等译，中国财政经济出版社1979年版，第27页。
[2] 联合国工业发展组织编：《发展中国家技术引进指南》，陆以庆等译，中国社会科学出版社1981年版，第2页。
[3] 略举一两例：亚当·斯密（Adam Smith）非常重视科技发明和工艺改进对生产率的巨大影响。《国富论》文中多处涉及技术改良和技术进步活动，斯密认为劳动分工、资本积累和技术进步带来生产效率的提高，也是国民财富增长的动力源泉，而劳动分工和专业化又进一步有赖于市场的扩大和技术水平的提高。马克思（Karl Marx）把技术视为生产力的构成要素，指出："随着大工业的发展，现实财富的创造……取决于一般的科学技术水平和技术进步，或者说取决于科学在生产上的运用。"引文摘自［德］马克思、恩格斯：《马克思恩格斯全集》（第46卷）（下），中央编译局译，人民出版社1993年版，第217页。

1992)①，再次彰显了经济学重视研究技术对经济的影响的传统。

内生增长理论的代表性人物罗默（Romer，1990）②对技术下的定义是："一种能够使物质资源更能发挥其价值的工具，具有非竞争性和外部性两大特征。"竞争性投入品，如资本或劳动力，若用在某项生产活动中，就不能同时用在另一项活动中。与竞争性投入品不同，技术的非竞争性意味着技术可以同时应用于多项生产活动中。理想状态下，非竞争性还意味着技术的边际成本为零或者可以忽略不计。③以零边际成本复制技术既便利了技术的传播和扩散，也使得除技术研发者之外的个人或企业获益。这种收益被视为总量生产函数呈现规模收益递增的源泉所在。

随着技术一词的应用越来越广泛，经济学家对技术的理解也越来越丰富。克鲁格曼（Krugman，1996）④曾指出："如果一个制造商发现，授予工人在管理工厂方面的发言权，就能够提高产品质量，工厂就可以少雇用监督人员，那么，在经济学意义上，这是一种技术进步。不过，如果制造商发现，工人在很多监督人员的检查下生产得更多，这也是一种技术进步。"克里斯滕森（Christensen，2001）⑤认为："技术是指一个机构把劳动力、资本、原材料和信息转变成具有更大价值的产品和服务的过程，包括一系列市场营销、投资和管理上的过程。"

如何看待这种不断扩大技术概念边界的趋势？不得不承认，随着经济的发展，技术的表现形式越来越丰富。只限于从生产环节涉及的工艺、方法和已经物化的工具、设备、装置的角度理解技术是狭隘的⑥，任由概念边界扩张显然也是不科学的。本书赞同对技术概念做广义性理解，但反对技术概念边界的无限扩张。把技术概念划分为"硬体"（Hard-Core）和"软体"（Cushion）是一种研究

---

① 详见第二章文献综述部分。

② Romer, P., "Endogenous Technological Change", *Journal of Political Economy*, 1990, 98 (5), pp. S71-S102.

③ 实践领域中人们对待和处理技术时有两种截然不同的态度：一是充分利用技术的非竞争性，使技术尽可能快速扩散；二是利用专利保护技术，防止技术扩散。这两种态度都指向技术的非竞争性和外部性同一个内核。由于专利权的引入，完全非竞争的技术在现实社会生活中踪迹难觅。专利具有屏蔽技术非竞争性的强大功能，专利以人为属性加诸于技术的自然属性之上，限制并保护了技术的扩散。就中国的"四大发明"而言，用现代人的眼光看，古代中国人没有意识到屏蔽技术非竞争性的重要。而现代西方人的精明之处在于率先认识到了这一点，并制定了游戏规则。

④ [美]保罗·克鲁格曼：《流行的国际主义》，张兆杰等译，中信出版社2010年版，第174页。

⑤ [美]克雷顿·克里斯滕森：《创新者的窘境》，吴潜龙译，江苏人民出版社2001年版，第7页。

⑥ 这种认识是改革开放初期我国简单执行"以市场换技术"的开放路线的思想方面的主要原因。

传统,"硬体"指技术的物化表现,"软体"指附着于"硬体"之上的非物化表现。本书参照这种划分,认为硬体包括由技术性知识物化凝结并实施于生产(服务,下同)的工具、设备和装置;软体包括生产过程中的默会知识、工艺流程规范、技术诀窍,以及管理信息系统、商业模式等有助于提高生产系统组织协调性的知识、经验与方法。技术软体所包含的这两部分内容,前者直接进入生产的实施过程,后者间接作用于该实施过程,并与其形成互补,共同为产品创造出更高的使用价值和效用。尽管理论上对技术概念的边界仍然存在争议,但由不得我们承认或不承认,发达国家的公司已经开始将业务流程、操作规范等商务活动以技术的形式申请了专利并实施保护,技术外延的扩大已经是既定事实。

以往我们认为,中国与发达国家的技术差距多指物化知识等"硬体"方面,这种观念应该适时予以修正。技术"软体"对产品能够成为高技术产品的贡献份额不容小觑。发达国家的高技术竞争力和高产品竞争力很大程度上与"软体"部分的强劲实力有关。与"硬体"物化知识容易溢出不同,"软体"非物化知识的溢出程度很低,难以被复制和模仿。与缩小"硬体"方面差距不同,中国缩小与发达国家在"软体"方面技术差距的难度更大。

第二节 技术活动的特征

一、需求对技术创新的影响

从经济学角度看,技术活动本质上是一种经济活动,是以技术为手段实现经济目的的活动。内生经济理论认为技术是内生的,源自于中学、人力资本提高等方面。人力资本是技术发展的内在条件,在人与技术互动关系中扮演着重要角色,但能够引领技术发展方向的要数市场需求。各领域技术水平的进步发展并非齐头并进,而是似乎存在某个指挥棒,在它的指挥下,从事各色智力活动的行为主体[①]将自己的努力投入到某些而不是另一些领域，去争取取得某样而不是别样的技术成果。毫无疑问，这个指挥棒就是市场需求。对技术的需求是由经济活动中所遇到的待解决问题生发出来的，源自人类对更便捷、更安全、更低成本生产方式以及更舒适生活方式的追求。需求旺盛的行业，技术更新得就快，技术创新的动力就强劲；需求缺乏变化的行业，技术更新得就慢，技术创新的动力就不足。这个道理同样适用于产品或国家层面。通常我们把技术进步视为经济增长的发动机，反过来，经济增长和经济发展对技术进步也会产生巨大影响。技术创新推动经济发展的同时，经济发展也拉动了技术创新。[②]

经典经济增长理论在强调和重视技术对经济的作用力的同时，忽视了经济对技术的反作用力。经济发展对技术创新的影响表现在：技术创新受经济发展水平制约，而且要与经济发展相适应。技术创新的命题带有鲜明的时代特征，在温饱社会、小康社会和富裕社会下，技术所重点服务和解决的问题自然大不相同。一个蓬勃兴旺的经济社会势必有利于催生社会个体求变求新的潜能，而只有制度的不断调整和创新才能保证经济充满活力。这就意味着技术创新需要与制度创新齐头并进。

二、经济利益对技术创新的驱动

技术发明和技术创新是有风险的，失败是常有的事情。支撑技术创新个体克服困难和挫折，甘愿投入大笔研发资金，不断努力直至成功的，除了有来自个人精神层面的对责任、信念和声誉的追求外，更有来自对潜在经济收益的渴望。前一部分反映的是主观方面的影响，后一部分反映的是客观方面的影响。在市场经济条件下，经济利益是驱动技术创新的必要动力，所谓重赏之下必有智者。预期能够获得高出一般水平回报的领域往往率先成为技术创新的热点，也是比较容易

[①] 这里的主体包括个人，但主要是指企业。早期的技术活动多由发明家个人（著名人物如达·芬奇、瓦特、爱迪生）完成，但随着技术领域的深入发展和研发活动风险的不断增大，个人越来越难以独立从事技术研发和创新活动，社会上也越来越难以诞生独立发明家这样的人物，专业性研发机构或实验室，如贝尔实验室等，逐渐取代个人成为技术研发创新的主要行为主体。从目前来看，R&D研究开发主要是由商业性研发机构完成的。在美国这一比例高达85%，在中国，企业实验室数量也在逐年增多。这类研发机构多属于企业的内部化机构，它们的运作符合市场化规则，故而本书将这些研发机构一并概括为企业。

[②] 本书主要从经济活动角度看待技术发展问题，并不是说其他因素就不重要。除经济因素外，政治、文化、军事、宗教等社会因素也对技术发展具有重要影响。详见英国科学技术史专家李约瑟（Joseph Needham）、美国社会学家罗伯特·莫顿（Robert Merton）等的研究。

出技术成果的领域。回报高出一般水平的那部分可以看作是技术溢价（Technology Premium）[①]，是扣除劳动、资本要素报酬之后所剩余的部分。它既是对技术创新风险的补偿，也是对技术活动的经济激励。实现这部分收益意味着能够回收前期研发投入资金，也能为下一波技术创新预先积累资金。市场竞争会迫使厂商不断追求技术创新以追逐高技术溢价，从而有利于形成"新技术—新产品—更新的技术—更新的产品"的良性循环。通常，新技术产品的定价可以由市场机制自发实现。但是，有一些产品由于并非完全市场化，如国防军工产品、医疗产品等，可能就需要通过补贴等形式对这些领域的技术创新活动加以激励。对于一些有意扶持发展的行业，同样也需要特别给予激励，才能引导资本和人力资本等生产要素从别的当期就可获得可观回报的领域流向这些领域。

三、技术活动成功与否的判别条件

技术上可行与否是判别一项技术成功与否的必要条件而不是充分条件。并非所有技术上可行（Technically Feasible）的技术创新活动都能取得商业上的成功。只有符合消费[②]偏好的技术创新才能视为是真正成功的。无论是造汽车的技术，还是造服装面料的技术，它们的最终产品都是用于消费的。有一些新产品虽然技术上可行，但由于不符合消费偏好，也只能算作是不成熟的技术产品。不同技术产品之间具有一定程度的替代性，消费者以货币为选票选择更能够满足其偏好的技术产品，从而引致厂商之间展开技术竞赛。当原有产品不能满足新的消费偏好时，就不会再继续受市场欢迎。当厂商拥有多种技术方案时，其会慎重考虑哪种方案更能投消费者所好。当不同产品在技术上都具有可行性、都能满足消费者所需要的基本功能时，产品的设计与定位、管理中的特殊经验与方法，就成为赢得消费者货币选票的重要砝码。在应用与技术产品生产和推广有关的知识、经验与方法时同样需要极大的创造性，这也是本研究将这类特殊性知识、经验与方法也

---

① 本书采用"技术溢价"一词受微观金融理论中金融资产风险定价模型的启发，技术溢价的高低与商品的技术特征紧密相关。如果市场机制是有效的，价格信号可以作为反映商品技术含量的有效参照。

② 这里所说的消费代表的是"购买—使用"这样一种普遍性的行为模式。不仅居民消费者的消费活动满足这一特征，政府采购军火商的军事武器、厂商购买独立实验室的技术专利等活动也满足这一特征。

纳入技术范畴的一个重要原因。[①]

四、技术水平高低的辨别标准

技术产品的成功、技术的商业价值必须通过市场交换才能实现。[②] 技术不仅能够提高投入产出效率,而且还能够为产品争取更高技术溢价。衡量产品技术水平高低的一个便利方法是看市场回馈给厂商技术溢价的高低。高水平的技术或技术水平高的产品能够比低水平的技术或技术水平低的产品更好地满足需求,从而能在一般性技术产品所能获得的市场平均回报之外获得更多技术溢价。灵活有效的市场机制能够在产品平均技术水平定价基础上调高或调低与该产品技术水平相匹配的溢价。技术溢价高的产品技术含量高,技术溢价低的产品技术含量低。因此,技术创新活动也就表现为厂商不断追求能够为其带来高技术溢价的产品,而放弃不能继续带来高技术溢价的产品。这并非意味着该技术就完全废弃不能用了,发达国家厂商琢磨出了更有利的办法,可以将其转让给技术较落后国家的厂商(即国际技术转让),或将生产线转移到经济发展水平较低的国家(即国际直接投资)以延长该技术的生命周期,直至其完全失去商业价值。技术溢价是判别产品技术水平高低的有效标准。产品技术含量的高低可以借由技术对产品溢价的贡献程度来表示,这为研究者提供了一条从贸易数据中提炼产品技术含量信息的道路。

综上所述,经济学从来都是以一种经济性而不单纯是技术性的眼光看待技术一词的。技术创新本质上是一种经济活动,是以技术为手段实现经济目的的活动,具有以市场需求为导向、以经济利益为驱动、以消费偏好为评判的特质。

[①] 美国苹果公司 iPad 等电子产品近年来风靡全球,在该产品推出之前,3G、平板触摸等技术都已经成熟,但是其他相关厂商并未取得如苹果公司般骄人的业绩。iPad 产品的成功并非源于新技术的突破,而在于对技术的整合、对消费潮流的准确揣摩和清晰准确的市场定位。

[②] 马克思认为只有通过交换,商品使用价值和价值的矛盾才能得到解决。虽然生产对交换起决定作用,但交换的发展反过来能促进生产的发展,交换不畅则会阻碍生产的发展。

第三节 技术优势累积与技术溢出

一、技术优势的累积

率先取得技术突破并获得商业化成功的厂商,能够抢先获得市场回馈的高技术溢价,这又会促使其开展新一轮技术活动以巩固其技术领先优势。如此循环往复,该厂商将逐渐积累起相对于其他厂商的技术优势。技术优势累积是众多优势累积社会现象中的一种。优势累积(Advantages Accumulation)一词最早由美国社会学家罗伯特·莫顿(Robert Merton,1938)提出[①],通常是指:

个人自我选择过程和体制的社会选择过程相互作用,影响了在既定活动领域相继获得机会结构的概率。当个人的表现达到了体制要求的标准,特别是当它大大地超过了这些标准,这就开始了优势积累过程,在这个过程中个人获得日益增长的机会,甚至更加有效地去推进他的工作(而奖励随之而来)。……如作必要的修正,累积优势的增长对机构和组织也成立,正如它对个人成立一样。[②]

优势累积是以马太效应的方式发挥作用的——"凡有的,还要加给他,叫他有余;凡没有的,连他所有的,也要夺去"[③]——这一点对于国家也同样适用。虽然落后国家都希望在全球化竞争中迎头赶上,缩小与发达国家的技术差距和经济发展差距,并为之付出了巨大努力,但现实情况却是在快速全球化进程中,发达国家不断巩固自身在科技、经济、军事等领域的优势,使得发展中国家追赶发达国家的任务变得更加艰巨(樊纲,2000)。[④] 优势的自我累积可以利用成功产生成功,一段时期内积累起来的关于技术的知识资本会倾向于降低下一阶段技术创新的成本。在初始阶段,知识资本存量较高的国家将获得研究开发方面的先发优

[①②③] 详见罗伯特·金·莫顿1938年的博士论文《十七世纪英格兰的科学、技术与社会》(Science, Technology and Society in Seventeenth Century England)以及1942年的论文《科学的规范结构》(The Normative Structure of Science)。

[④] 樊纲:《国际经济新趋势:技术革命、经济全球化、全球的市场化》,《国际经济评论》,2000年第6期,第10—12页。

势，能以更快的速度累积知识、巩固技术领先优势（Grossman & Helpman，1990）①，进而拉大与技术后进国的差距。

技术优势在不断累积的同时会受到对抗力量的制约。国内厂商要想更快地收回研发成本，加速淘汰竞争对手的落后技术，巩固自身先人一步的市场地位，就必须扩大攫取经济收益的市场范围，扩大其国际市场占有率，但在占领更多市场的同时难免要冒被学习和模仿的风险。技术的外部性特征将随着技术和技术产品的推广而扩散，产生技术溢出效应。这意味着落后国家的厂商不必支付同样高的首创研发成本就能获取新技术。国际贸易在为发达国家拓展新的市场的同时，也为发展中国家提供了学习、模仿和缩小技术差距的机会，是国际技术溢出的重要渠道。

对抗技术先进国累积技术优势的力量也来自后进国的追赶。市场将高技术溢价配置给了技术先进国的领先型厂商，而后进国的模仿型厂商只能得到低技术溢价待遇。在经济利益的驱动下，有强烈进取精神的模仿者会不甘于现状而期望得到能为其带来更高溢价水平的创新产品，一旦从干中学、反向工程（Reverse Engineering）②等活动中积累起足够的知识之后，就会开展自主技术创新活动。起初，他们不会设定过高的挑战难度，从而不至于对领先型厂商的市场地位构成威胁。随着后进国追赶型厂商的技术创新活动不断取得进步，进而逐渐累积起自身的技术优势，挑战先进国领先型厂商的市场地位不是没有可能。

二、技术溢出与技术保护

麦克道格尔（MacDougall，1960）③最早将技术溢出定义为："技术拥有者非自愿地提供技术给受让者，而技术拥有者不享有任何回报的现象。"技术溢出与技术的外部性密切相关。由于技术具有外部性，所以技术溢出的发生不可避免；

---

① [美] 格罗斯罗、赫尔普曼：《全球经济中的创新与增长》，何帆等译，中国人民大学出版社2003年版，第185页。
② 国际知识产权领域的权威、美国加州伯克利大学帕梅拉·萨缪尔森（Pamela Samuelson）教授和她的合作者苏珊娜·斯科奇姆（Suzanne Scotchmer）教授对反向工程所下的定义是："一种从人造物品中提取技巧和知识的过程。"参见其著作：Samuelson, P. and Scotchmer. S., "The Law and Economics of Reverse Engineering", *Yale Law Journal*, 2002（5），pp.1577-1663.
③ MacDougall, G., "The Benefits and Costs of Private Investment from Abroad: A Theoretical Approach", *Economic Record*, 1960, 36（73），pp.13-35.

基于同样的理由，对外溢的技术也无法收费。模仿型厂商可以不通过市场交易付费获得新产品中所包含的技术信息，领先型厂商自然无法获取其 R&D 活动产生的全部收益，获得技术溢出的厂商相当于从这种不完全定价中获得一笔经济租，这被视为是租溢出（Rent Spillover）。格里利兹（Griliches，1979）[1]最早区分了租溢出和知识溢出的区别。

国内外文献中常见技术扩散与技术溢出互相指代、不做区分的情况。但严格地说，技术溢出不等同于技术扩散，它只是技术扩散的主要形式。莫南（Mohnen，2001）[2]曾把国际技术扩散的渠道概括为以下六种：①各种产品（最终产品、中间产品、资本品，尤其是信息技术产品）的国际贸易；②外国直接投资（FDI），尤其是那些涉及新员工培训和对新产品与管理技术吸收的 FDI；③科学家、工程师和受过高等教育的人的移民，或者是他们参加研讨会、加入实验室等；④技术和科技杂志的出版以及通过专利揭示的发明、专利转让等；⑤国际跨国合作或者跨国并购；⑥外国技术的购买，即对版权和商标、特许权、专利、咨询服务的购买以及国外 R&D 的资助等。其中，属于技术溢出的情况只有①、②和⑤。

技术溢出通常分为物化型溢出和非物化型溢出，前者指国外 R&D 活动及新知识通过有形商品贸易形式而产生的溢出，除去有形商品贸易形式之外的贸易溢出都归为非物化型技术溢出范畴。于是，后者自然又将国际研讨会、专利引用等国际交往活动包括在内。这无疑进一步混淆了技术溢出和技术扩散的区别。考虑到经济学在使用"溢出"一词时通常是针对其外部性特征而言的，故本书将国际贸易技术溢出定义为在进出口贸易活动中，拥有先进技术的企业不经意间传播了它们的技术或知识，而接收溢出效应的企业却不必为此单独支付报酬的现象。

实践活动中，能够溢出的技术信息通常只是一般性信息，生产及商业活动中

---

[1] Griliches, Z., "Issues in Assessing the Contribution of Research and Development to Productivity Growth", *Bell Journal of Economics*, 1979, 10 (1), pp.92–116.
[2] Mohnen, P., International R&D Spillovers and Economic Growth, *Information Technology, Productivity and Economic Growth: International Evidence and Implications for Economic Development*, Matti Pohjola ed., New York: Oxford University Press, 2001, p.51.

的特殊信息具有强排他性，是不容易溢出的。①专利保护是帮助技术所有者阻止其他企业使用同一项技术的有效手段，专利具有屏蔽技术非竞争性的强大功能。一方面，在国际贸易活动中，出口国会综合权衡经济收益与技术外溢的利弊，通过实施针对性法律（如知识产权法）和政策（如限制出口政策）提高技术的排他性和竞争性程度，从而减少本国技术的外溢和扩散，强化本国在技术领域的领先优势；另一方面，技术模仿行为常常带有"打擦边球"的性质，并不总是会构成侵权，要想完全阻止技术溢出是不现实的。进口国的态度则是希望充分利用技术的非竞争性和溢出效应，更多地吸收技术知识，促进本国技术进步。

进口国与出口国围绕技术溢出和技术保护的博弈，增加了技术溢出效应的复杂性。准确把握贸易商品的技术特征和贸易技术结构无疑有助于揭开这层复杂性的面纱。经济研究不分国界，但各国毕竟有各自不同的立场。听其言，观其行。在重视学习国外各种技术溢出理论的同时，认真观察国际贸易实践活动，扎扎实实对统计资料进行分析和整理，才是科学的态度。

三、技术吸收与自主创新

赶上和超越是后发国家的普遍要求。吸收技术溢出是技术后进国分享世界技术进步的重要方式，是其提高本国技术创新能力的必修课。但技术溢出不是天降甘露，国外R&D活动与国内R&D活动也只是互补而非替代关系。要想更好地利用技术溢出效应，吸收国首先需要具有一定的技术吸收水平才行（Mohnen, 2001）②。如果连基本的吸收能力都不具备，即使经由进口新产品看到了技术前沿的推进，也没有能力主动向技术前沿靠拢。技术后进国在努力扩大本国与国外技术溢出接触边界的同时，应注意提高本国对国外技术溢出的吸收能力。

吸收技术溢出既非一劳永逸的事情，也不是完全免费的。第一，仅凭模仿永远不能实现超越。缺乏进取精神的模仿者永远都只能是亦步亦趋地跟在创新者的

---

① 波兰尼（Polanyi, 1958）最早阐述了二者的区别。施穆克勒（Schmookler, 1966）也建议区分新技术中的特殊技术信息和一般技术信息。参见：Polanyi, M., Personal Knowledge: Towards a Post-critical Philosophy. Chicago: University of Chicago Press, 1958, p.15; Schmookler, J., Invention and Economic Growth, Cambridge, Mass: Harvard University Press, 1966, pp. 41–44.

② Mohnen, P., International R&D Spillovers and Economic Growth, *Information Technology, Productivity and Economic Growth: International Evidence and Implications for Economic Development*, Matti Pohjola ed., New York: Oxford University Press, 2001, p.51.

后面，不可能成长为独具技术创新能力的个体。第二，有关某项技术的信息并非都会外溢殆尽。容易外溢和被复制的技术只是外在型技术，核心技术只有通过自主研发才能掌握。第三，吸收能力只有在不断的研发创新活动中才能得到锻炼和提高。开展 R&D 活动既有利于提高自身的创新能力，又有利于增强吸收能力。第四，技术吸收和技术模仿容易产生副作用，进取心不强的模仿者容易形成惰性、失去创新能力。技术溢出只是帮助本国技术进步的有利条件，增强对技术溢出的吸收能力只是提高本国技术创新水平的一个方面，一国技术竞争力的提升从根本上有待于自主创新能力的增强，有待于具有强烈进取精神和创新意识的民族企业的崛起。

本章是本书的逻辑基础，本章的贡献在于以下三个方面：①明确指出技术概念内涵扩大化的趋势，强调了"软体"性非物化知识对产品的贡献，提出应该更新对技术和技术差距的认识以适应这种趋势。②反对只重视技术创新对经济增长的影响而忽视经济增长和经济发展对技术创新的影响的观点，提出了根据技术对产品溢价的贡献程度并结合国际贸易数据提炼有关产品技术含量信息的研究思路，以此作为探究中国与国外技术差距到底有多大这一问题的努力方向。③指出技术溢出与技术保护并存、技术溢出问题因为国别主体之间的博弈而变得复杂，提出了从贸易技术结构这一博弈结果着手揭开技术溢出效应复杂性面纱的研究思路，以此作为探究中国得自国外技术溢出的利益有多大这一问题的努力方向。

第二章
国际贸易技术溢出文献综述

凯勒（Keller，2004）[①]曾将国际技术溢出实证研究模型概括为 $DTO = f(X, FA) + u$ 的形式，其中，DTO 表示国内技术性活动的产出（Domestic Technological Output）、FA 表示国外技术活动（Foreign Activity）、X 是控制变量、u 是误差项。专利引用率（Jaffe et al.，1993，1996[②]；Peri，2002[③]；Thompson & Kean，2005[④]）、FDI（Aitken et al.，1994，1999[⑤]；Haskel et al.，2002[⑥]；Alfaro et al.，2004[⑦]；Javorcik & Spatareanu，2008[⑧]）、人员的国际流

[①] Keller, W., "International Technology Diffusion", *Journal of Economic Literature*, 2004, 42 (3), pp. 752–782.

[②] Jaffe, A., Trajtenberg, M. and Henderson, R. "Geographic Localization of Knowledge Spillovers as Evidenced by Patent Citations", *Quarterly Journal of Economics*, 1993, 108 (3), pp. 577–598.

Jaffe, A. and Trajtenberg, M. "Flows of Knowledge from Universities and Federal Labs: Modeling the Flow of Patent Citations over time and across Institutional and Geographic Boundaries", NBER Working Paper No. 5712, 1996.

[③] Peri, G., "Knowledge Flow and Innovation", University of California, Davis, Working Paper, 2002.

[④] Thompson, P. and Kean, M. "Patent Citations and the Geography of Knowledge Spillovers: A Reassessment", *American Economic Review*, 2005, 95 (1), pp. 450–460.

[⑤] Aitken, B., Hanson, G. and Harrison, A., "Spillovers, Foreign Investment, and Export Behavior", NBER Working Paper No.4967, 1994.

Aitken, B. and Harrison, A., "Do Domestic Firms Benefit from Direct Foreign Investment? Evidence from Venezuela", *American Economic Review*, 1999, 89 (3), pp. 605–618.

[⑥] Haskel, J., Pereira, S. and Slaughter, M., "Does Inward Foreign Direct Investment Boost the Productivity of Domestic Firms?", NBER Working Paper No. 8724, 2002.

[⑦] Alfaro, L., Rodriguez-Clare, A., Hanson, G. and Bravo-Ortega, C. "Multinationals and Linkages: An Empirical Investigation", *Economía*, 2004, 4 (2), pp. 113–169.

[⑧] Javorcik, B. and Spatareanu, M., "To Share or Not to Share: Does Local Participation Matter for Spillovers from Foreign Direct Investment?", *Journal of Development Economics*, 2008, 85 (1–2), pp. 194–217.

动（Agrawal & Oettl，2008[①]）等都被视作由 FA 通向 DTO 的桥梁。在揭示国际技术溢出途径和渠道的诸多研究中，国际贸易视角的影响力最为广泛，国际贸易技术溢出的分析框架相对而言较完备。故本书将着重介绍国际贸易技术溢出理论以及该领域的最新研究进展。如无特别说明，下文谈到的技术溢出均指国际贸易技术溢出，贸易均指国际商品贸易。行文中将用商品一词代替第一章中常见的产品一词，以适应表达交换及贸易关系的需要。

第一节　理论渊源和理论模型

一、理论渊源

国际贸易技术溢出的理论渊源可以追溯到现代经济学发轫阶段关于国际贸易如何促进经济增长的早期探讨之中，但较之于经济学其他领域的进展，有关技术和技术溢出的研究停滞了较长一段时间。这主要是由于新古典主义经济学并没有对技术给予充分的重视。在该理论框架下，经济增长只与资本和劳动要素有关，与技术要素无关，在关于生产和增长的讨论中，技术仿佛只是一个"黑箱"。后来，新古典增长理论（New Classic Growth Theory）对技术进步在经济增长中的重要作用予以承认，但其不足在于将除资本和劳动力之外的影响经济增长的因素统统视为"残差"，从而混淆了技术与其他因素各自不同的作用，而且新古典增长模型所推导出的长期经济增长依赖于外生技术进步的观点难以令人满意。有鉴于此，罗默（1986）[②]借鉴阿罗（Arrow，1962）[③]"干中学"的思想，提出了基于规模报酬递增的内生增长模型，实现了技术进步的内生化，奠定了内生经济增长理

[①] Agrawal, A. and Oettl, A., "International Labor Mobility and Knowledge Flow Externalities", *Journal of International Business Studies*, 2008, 39 (8), pp. 1242-1260.

[②] Romer, P., "Increasing Returns and Long-run Growth", *Journal of Political Economy*, 1986, 94 (5), pp. 1002-1037.

[③] Arrow, K., "The Economic Implications of Learning by Doing", *Review of Economic Studies*, 1962, 29 (3), pp. 155-173.

论的基准。① 此后，罗默（1990）继续将研究开发活动内生化，建立了知识内生生产模型。后来的格罗斯曼和赫尔普曼（1991）②的质量阶梯模型、阿格因和豪伊特（Aghion & Howitt，1992）③的新熊彼特增长模型等均沿着研究开发模型的道路向前发展。

在国际贸易领域，自李嘉图贸易模型开始，国家间的技术差别就被视为解释贸易模式的重要因素，但大多数研究也只是简单地把各国技术水平视为外生给定。在新贸易理论创立前，只有少部分研究，如波斯纳（1961）④和弗农（1966）⑤突出了技术创新对贸易活动和贸易模式的影响。就在围绕技术进步的内生经济增长研究取得新进展的同时，关于贸易的研究也开始更加重视技术变量的作用。克鲁格曼（1979，1980，1981）⑥率先运用迪克希特—斯蒂格利茨模型（Dixit & Stigliz，1977）⑦解释了国际贸易中存在的报酬递增现象，将技术进步和创新引入国际贸易理论。在巴拉萨（Balassa，1978）⑧、埃塞尔（Ethier，1982）⑨、克鲁格

---

① 中国社会科学院"经济增长理论的发展和比较研究"课题组集体撰写，左大培、杨春学主笔：《经济增长理论模型的内生化历程》，中国经济出版社 2007 年版，第 159-160 页。
② Grossman, G. and Helpman, E., "Quality Ladders in the Theory of Growth", *Review of Economic Studies*, 1991, 58 (1), pp. 43-61.
③ Aghion, P. and Howitt, P., "A Model of Growth through Creative Destruction", *Econometrica*, 1992, 60 (2), pp. 323-351. Agion 和 Howitt 继承了熊彼特（1911）"创造性毁灭"（Creative Destruction）的主要思想，以 A-H 为代表的新增长进化论学派反对"新增长"学派推崇的均衡增长和稳态，将经济增长视为非均衡过程。
④ Posner, M., "International Trade and Technical Change", *Oxford Economic Papers*, 1961, 13 (3), pp. 323-341.
⑤ Vernon, R., "International Investment and International Trade in the Product Life Cycle", *Quarterly Journal of Economics*, 1966, 80 (2), pp. 190-207.
⑥ Krugman, P., "Increasing Returns, Monopolistic Competition and International Trade", *Journal of International Economics*, 1979, 9 (4), pp. 469-479.
Krugman, P., "Scale Economics, Product Differentiation and the Pattern of Trade", *American Economic Review*, 1980, 70 (5), pp. 950-959.
Krugman, P., "Intra-industry Specialization and the Gains from Trade", *Journal of Political Economy*, 1981, 89 (3), pp. 959-973.
⑦ Dixit, A. and Stiglitz, J., "Monopolistic Competition and Optimum Product Diversity", *American Economic Review*, 1977, 67 (3), pp. 297-308.
⑧ Balassa, B., "Exports and Economic Growth: Further Evidence", *Journal of Development Economics*, 1978, 5 (2), pp. 181-189.
⑨ Ethier, W., "National and International Returns to Scale in the Modern Theory of International Trade", *American Economic Review*, 1982, 72 (7), pp. 389-405.

第二章　国际贸易技术溢出文献综述

曼和赫尔普曼（Krugman & Helpman，1985，1989）①、格罗斯曼和赫尔普曼（1991）②、杨格（Young，1991）③等的努力下，国际贸易与经济增长实现了在同一框架下进行分析。与传统贸易理论认为贸易促进经济增长主要缘于贸易带来的规模经济效应（Helpman & Krugman，1985④）、资源配置效率提高（Feder，1982⑤）和促进资本形成（Rodrik，1988⑥）不同，新贸易理论认为贸易主要是通过加快本国技术进步、提高劳动生产率促进经济增长的。罗默（1990）、里维拉—巴蒂兹和罗默（Rivera-Batiz & Romer，1991）⑦构造了一个国际经济一体化的分析框架，在该模型中技术溢出在经济增长过程中扮演了重要角色。格罗斯曼和赫尔普曼在其1991年合著的《全球经济中的创新与增长》一书中提出，进口国既可以通过进口高科技设备及中间产品获得技术溢出，也可以通过模仿、学习提升自身技术水平。克雷尼（Kreinin，1998）⑧曾总结道：与贸易带来的动态利益相比，传统贸易理论所强调的由专业化生产、已有资源重新配置带来的静态利益是次要的；贸易在国际技术扩散中通过溢出效应促进国内技术进步、提高全要素生产率（Total Factor Productivity，TFP）、提升国内产业结构是贸易促进经济增长的重要机制。学术界对国际贸易技术溢出研究兴趣的升温顺应了全球化过程中资本、商品、技术、服务跨国流动广度和深度日益扩大的现实背景和时代要求，这一研究领域的发展与经济增长理论和贸易理论的发展相伴随、相促进。贸易技术

---

① 克鲁格曼（1979）是对迪克西特—斯蒂格利茨模型最直接、最简洁的应用（只有劳动一种投入）；埃塞尔（1982）则在两种投入（劳动和资本）、两个部门（小麦和制造品）的模型中，将D-S效用函数引申为制造业部门的生产函数；克鲁格曼和赫尔普曼（1985，1989）对新贸易理论和政策做了比较系统的概括和总结。

② Grossman, G. and Helpman, E. *Innovation and Growth in the Global Economy*, Cambridge, Mass: MIT Press, 1991.

③ Young, A., "Learning by Doing and the Dynamic Effects of International Trade", *Quarterly Journal of Economics*, 1991, 106 (2), pp. 369-405.

④ Helpman, E. and Krugman, P. *Market Structure and Foreign Trade*. Cambridge, Mass: MIT Press, 1985.

⑤ Feder, G., "On Export and Economic Growth", *Journal of Development Economics*, 1982 (12), pp. 59-73.

⑥ Rodrik, D., "Closing the Technology Gap: Does Trade Liberalization Really Help?", NBER Working Papers No.2654, 1988.

⑦ Rivera-Batiz, L. A. and Romer, P. M., "International Trade with Endogenous Technological Change", *European Economic Review*, 1991, 35 (4), pp. 971-1001.

⑧ Kreinin. M. *International Economics: A Policy Approach* (8th Edition), FortWorth, Tex: Dryden, 1998.

溢出效应在进口或出口贸易中都能得到体现，但在进口贸易中表现更为显著。本书也认为对中国而言进口技术溢出的重要性和显著性高于出口技术溢出，故下文综述部分将重点突出进口贸易技术溢出方面的内容。

二、理论模型概述

(一) 领导国—跟随国模型

格罗斯曼和赫尔普曼（1991）[1]建立了一个领导国—跟随国模型（也称为南北模型），该模型构造了一个大国和一个小国进行贸易的情况，所谓小国是指"无法影响所置身其中的经济环境"的国家。模型具有三点假设：①小国面对的是具有完全弹性的世界市场需求和给定的外生价格；②小国的 R&D 活动并不影响总体上的世界知识资本积累率，创新活动仅发生在生产非贸易商品的领域；③小国按照外生给定的价格交换两种最终商品。小国在融入世界经济之后，能够更方便地接触到在国际研究界积累起来的知识存量，并通过学习将其补充到自身的知识库中，有形的商品贸易能够促进无形的知识交流。

令 $K_n(t)$ 表示小国知识资本存量，知识存量的扩展不仅来自本国的 R&D 活动，也来自国际接触带来的新知识，则：

$$K_n(t) = G[n(t), T(t)] \tag{2-1}$$

其中，n 表示产品种类数，T 为到时点 t 为止累积的对外贸易额。$G(\cdot)$ 为增函数且一次齐次。定义其密度函数为：

$$\Psi(\cdot) \equiv G[1, T(t)/n(t)] \tag{2-2}$$

于是：

$$K_n = n\Psi(T/n) \tag{2-3}$$

假定 R&D 活动需要人力资本投入，但不需要非熟练劳动力，令 a 表示在这一活动中的投入系数。这意味着企业需要 $\dfrac{a}{n}\Psi\left(\dfrac{T}{n}\right)$ 个单位的人力资本开发一种新产品。

研究部门自由进入条件为：

---

[1] ［美］格罗斯曼、赫尔普曼：《全球经济中的创新与增长》，何帆等译，中国人民大学出版社 2003 年版，第 148—153 页。

$$V = \frac{\Psi(T/n)}{w_H a} \qquad (2\text{-}4)$$

其中，w_H 为一单位人力资本的报酬。人力资本市场出清条件变为：

$$\frac{a}{\Psi(T/n)}g + (a_{HY} + a_{Hk} a_{XY}) Y + (a_{Hx} a_{XZ}) Z = H \qquad (2\text{-}5)$$

其中，g 为创新率，a_{HY} 和 a_{XY} 分别为生产 Y 时人力资本和中间产品的单位投入，a_{Hx} 和 a_{XZ} 为生产 Z 时劳动力和中间产品的单位投入。最终产量的扩张速度为 $\frac{g\beta(1-\alpha)}{\alpha}$，其中 $1-\alpha$ 为每一种中间产品需求弹性的倒数，β 为最终产品生产成本中中间产品所占份额。在长期内支出也按照这一速度增长。如果贸易条件不变，对每一种最终产品的消费也按照这一速度增长，于是贸易额的增长速度亦为 $\frac{g\beta(1-\alpha)}{\alpha}$。

在长期内，如果：①$\alpha > \beta(1-\alpha)$，那么 T/n 趋于零。国际技术溢出在本国的重要性将下降。比起本国的 R&D 活动，国际贸易对本国知识存量增长的影响是微不足道的。该国经济的长期增长路径与没有国际知识交流时相同。②$\alpha < \beta(1-\alpha)$，那么 T/n 将趋于无穷大。与 T/n 趋于零的情况相反，由贸易中得到的知识将推动经济发展。③$\alpha = \beta(1-\alpha)$，在这种情况下，贸易额和产品种类数均在长期内按照共同的速度 g 增长。

对于满足以上三点假设的贸易小国，国际贸易直接促进了国外有关技术的知识和信息的传播，增加了小国知识存量，从而刺激技术进步。同时，国际贸易也会影响到国内要素市场，如果贸易能够使得资源从传统部门释放出来，并被研究开发部门所利用，那么就能够提高创新的速度，间接刺激经济增长。但是如果因为贸易而扩张的部门是与研究部门竞争人力资本要素投入的，那么贸易反而妨碍了技术进步和经济增长。①简言之，贸易改变了一国的专业化模式并间接影响国内知识积累。

（二）商品市场一体化模型

格罗斯曼和赫尔普曼（1991）②认为贸易促进经济增长的另一个机制是通过

---

① [美] 格罗斯曼、赫尔普曼：《全球经济中的创新与增长》，何帆等译，中国人民大学出版社 2003 年版，第 151—152 页。
② [美] 格罗斯曼、赫尔普曼：《全球经济中的创新与增长》，何帆等译，中国人民大学出版社 2003 年版，第 217—220 页。

竞争效应给各国厂商带来了强大动力以生产世界上独一无二的新产品。他们假设 i 国知识存量为 $K_n^i = n^i + \Psi^i n^j$ ($j \neq i$) 其中，n^i 为 i 国之前开发产品的种类数，Ψ^i 为可以从 j 国得到但 i 国没有的产品的比例。注意 $K_n^A = K_n^B = K_n$，K_n 为在世界某地进行互不相同研究的项目数。Ψ^i 的时间序列是任意的，没有什么经济手段能够限制它。但是不妨专注于一种特殊的情况，假设 B 国开发的产品中有一个不变的部分 $(1-\Psi)$ 是对 A 国已经存在的产品的重复开发，而 A 国所开发的产品却总是独一无二的。于是各国的知识存量如下：

$$K_n = n^A + \Psi n^B (0 \leqslant \Psi \leqslant 1) \tag{2-6}$$

i 国厂商每开发一种新的产品所付出的成本为：$\dfrac{w^i a}{K_n}$，其中，w^i 为 i 国的工资率，a 为投入系数，自由进入条件为：

$$v^i = \frac{w^i a}{n^A + \Psi n^B} \quad (i = A, B) \tag{2-7}$$

知识的国际扩散降低了各国 R&D 所需的投入。经过推导（过程略）可得，存在国际知识技术溢出效应时，两国的增长率为：

$$g = (1-\alpha) \frac{L^A + \Psi L^B}{a} - \alpha \rho \tag{2-8}$$

不存在国际知识技术溢出时，两国的增长率为：

$$g^i = (1-\alpha) \frac{L^i}{a} - \alpha \rho \tag{2-9}$$

国际知识交流的好处会因研究努力的重复而减少。当两个相似国家相互开放国内市场时，世界商品市场一体化能够完全消除研究工作中的重复劳动。厂商得以获得全球知识存量，$K_n = n$ ($n \equiv n^A + n^B$)，i 国厂商每开发一种新产品所付出的成本为 $\dfrac{w^i a}{n}$，自由进入条件变为：

$$v^i = \frac{w^i a}{n} \quad (i = A, B) \tag{2-10}$$

存在知识扩散与国际贸易的稳定状态下的创新率为：

$$g = (1-\alpha) \frac{L^A + L^B}{a} - \alpha \rho \tag{2-11}$$

与式（2-8）相比，国际贸易对长期经济增长的边际贡献完全来自对研究工作中重复劳动的消除。由于贸易的出现，各国消费者都能够购买全部 n 种品牌的商品，而不是本国生产的范围较小的 n^i 种商品，从而使得每个家庭的效用水平永久性地增加。

(三) 中间品种类增加模型

罗默 (1987[①], 1990) 假设存在着最终产品、中间产品和研究开发三个部门，最终产品的生产函数为：

$$Y(H_Y, L, x) = H_Y^\alpha L^\beta \int_0^\infty x(i)^{1-\alpha-\beta} di$$

$$= H_Y^\alpha L^\beta A \bar{x}^{1-\alpha-\beta} \qquad (2-12)$$

由于中间品 x 的生产及其在最终产品的生产函数中是对称的，因此均衡条件下每种中间品的产量应该是相同的，记之为 $\bar{x}$。

假定每生产单位的中间品需要 η 单位的资本，研究开发部门决定的中间品种类数为 A，那么必有 $\sum_{i=1}^{A} \eta \bar{x} = K$，即 $\bar{x} = K/\eta A$。将 $\bar{x}$ 代入最终产品部门的生产函数可得：

$$\begin{aligned} Y(H_Y, L, x) &= H_Y^\alpha L^\beta A \bar{x}^{1-\alpha-\beta} \\ &= H_Y^\alpha L^\beta A (K/\eta A)^{1-\alpha-\beta} \\ &= (H_Y A)^\alpha (LA)^\beta (K)^{1-\alpha-\beta} \eta^{\alpha+\beta-1} \end{aligned} \qquad (2-13)$$

该生产函数表明，即使人力资本 H_Y、劳动 L 和资本 K 三种投入保持不变 (与新古典假设一样，这些投入对产出是一次齐次的)，中间品种类 A 的不断增加可以导致产出的持续增长。引进国外先进的中间品和资本品有利于提高本国生产的最终产品的技术含量，并有效改善进口国的技术吸收能力。中间投入品和资本品技术溢出比最终产品技术溢出更加重要，因为后者只会使终端消费者获益，而前者将不仅令购买厂商获益，而且可以通过前向联系令关联厂商都获益 (Coe, Helpman & Hoffmaister, 1997)。[②]

(四) 质量阶梯模型

"质量阶梯"描述的是每一种产品的质量都可以无限次提高，每次质量提高

[①] Romer, P., "Growth Based on Increasing Returns Due to Specialization", *American Economic Review*, 1987, 77 (2), pp. 56-62.

[②] Coe, D. T., Helpman, E. and Hoffmaister, A. W., "North-South R&D Spillovers", *Economic Journal*, 1997, 107 (440), pp. 134-149.

都会使该产品提供的服务水平得到一次离散型的跳跃,并使得原产品很快变得落伍的情形。格罗斯曼和赫尔普曼(Grossman & Helpman,1991)[①]假设每一个产品 j 均有无数具有垂直差异的质量类型,$q_m(j)$ 表示第 j 个行业内第 m 代产品的质量,每一代新产品提供的服务均为上一代产品所提供服务的 λ 倍（λ>1）。消费者根据预算配置得到静态需求方程：

$$x_{mt}(j) = \begin{cases} \dfrac{E(t)}{p_{mt}(j)} & m = \widetilde{m}_t(j) \\ 0 & 其他条件下 \end{cases} \tag{2-14}$$

其中，$E(t)$ 为在时点 t 的支出,也可以理解为总需求；$p_{mt}(j)$ 为在时点 t 质量为 m 的产品 j 的价格。家庭瞬时效用为：

$$\log D(t) = \int_0^1 \log\left[\sum_m q_m(j) x_{mt}(j)\right] dj \tag{2-15}$$

家庭在跨时预算约束下的最优支出为：

$$\frac{E'}{E} = r - \rho \tag{2-16}$$

其中，r 为瞬时利率，ρ 为主观贴现率。可以选择适当的价格单位使得名义支出在所有时间均为常数，那么：

$$E(t) = 1 \tag{2-17}$$

意味着：

$$r(t) = \rho \quad (t 为任意值) \tag{2-18}$$

一旦产品在实验室被发明出来,掌握了必要技术或专利权的厂商都可以生产该产品且规模报酬不变。理论上讲,生产成本会因产品技术代别的不同而形成差异。为简便起见,令所有质量水平为 q 的产品生产技术完全相同。于是,劳动成为唯一的基本要素,总可以选择适当的单位,使得每一单位的可生产产品需要一单位的劳动投入,从而每一种产品的边际成本等于工资率 w。领先厂商不愿意将价格定在高于 λw 的任一位置,这意味着其销售和利润将为零；也不愿意将价格定在远低于 λw 的任一位置,这意味着得不到任何边际收益。在一般均衡状态下,获得领先优势的厂商会选择：

---

① [美]格罗斯曼、赫尔普曼：《全球经济中的创新与增长》,何帆等译,中国人民大学出版社 2003 年版,第 78-88 页。

$$p = \lambda w \tag{2-19}$$

将式 (2-14)、式 (2-17) 和式 (2-19) 代入式 (2-15) 得到:

$$\log D(t) = \int_0^1 \log \tilde{q}_t(j) \, dj - \log w - \log \lambda \tag{2-20}$$

沿着均衡轨迹，工资率 w 将保持不变，消费指数增长的唯一路径是由质量提升带来的，这些创新将导致右侧积分部分增加；质量阶梯越多，产出增长越快。如果商业性研究开发活动能够在经济上一直持续下去，工业产品的平均质量就会不断提高，由此实现可持续的经济增长。

技术创新的显著特征是具有溢出效应和外部收益，无论是在以中间品种类增加为特征的技术进步模型中，还是在以产品质量改进为特征的技术进步模型中，种类的增加以及质量的提升都是企业 R&D 活动的结果。R&D 活动产生了新知识和新信息，顺势也增强了进口国对出口国已有知识存量以及技术的吸收与模仿。如果进口贸易能够刺激国内创新活动，便能促进该国经济增长。

第二节 实证研究进展

一、实证分析框架

目前，国际技术溢出实证分析模型包括一般均衡模型和局部均衡模型两种类型，分别由柯伊和赫尔普曼 (Coe & Helpman, 1995)（以下简称 C-H 模型）以及伊顿和科特姆 (Eaton & Kortum, 1996)[①]（以下简称 E-K 模型）开创。C-H 模型是一个局部均衡模型，初衷在于评价外国 R&D 活动对国内生产率增长的影响程度以及影响机制。该模型假定本国全要素生产率与外国 R&D 相关，技术知识通过进口贸易传递，主要解释变量为加权的外国 R&D 资本存量，R&D 资本存量计算以伙伴国占进口国进口总额的比重为权重。该模型基本形式为:

$$\ln TFP_i = \alpha_i + \beta_{1i} \ln S_i^d + \beta_{2i} \ln S_i^f + \varepsilon_i \tag{2-21}$$

[①] Eaton, J. and Kortum, S., "Trade in Ideas: Patenting and Productivity in the OECD", *Journal of International Economics*, 1996, 40 (3-4), pp. 251-278.

其中，i 代表国家，α 代表特殊固定截距项，S^d 和 S^f 分别代表国内、国外 R&D 存量，$β_1$ 和 $β_2$ 分别对应国内外 R&D 变量的系数，ε 是误差项。利用 C-H 模型，柯伊和赫尔普曼最早检验了 22 个国家（包括 21 个 OECD 成员国以及以色列）间的进口贸易技术溢出情况，发现：①进口 R&D 溢出效应非常显著，除七国集团成员国外，几乎所有国家的外国 R&D 产出弹性均高于本国 R&D 产出弹性。经济体贸易开放度越高、贸易额越大，外国 R&D 对本国 TFP 影响越强烈。②从高 R&D 国家进口比从低 R&D 国家进口产出弹性更高。美国 R&D 存量上升 1%，22 个国家 TFP 平均上升 0.12%；日本 R&D 存量上升 1%，22 个国家 TFP 平均只上升 0.045%；而对法、德、英、意而言，这些国家 R&D 存量增加 1%，所有国家 TFP 提高大约只有 0.01%。[①] C-H 模型提出了用进口贸易数据对国外 R&D 资本存量进行加权的方法，该处理方法成为后续研究的普遍参考，对外国 R&D 资本存量的测算也逐渐成为进口贸易技术溢出研究的一个讨论专题。[②]

柯伊等（Coe, Helpman & Hoffmaister, 1997）（简称为 C-H-H 模型）采用了与 C-H 模型相同的 R&D 测算方法，检验了 22 个发达国家和 77 个发展中国家 1971~1990 年的贸易技术溢出情况。与 C-H 模型不同的是：①C-H-H 模型针对发展中国家国情，新增了人力资本作为控制变量；②C-H-H 模型认为发展中国家 R&D 数据包含的信息量有限，故没有采用发展中国家 R&D 数据，只采用了国外 R&D 存量数据，而在 C-H 模型中这两类数据都有使用；③C-H-H 模型用机器设备进口数据替代了 C-H 模型中的全部进口数据，认为前者更贴近贸易技术溢出理论的思想；④通过设置控制变量的交叉项反映两类效应之间的相互关系。模型基本形式为：

$$\ln TFP_i = α_i + β_{1i} \ln S_i^f + β_{2i} M_i + β_{3i} E_i + β_{4i} T + ε_i \tag{2-22}$$

变形为：

$$\ln TFP_i = α_i + β_{1i} \ln S_i^f + β_{2i} M_i + β_{3i} E_i + β_{4i} M_i \ln S_i^f + β_{4i} E_i \ln S_i^f + β_{4i} T + ε_i \tag{2-23}$$

其中，i 代表国家，α 代表特殊固定截距项，S^f 为外国 R&D 资本存量，M 为

[①] Coe, T. and Helpman, E., "International R&D Spillovers", *European Economic Review*, 1995, 39 (5), pp. 859-887.

[②] 关于 R&D 资本存量测算的更多内容参见：Falvey, R., Foster, N. and Greenaway, D., "North-South Trade, Knowledge Spillovers and Growth", *Journal of Economic Integration*, 2002, 17 (4), pp. 650-670；李小平：《国际贸易与技术溢出：途径及测算研究综述》，《财贸经济》，2008 年第 5 期，第 108-111 页。

国外机器设备进口额与本国 GDP 的比率，E 为中学入学率，T 代表时间趋势，ε 是误差项。主要研究结论有：①北方国家 R&D 资本存量每上升 1%，南方国家产出大约增长 0.06%；②北方国家对南方国家产出弹性的影响有很大差异，美国 R&D 资本存量每上升 1%，南方国家产出大约增长 0.03%，日、德、法、英 R&D 资本存量平均上升 1%，南方国家产出大约增长 0.04%~0.08%，这主要是因为美国是这些发展中国家最重要的贸易伙伴，同时也是发达国家集团中 R&D 资本存量最高的国家；③南方国家受技术溢出的影响程度各有不同。

C-H-H 模型检验得到了发展中国家从发达国家 R&D 溢出中获得显著溢出利益的证据，对发展中国家而言，这一结论具有非常丰富的政策意义。C-H-H 模型还发现样本发展中国家 TFP 与本国人力资本存量显著正相关，人力资本对 TFP 增长具有积极影响。对技术溢出吸收能力的研究逐渐发展为国际技术溢出效应研究的一个讨论专题（参见本节第三部分的介绍）。

C-H-H 模型对 C-H 模型的改进是不彻底的。后人对 C-H 模型的质疑主要表现在两个方面：①对 C-H 模型 R&D 资本存量计算方法的不满意；②对 C-H 模型关于贸易在国际技术溢出中角色的阐述的不满意。针对这些缺陷，不同的研究者选择了"改进"与"重造"两条不同的道路。凯勒（Keller，1996a，1998）[①] 通过利用随机生成权重计算得到的外国 R&D 资本存量检验出国外 R&D 存量对国内 TFP 增长具有显著正溢出效应的结论[②]。这使得人们对于 C-H 模型 R&D 测算方法，进而对于 R&D 技术溢出的显著性产生怀疑。利希滕贝格和范·波特尔斯伯格（Lichtenberg & Van Pottelsberghe，1998）[③]（简称 L-P 模型）指出 C-H 模型存在"加总偏误"[④]（Aggregation Bias）和"指标编制偏误"[⑤]（Indexation Bias），并

---

① Keller, W., "Are International R&D Spillovers Trade-Related? Analyzing Spillovers among Randomly Matched Trade Partners", Working papers No.9607, Wisconsin Madison Social Systems, 1996.
Published as: Keller, W., "Are International R&D Spillovers Trade-Related? Analyzing Spillovers among Randomly Matched Trade Partners", *European Economic Review*, 1998, 42 (8), pp. 1469–1481.

② Coe 和 Helpman 后来针对 Keller（1998）的质疑提出了辩解和反质疑，认为 Keller 选择的权重并非完全随机，但这并没有打消人们对 C-H 模型 R&D 资本存量计算方法的顾虑。

③ Lichtenberg, F., and Van Pottelsberghe de la Potterie, B. "International R&D Spillover: A Comment", *European Economic Review*, 1998, 42 (8), pp. 1483–1491.

④ 加总偏误是指如果将两个国家合并成一个国家，按照 C-H 模型的方法进行加权就会得出合并后的研发资本加权存量远远大于合并前两国研发资本加权存量之和。

⑤ 指标编制偏误是指按照 C-H 模型用进口贸易比重对 R&D 资本存量加权处理的方法并不能很好地表示国际技术溢出。

提出了克服偏误的方法,由此 L-P 模型成为目前技术溢出效应分析的主流模型。[①] 另外,考等 (Kao et al., 1999)[②] 以及米勒和奈特考温 (Müller & Nettekoven, 1999)[③] 对 C-H 模型提出了计量上的改进。辛塞拉和范·波特尔斯伯格 (Cincera & Van Pottelsberghe, 2001)[④] 概括了四种 R&D 技术溢出的代理形式,如下:

$$S_{m,j} = \sum_{i=1}^{n} (M_{i,j}/Q_i) \cdot R_i \tag{2-24}$$

$$S_{m,j} = \sum_{i=1}^{n} (I_{i,j}/Q_i) \cdot R_i \tag{2-25}$$

$$S_{p,j} = \sum_{i=1}^{n} (P_{i,j}/Q_i) \cdot R_i \tag{2-26}$$

$$S_{w,j} = \sum_{i=1}^{n} w_{i,j} \cdot R_i \tag{2-27}$$

其中,Q_i、R_i 分别为 i 国的产出和 R&D 资本存量,上述四式分别用中间品进口 ($M_{i,j}$) 比率、资本品进口 ($I_{i,j}$)、专利引用率 ($P_{i,j}$)、技术接近指数 ($w_{i,j}$) 对 R&D 资本存量进行加权,前三个属于宏观层面研究,后一个属于微观层面研究。

研究中对 R&D 资本存量进行估计时通常使用永续盘存法 (Perpetual Inventory Method, PIM),需要人为设定 R&D 资本折旧率,通常设为 5%~10% 不等。该处理虽然简单易行但弊端明显,简单假定各国、各行业具有相同的折旧率,估计得到的 R&D 资本存量与真实值之间会有较大的偏差。通常认为,R&D 流量的对数值约等于 R&D 存量的对数值,由此可以简化对 R&D 存量的估算。尽管有上述改进,但目前仍无一种广泛接受的衡量国际技术溢出的指标。

---

① 国内使用 L-P 模型的较多,如黄先海和石东楠 (2005)、喻美辞和喻春娇 (2006)、赵伟和汪全立 (2006) 等。参见:黄先海、石东楠:《对外贸易对我国全要素生产率影响的测度与分析》,《世界经济研究》, 2005 年第 1 期,第 22—26 页。喻美辞、喻春娇:《中国进口贸易技术溢出效应的实证分析》,《国际贸易问题》, 2006 年第 3 期,第 26—31 页。赵伟、汪全立:《人力资本与技术溢出:基于进口传导机制的实证研究》,《中国软科学》, 2006 年第 4 期,第 66—74 页。

② Kao C., M. Chiang and Chen, B., "International R&D Spillovers: An Application of Estimation and Inference in Panel Cointegration", *Oxford Bulletin of Economics and Statistics*, 1999, 61 (4), pp. 695–711.

③ Müller, W. and Nettekoven, M., "A Panel Data Analysis: Research and Development Spillover", *Economics Letters*, 1999, 64 (1), pp: 37–41.

④ Cincera, M. and Van Pottelsberghe De La Potterie., B., "International R&D Spillovers: A Survey", *Cahiers Economiques de Bruxelles*, 2001, 169 (1), pp. 3–32.

伊顿和科特姆（Eaton & Kortum，1996，1997，1999）[①]不满意C-H模型关于贸易在国际技术溢出中角色的阐述，放弃了C-H模型的R&D溢出框架，在"重造"的道路上进行了开创性的研究，提出了国际技术溢出的一般均衡分析模型。E-K模型假定各国生产率的差异由接受新知识的速度的差异造成，先是分析了R&D、专利和生产率之间的关系，后又进一步分析了进口中间投入品质量及种类、进口资本设备价格波动对进口国生产率的影响等。[②]由于采用的是一般均衡分析框架，较好地克服了C-H模型中遗漏解释变量的内生性问题，但由于E-K强假设性条件难以成立，加上参数设定复杂，削弱了该模型结论的有效性。C-H模型虽然设定简单，但由于机制清晰、政策含义明显而受到实证研究的青睐（Bayoumi，Coe & Helpman，1996[③]；Coe，Helpman & Hoffmaister，1997；Lichtenberg & Van Pottelsberght De La Potterie，1998；Xu & Wang，1999[④]；等等）。目前，国内文献也大多采用C-H模型分析框架。

二、国别差异比较

伯恩斯坦（Bernstein，1996）[⑤]分析了美国和加拿大11个制造业产业间R&D技术溢出的情况，发现两国间的技术溢出比各自国内产业间技术溢出效应更为显著。纳迪日和金（Nadiri & Kim，1996）[⑥]对G7国家之间的进口溢出效应进行了

[①] Eaton, J. and Kortum, S., "Trade in Ideas: Patenting and Productivity in the OECD", *Journal of International Economics*, 1996, 40 (3-4), pp. 251-278.

Kortum, S., "Research, Patenting, and Technological Change", *Econometrica*, 1997, 65 (6), pp. 1389-1419.

Eaton, J. and Kortum, S., "Engines of Growth: Domestic and Foreign Sources of Innovation", *Japan World Economy*, 1997, 9 (2), pp. 235-259.

Eaton, J. and Kortum, S., "International Technology Diffusion: Theory and Measurement", *International Economic Review*, 1999, 40 (3), pp. 537-570.

[②] Eaton, J. and Kortum, S., "Trade in Capital Goods", *European Economic Review*, 2001, 45 (7), pp. 1195-1235.

[③] Bayoumi, T., Coe, D. and Helpman, E., "R&D Spillovers and Global Growth", NBER Working Paper No.5628, 1996.

[④] Xu Bin and Wang Jianmao, "Capital Goods Trade and R&D Spillovers in the OECD", *Canadian Journal of Economics*, 1999, 32 (5), pp. 1258-1274.

[⑤] Bernstein, I., "International R&D Spillovers between Industries in Canada and the United States, Social Rates of Return and Productivity Growth", *Canadian Journal of Economics*, Special Issue: Part 2, 1996 (29), pp. S463-S467.

[⑥] Nadiri, I. and Kim, S., "International R&D Spillovers, Trade, and Productivity in Major OECD Countries", NBER Working Paper No.5801, 1996.

分析，发现从美国获得技术溢出最多的国家依次是加拿大、日本、意大利、英国、法国和德国；美国、德国的国际技术溢出大约是其所获得国际技术吸收的两倍；相反，日本、加拿大的国际技术吸收大约是其国际技术溢出的两倍。樱井等（Sakurai et al., 1997）[①]认为相对于小经济体而言（如加拿大、丹麦、荷兰等国），技术商品进口比国内自有技术对生产率的贡献更大，美国是这些国家技术商品进口的最大来源国。伯恩斯坦和莫南（1998）[②]测度了美国和日本之间的双边贸易技术溢出情况，发现双边溢出具有明显的非对称性：美国对日本的溢出效应十分显著，但日本鲜有向美国的技术溢出；美国的技术溢出几乎能够解释日本1965~1986年TFP增长的一半。利希滕贝格和范·波特尔斯伯格（Lichtenberg & Van Pottelsberghe, 1998）实证分析表明，美国是世界最主要的技术溢出国，英国次之。哈库拉和乔莫特（Hakura & Jaumotte, 1999）[③]使用87个国家的数据分析发现国际贸易是发展中国家接受国际技术溢出的重要渠道。克雷斯波等（Crespo et al., 2002）[④]通过增加进口渗透率变量，同样使用OECD国家数据，证明了进口贸易技术溢出效应对这些国家经济增长的重要性。上原冈部（Misa Okabe, 2002）[⑤]选取东亚七个经济体[⑥]为样本，考察了OECD国家R&D投入对这些经济体TFP的影响，发现进口贸易技术溢出对TFP增长具有显著促进作用。麦迪森（Madsen, 2005）[⑦]运用国内人口数量对国内知识存量进行标准化，以人均进口量作为权重对国外R&D进行加权，采用13个OECD国家长达一个世纪的

[①] Sakurai, N., Papaconstantinou, G. and Ioannidis, E., "The Impact of R&D and Technology Diffusion on Productivity Growth: Evidence from 10 OECD Countries", *Economic Systems Research*, 1997, 9 (1), pp. 81-110.

[②] Bernstein, I. and Mohnen, P., "International R&D spillovers between U.S. and Japanese R&D Intensive Sectors", *Journal of International Economics*, 1998, 44 (2), pp. 315-338.

[③] Hakura, D. and F. Jaumotte., "The Role of Inter-and Intra-industry Trade in Technology Diffusion", IMF Working Paper No. WP/58, 1999.

[④] Crespo, J., C. Martin and F. J. Velazquez, "International Technology Diffusion Through Imports and Its Impact on Economic Growth", European Economy Group Working Papers No.12, 2002.

[⑤] Okabe Misa, "International R&D Spillovers and Trade Expansion: Evidence from East Asian E-conomies", *ASEAN Economic Bulletin*, 2002, 19 (2), pp. 141-154.

[⑥] 分别为香港特别行政区、韩国、印度尼西亚、马来西亚、菲律宾、新加坡和泰国。

[⑦] Madsen, J., "Technology Spillover through Trade and TFP Convergence: 120 Years of Evidence for the OECD Countries", EPRU Working Paper Series, 2005.

Madsen于2007年的研究认为技术进口能够解释OECD国家TFP增长的93%。Madsen, J., "Technology Spillover through Trade and TFP Convergence: 135 Years of Evidence for the OECD Countries", *Journal of International Economics*, 2007, 72 (2), pp. 464-480.

数据进行了实证分析，结果显示进口贸易技术溢出能够解释样本 OECD 国家 TFP 增长的 200%，是 TFP 增长的最大单一解释因素。

实证分析文献大都支持进口贸易技术溢出效应的存在，但也有一些研究持不同观点。例如，吉特勒曼和沃尔夫（Gittleman & Wolff, 1995）[1]、沃瑞（Vuori, 1997）[2] 都没有找到支持国际贸易技术溢出的强有力证据，分析结果表明国际贸易技术溢出效应并不明显。伯恩斯坦和燕（Bernstein & Yan, 1996, 1997）[3] 对日本和加拿大 10 个行业 1962~1988 年双边贸易情况的研究发现，日本和加拿大之间的技术溢出非常小，有七个行业甚至没有被测出存在技术溢出效应。利希滕贝格和范·波特尔斯伯格（1998）也发现日本对 OECD 国家的 R&D 溢出很少。

表面上看，这些研究结论与前述支持技术溢出的研究结论相矛盾，但这种情况并非异常情况，恰恰表明技术溢出效应是非匀质的，进口贸易技术溢出会因国别和产业而异。第一章曾指出溢出效应显著与否一方面与进口商品的技术含量和技术结构有关，另一方面与进口国的吸收能力有关。实证结果的差异也可能与使用了不同样本数据、采用了不同的分析方法有关。更多有关国际技术溢出的文献可参见辛塞拉和范·波特尔斯伯格（2001）与凯勒（2004）的综述文章。

三、影响因素研究

不同国家的贸易技术溢出效应有差异，这使人们意识到技术溢出效应的发挥会受到一些因素的制约，如人力资本、进口国产业结构、地理因素、进口国经济和贸易发展水平等，并逐渐形成了"吸收能力"（Absorptive Capacity）和"门槛效应"（Threshold Effect）两个核心概念。

（一）人力资本

人力资本体现劳动者的素质和技能，人力资本积累有利于促进本国技术进步，增强对贸易技术溢出的吸收能力。伊顿和科特姆（Eaton & Kortum, 1996）

---

[1] Gittleman, M. and Wolff, E., "R&D Activity and Cross-country Growth Comparisons", *Cambridge Journal of Economics*, 1995, 19 (1), pp. 189-207.

[2] Vuori, S., "Inter-industry Technology Flows and Productivity in Finnish Manufacturing", *Economic Systems Research*, 1997, 9 (1), pp.67-80.

[3] Bernstein, I. and Yan Xiaoyi, "Canadian-Japanese R&D Spillovers and Productivity Growth", *Applied Economics Letters*, 1996, 3 (12), pp. 763-767.

Bernstein, I. and Yan Xiaoyi, "International R&D Spillovers between Canadian and Japanese Industries", *Canadian Journal of Economics*, 1997, 30 (2), pp. 276-294.

使用19个OECD成员国数据研究发现，与贸易相关的国际技术溢出效应与以受教育年限表示的人力资本正相关。纳迪日和金（1996）、盖拉和齐登（Galor & Tsiddon，1997）[①]研究发现，人力资本对国际贸易技术溢出起重要影响作用，国际贸易往往与人力资本结合起来共同影响经济增长。柯伊等（Coe et al., 1997）将中学入学率作为代表人力资本的解释变量引入C-H模型，检验发现人力资本对TFP增长具有积极影响，发展中国家TFP与其工业化贸易伙伴国R&D以及本国人力资本存量显著正相关。凯勒（1996b）[②]发现相对较高的初始人力资本水平对获取新技术有利，当一个经济体实行外向型经济政策时，如果想使得从国外市场获取新技术的机会增多，就必须提高本国人力资本积累水平。王和徐（Wang & Xu，2000）[③]研究发现，富裕国家能够从与美国等技术发达国家的交往中获益，而贫穷国家却获益甚少，主要原因在于人力资本临界水平的差异。凯勒（2002a）[④]发现，当把人力资本积累水平和国内研发投入同时作为国际贸易技术溢出影响因素时，人力资本因素在发展中国家作用更为明显。法尔维等（Falvey et al., 2004）[⑤]使用与C-H-H模型类似的方法，选取了5个OECD技术溢出国和52个吸收技术溢出的发展中国家进行研究，其主要结论是人力资本能够显著提高后者的贸易技术溢出效应。在最近的研究中，麦迪森（2010）[⑥]运用OECD国家数据对其1870~2006年的经济发展进行了总览式的分析，研究认为这些国家长达百年多的经济增长主要源于人口和TFP的增长，而TFP增长又由R&D投资、进口渠道技术溢出、受教育程度以及受教育程度与技术前沿之间的交互影响驱动。

（二）产业结构相似性

进口贸易技术溢出还会受进口国产业结构相似性的影响。速水和拉坦

---

① Galor, O. and Tsiddon, D., "Technological Progress, Mobility, and Economic Growth", *American Economic Review*, 1997, 87 (3), pp.363–382.

② Keller, W., "Absorptive Capacity: On the Creation and Acquisition of Technology in Development", *Journal of Development Economics*, 1996, 49 (1), pp.199–227.

③ Wang Jianmao and Xu Bing, "Trade, FDI, and International Technology Diffusion", *Journal of Economic Integration*, 2000, 15 (4), pp. 585–601.

④ Keller, W., "Trade and the Transmission of Technology", *Journal of Economic Growth*, 2002, 7 (1), pp. 5–24.

⑤ Falvey, R., Foster, N. and Greenaway, D., "Imports, Exports, Knowledge Spillovers and Growth", *Economics Letters*, 2004, 85 (2), pp.209–213.

⑥ Madsen, J., "The Anatomy of Growth in the OECD since 1870", *Journal of Monetary Economics*, 2010, 57 (6), pp. 753–767.

(Hayami & Ruttan, 1985)[①] 指出进口国对技术溢出的吸收和本地化应用能力取决于与贸易伙伴产业结构的相似性 (Structural Similarity)。凯勒 (2001)[②] 指出在 OECD 国家，80%的制造业研发集中于四类 ISIC[③] 产业——化学品、电子机械、非电子机械和运输设备，国际贸易技术溢出效应的发挥因为产业的不同而有差异。席夫等 (Schiff et al., 2002)[④] 将行业按研发密集程度分为高、低两类，高研发密集型行业主要受益于北—南之间的 R&D 溢出。布莱德和费南德兹—阿里亚斯 (Blyde & Fernández-Arias, 2004)[⑤] 研究发现，OECD 国家的进口贸易比拉丁美洲国家的进口贸易具有更强的技术溢出效应，原因在于 OECD 国家的进口商品比拉丁美洲国家的进口商品有更高的技术含量。

（三）地理因素

引力模型 (Gravity Model) 认为由于商品贸易存在着与地理距离呈正相关的运输成本，贸易的发生量与贸易伙伴国之间的地理距离成反比。地理距离过远对贸易活动具有一定的抑制作用，从而对国际贸易技术溢出产生一定负面影响。阿尔梅达和科加 (Almeida & Kogut, 1999)[⑥] 认为技术溢出效应与地理距离成反比。凯勒 (2002b)[⑦] 引入地理距离指数化衰减函数对 OECD 成员国间的国际技术溢出进行分析，得出国际技术溢出程度与地理距离呈反向关系的结论。伊顿和科特姆 (Eaton & Kortum, 2002)[⑧] 构建了一个一般均衡模型分析专业化、价格波动、关税、贸易距离障碍与贸易技术溢出之间的关系。席夫和王 (Schiff & Wang,

---

[①] Hayami, Y. and Ruttan, W., *Agricultural development: An International Perspective*. Baltimore and London: The John Hopkins University Press, 1985.

[②] Keller, W., "Knowledge Spillovers at the World's Technology Frontier", CEPR Discussion Papers No. 2815, 2001.

[③] 国际标准产业分类 (International Standard Industrial Classification of All Economic Activities, ISIC) 是根据所有实体单位所从事的经济活动对它们进行的分类，是联合国统计委员会最先着手设计也是最先完成的国际标准分类之一。目前，ISIC 已发展至第 4 版。

[④] Schiff, M., Wang, Yanling and Olarreaga, M., "Trade-related Technology Diffusion and the Dynamics of North-South and South-South Integration", World Bank Policy Research Working Paper No.2861, 2002.

[⑤] Blyde, J. and Fernández-Arias, E., "Why Does Latin America Grow More Slowly?" Inter-American Development Bank Publications No.22698, 2004.

[⑥] Almeida, P. and Kogut, B., "Localization of Knowledge and the Mobility of Engineers in Regional Networks", *Management Science*, 1999, 45 (7), pp. 905-917.

[⑦] Keller, W., "Geographic Localization of International Technology Diffusion", *American Economic Review*, 2002, 92 (1), pp. 120-142.

[⑧] Eaton, J. and Kortum, S., "Technology, Geography, and Trade", *Economitrica*, 2002, 70 (5), pp. 1741-1779.

2004)① 从区域贸易协议（RTA）的角度研究了南北贸易间的技术溢出，他们分别检验了贸易技术溢出对韩国、墨西哥和波兰等国的影响，结果表明技术溢出具有"区域化"特点：韩国、墨西哥和波兰分别主要从与日本、美国和欧盟之间的贸易中获益，其原因可能是 RTA 下的贸易伙伴之间的贸易量较大或是运输成本较低。

（四）吸收能力与门槛效应

对"吸收能力"和"门槛效应"的讨论逐渐成为贸易技术溢出研究的两个热门领域。莫南（2001）曾指出，国外 R&D 活动与国内 R&D 活动是互补而非简单的替代关系，对后进国而言，国际技术溢出并非是天降甘露，它需要该国具有一定水平的专业知识和技能才能有效地吸收。在有关吸收能力的诸多因素中，进口国人力资本或教育水平是研究关注的重点。很多研究都证实了这种"吸收假说"，一国只有积极地从事研发创新活动，才能获得技术吸收能力。科恩和莱温特（Cohen & Levinthal，1989，1990）② 最早将吸收能力定义为"厂商识别、吸收和应用新技术的能力"，认为本国 R&D 既能提高自身的自主创新能力，又能提高吸收国外先进技术的能力；企业不仅用 R&D 资本来创造新的技术，也用来增加自身鉴别、理解和使用高新技术的能力。劳尔（Lall，1992）③ 认为，本国企业的投资能力、生产能力和联系能力是决定企业吸收能力的重要因素。贝尔和帕维特（Bell & Pavit，1993）④ 认为任何技术发展都有一个累积的过程，不能简单地直接跳入新的技术领域。萨拉和乔治（Zahra & George，2002）⑤ 把吸收能力进一步分解为获取（Acquisition）、消化（Assimilation）、转化（Transformation）、利用

---

① Schiff, M. and Wang, Yanling, "North-South Technology Diffusion, Regional Integration, and the Dynamics of the Natural Trading Partners Hypothesis", World Bank Policy Research Working Paper No. 3434, 2004.

② Cohen, W. and Levinthal, D., "Innovation and Learning: The Two Faces of R&D", *Economic Journal*, 1989, 99 (397), pp. 569–596.
　Cohen, W. and Levinthal, D., "Absorptive Capacity: A New Perspective on Learning and Innovation", *Administrative Science Quarterly*, 1990, 35 (1), pp.128–152.

③ Lall, S., "Technological Capabilities and Industrialization", *World Development*, 1992, 20 (2), pp. 165–186.

④ Bell, M. and Pavitt, K., "Technological Accumulation and Industrial Growth: Contrasts between Developed and Developing Countries", *Industrial and Corporate Change*, 1993, 2 (2), pp. 157–210.

⑤ Zahra, S. and George, G., "Absorptive Capacity: A Review, Reconceptualization, and Extension", *Academy of Management Review*, 2002, 27 (2), pp. 185–203.

(Exploitation) 四个层次，并把前两种称为潜在 (Potential) 吸收能力，把后两种称为实际达到的 (Realized) 吸收能力。

国际贸易技术溢出对处于技术劣势国家缩小技术差距的助益依国别不同而有所差异。当两国技术差距太大时，两国间的技术难以兼容衔接，各种前向和后向的技术联系较少，在这种情况下，不发达国家获得的技术溢出效应将较少 (Abramovitz, 1986)[①]。莫斯克斯 (Moschos, 1989)[②] 明确地用"门槛"一词指代贸易技术溢出发生所需要满足的条件，当经济发展水平还未达到某个门槛时，国际贸易对经济增长的拉动作用较小，只有当经济发展水平达到这个门槛后，国际贸易对经济增长的拉动作用才相对较大。门槛效应和吸收能力两个概念紧密关联。当两国间经济和技术水平差距较大时，国际贸易技术溢出则不容易发生。后进国滞后的教育水平、较低的人力资本质量、低研发投入、低产业集聚度、低工业化程度等都能成为限制其学习和吸收的因素。当上述因素都得以改善时，后进国有望顺利跨过技术溢出的"门槛"，实现"溢出—吸收—提高"的良性循环。

四、国内研究概述

经过几十年的发展，贸易是国际技术溢出的重要渠道已经由假说上升为广受认同的理论观点。在贸易技术溢出理论发展过程中，国内学者对中国从国际贸易活动中获得技术溢出效应的程度和机制的研究热情不断高涨。海闻 (1995)[③] 在 20 世纪 90 年代中期向国内介绍了国外关于技术溢出与贸易理论的新进展，提出中国应该继续扩大开放，更积极地接受国外技术溢出。与国外学者多选择进口角度进行分析不同，国内的实证研究尤其是早期研究大多选择了出口贸易角度，这可能与改革开放初期中国以出口为导向的贸易政策取向有关。杨全发等 (1998,

---

① Abramovitz, M., "Catching up, Forging ahead, and Falling behind", *Journal of Economic History*, 1986, 46 (2), pp. 385–406.

② Moschos, D., "Export Expansion, Growth and the Level of Economic Development: An Empirical Analysis", *Journal of Development Economics*, 1989, 30 (1), pp. 93–102.

③ 海闻：《国际贸易理论的新发展》，《经济研究》，1995 年第 7 期，第 67–73 页。

1999)①、包群等（2003）②、李小平等（2004，2008）③、许和连和栾永玉（2005）④、付晓兰（音译）（2005）⑤、邹武鹰等（2007）⑥是出口技术溢出研究的代表。

近年来，国内有关进口贸易技术溢出的研究逐渐增多。方希桦等（2004）⑦采用改进的 C-H 模型和 1981~2000 年 G7 国家 R&D 投入以及中国 TFP、科教投入等时间序列数据，研究了进口贸易技术溢出对中国全要素生产率的影响，结果表明贸易伙伴国 R&D 投入、国内科技投入对中国 TFP 提高都产生了显著促进作用。李小平和朱钟棣（2004，2006⑧）检验发现中国进口贸易的 R&D 溢出系数显著为正。赖明勇等（2005）⑨探讨了开放经济条件下人力资本、国内研发与国际 R&D 技术溢出影响中国经济增长的内在机理，结果也支持进口技术溢出效应显著，并强调了吸收能力对技术溢出机制发挥具有决定性影响。王永齐（2006）⑩分析了资本品和中间品进口技术溢出对中国技术进步和生产率提高的积极作用。喻美辞和喻春娇（2006）⑪运用 L-P 模型，建立了一个包括人力资本在内的进口贸易技术溢出计量模型，研究表明国内外 R&D 资本存量都能显著地提升中国全要素生产率，误差修正模型（Error Correction Model，ECM）分析结果显示，短

---

① 杨全发：《中国地区出口贸易的产出效应分析》，《经济研究》，1998 年第 7 期，第 22-26 页。
杨全发、舒元：《广东对外贸易促进经济增长分析》，《世界经济文汇》，1999 年第 4 期，第 8-11 页。
② 包群、许和连、赖明勇：《出口贸易如何促进经济增长？——基于全要素生产率的实证研究》，《上海经济研究》，2003 年第 3 期，第 3-10 页。
③ 李小平、朱钟棣：《国际贸易的技术溢出门槛效应——基于中国各地区面板数据的分析》，《统计研究》，2004 年第 10 期，第 27-32 页。
李小平、卢现祥、朱钟棣：《国际贸易、技术进步和中国工业行业的生产率增长》，《经济学》（季刊），2008 年第 1 期，第 549-564 页。
④ 许和连、栾永玉：《出口贸易的技术外溢效应：基于三部门模型的实证研究》，《数量经济技术经济研究》，2005 年第 8 期，第 103-111 页。
⑤ Fu, Xiaolan, "Exports, Technical Progress and Productivity Growth in a Transition Economy: A Non-parametric Approach for China", *Applied Economics*, 2005, 37 (7), pp. 725-739.
⑥ 邹武鹰、许和连、赖明勇：《出口贸易的后向链接溢出效应——基于中国制造业数据的实证研究》，《数量经济技术经济研究》，2007 年第 7 期，第 25-34 页。
⑦ 方希桦、包群、赖明勇：《"国际技术溢出"：基于进口传导机制的实证研究》，《中国软科学》，2004 年第 7 期，第 58-64 页。
⑧ 李小平、朱钟棣：《国际贸易、R&D 溢出和生产率增长》，《经济研究》，2006 年第 2 期，第 31-43 页。
⑨ 赖明勇、张新、彭水军、包群：《经济增长的源泉：人力资本、研究开发与技术外溢》，《中国社会科学》，2005 年第 2 期，第 32-46 页。
⑩ 王永齐：《贸易溢出、人力资本与经济增长——基于中国数据的经验分析》，《南开经济研究》，2006 年第 1 期，第 101-113 页。
⑪ 喻美辞、喻春娇：《中国进口贸易技术溢出效应的实证分析》，《国际贸易问题》，2006 年第 3 期，第 26-31 页。

期内进口贸易技术溢出对促进中国技术进步具有时滞效应。许和连等（2007）[①]利用中国和15个OECD国家1990~2004年的数据及新的人力资本指标对进口贸易技术溢出效应进行了检验，结果表明国外R&D溢出对中国技术进步产生了显著促进作用。黄凌云和徐磊（2009）[②]运用"全球贸易分析计划"（Global Trade Analysis Project，简称GTAP模型）[③]实证模拟了全球八大区域工业制成品部门技术进步对中国经济发展和社会福利的影响，发现北美、欧洲等区域均能通过国际贸易技术溢出促进中国工业制成品部门技术进步。唐保庆（2010）[④]认为，技术溢出与人力资本吸收能力协同促进了中国全要素生产率提升。许培源（2010）[⑤]引入贸易品技术密度概念，分析了中国贸易活动中的技术溢出效应，结果显示，贸易品技术密度与技术溢出效果正相关，进口商品技术密度越高，贸易的TFP增长效应越大。

进口贸易技术溢出实证研究如果只是停留在国家层面而不深入地进行结构性分析就难以提出有针对性的政策建议，哪些行业、哪些商品技术溢出更显著有待进一步深入研究。目前，国际上关于国际技术溢出的研究已经细化到行业、企业层面，微观分析十分普遍。然而，国内微观企业数据样本难以获得，虽然目前已经有了基于产业或省际面板数据的研究，但微观层面和企业层面的技术溢出研究仍然处于空白阶段。李小平和朱钟棣（2006）[⑥]首次就国际R&D溢出对中国工业行业技术进步、技术效率和全要素生产率的影响进行了实证分析，研究选取了1998~2003年32个工业行业相关数据，主要结论是：高开放度行业与低开放度行业相比技术效率水平更高；外国R&D溢出系数显著为正；本国R&D资本回归系数显著为负。李小平等（2008）[⑦]比较了进口和出口贸易对中国工业行业生产

[①] 许和连、王艳、邹武鹰：《人力资本与国际技术扩散：基于进口贸易的实证研究》，《湖南大学学报》（社会科学版），2007年第2期，第62-66页。

[②] 黄凌云、徐磊：《国际贸易技术溢出对中国的影响——基于工业制成品部门的GTAP模型分析》，《国际贸易问题》，2009年第3期，第104-110页。

[③] 全球贸易分析模型（GTAP）是根据新古典经济理论设计的多国、多部门应用一般均衡模型，由美国普渡大学教授汤姆斯·赫特（Thomas Hertel）领导的全球贸易分析计划（GTAP）发展而来。GTAP模型架构建立了描述每个国家（或地区）生产、消费、政府支出等行为的子模型，通过国际间商品贸易关系，将各子模型联结成一个多国、多部门的一般均衡模型，进而利用该一般均衡模型进行政策仿真，目前已被广泛应用于贸易政策分析。

[④] 唐保庆：《贸易结构、吸收能力与国际R&D溢出效应》，《国际贸易问题》，2010年第2期，第91-97页。

[⑤][⑥][⑦] 许培源：《贸易品的技术密度、技术吸收能力与技术溢出效应》，《国际贸易问题》，2010年第3期，第92-98页。

率的影响，发现出口贸易对生产率增长的影响不显著、进口贸易比出口贸易的技术溢出效益显著；与之前李小平和朱钟棣（2006）的研究结论相似，李小平等发现国内 R&D 支出阻碍了工业行业全要素生产率增长和技术进步，并认为这可能与中国当前 R&D 投入体制中的预算软约束以及投资强度大而导致投资效率低有关。徐圆（2009）[①]比较了国内、国际 R&D 通过贸易流在产业内和产业间的溢出效应，并比较了国内和国际 R&D 资本对中国高、中、低三个技术类型行业 TFP 的影响，结果表明中等技术行业 R&D 产出弹性最高且显著，中等技术行业通过进口贸易获得了较多的技术溢出。谢建国和周露昭（2009）[②]利用中国省区面板数据对进口贸易技术溢出效应进行了分析，发现进口 R&D 技术溢出效应具有显著的区域差异。高凌云和王洛林（2010）[③]利用三位码工业行业月度数据比较了进口贸易技术溢出、进口竞争对中国工业行业 TFP 增长的影响，发现进口竞争对工业行业要素再配置产生了显著影响，并通过提高技术效率的方式促进了 TFP 的增长。

第三节　当前研究待改进之处

当前，中国进口贸易技术溢出实证研究有待改进之处在于：①对贸易技术溢出机制的刻画有待深入。已有研究得出了有关进口贸易技术溢出正负效应、国内 R&D 资本溢出正负效应的不同结论。面对这些不同的研究结论，要想辨识其中的正确和谬误，就需要深入挖掘技术溢出的作用机制。②研究层面有待拓展。当前关于国别和行业层面的研究较多，细化到微观和商品层面的进口贸易技术溢出研究仍然不多，后者将成为下一步研究的热点。③研究视角有待开拓。贸易技术溢出活动是复杂的，当前研究主要集中在进口商品知识溢出、进口商品进口竞

[①] 徐圆：《国际 R&D 溢出、产业间贸易流与中国制造业生产率》，《经济科学》，2009 年第 3 期，第 49-58 页。

[②] 谢建国、周露昭：《进口贸易、吸收能力与国际 R&D 技术溢出：中国省级面板数据的研究》，《世界经济》，2009 年第 9 期，第 68-81 页。

[③] 高凌云、王洛林：《进口贸易与工业行业全要素生产率》，《经济学》（季刊），2010 年第 2 期，第 391-414 页。

争、国内吸收能力等方面，致使实证研究主题雷同性较高，对溢出机制的刻画过于单薄，这一状况亟须改变。④研究方法有待改进。目前，国内关于进口贸易技术溢出的实证研究主要遵循的是 C-H 实证框架，选取的国外技术溢出变量主要是进口贸易加权的 R&D 资本存量。本书在前面的分析中也曾指出，C-H 模型对 R&D 资本存量的测度存在缺陷。虽然资本存量测度方法在不断改进，但仍然存在一些没有解决的问题，表现在：①R&D 活动是复杂的，R&D 资本存量指标只反映 DTO 模型（Keller，2004）中有关外国活动（FA）的投入特征，但不能表征 R&D 产出活动的差异性和绩效特征，而后者才是更值得贸易技术溢出模型关注的。②C-H 模型向中观和微观方向拓展时遭遇数据可得性难题。OECD 数据库提供了关于 R&D 的国别数据，但不同国家分行业 R&D 数据难以全面获得。当前的处理方法是以不同行业产出占该国总产出的比重对以国别为统计口径的 R&D 额进行分拆。处理得到的数据与真实数据存在本质差异，以此进行行业层面研究是有风险的。③C-H 模型不能识别贸易品技术含量与技术水平的差异，由此导致该模型无法细致地反映贸易活动的结构性特征，更无法清楚地解释贸易促进国内技术进步的机制。可见，研究方法的受限与上述三个方面的问题都息息相关。

当站在更务实的角度，跳出实证和模型的圈子来审视贸易技术溢出研究范畴时，不禁要考问，研究技术溢出问题的目的是什么？研究的出发点和落脚点是什么？如果应用型经济研究不能致力于解决现实问题，不能致力于改进有关政策措施，而成为一种模拟不同经济变量之间数量关系的纯粹电脑软件回归过程，这种应用型经济研究的价值何在？贸易技术溢出是解决实际问题的理论工具，进行实证研究的出发点和落脚点不在于分析贸易技术溢出对中国技术进步具有怎样的影响，而应在于思考在现实条件下，如何促进贸易技术溢出与中国自主技术创新的良性发展，缩小中国与发达国家的技术差距。

在梳理了相关的文献后，笔者也深感当前贸易技术溢出研究最重要的问题在于没有把溢出机制描述清楚（Arora 等，2002[①]；高凌云、王洛林，2010[②]）。虽然有关研究把国际贸易作为先进国向后进国溢出技术的"通道"，但却并没有仔细

---

① Arora, A., Forsfuri, A. and Gambardela. A., *Markets for Technology: Economics of Innovation and Corporate Strategy*, Cambridge, MA: The MIT Press, 2002, p. 9.
② 高凌云、王洛林：《进口贸易与工业行业全要素生产率》，《经济学》（季刊），2010 年第 2 期，第 391-414 页。

识别通道内输送的技术溢出流量的分布特征。先撇开技术吸收能力不谈,不同国家的进口商品结构以及同一国家不同年份的进口商品结构不同,得自国外技术溢出的利益自然大不一样。两个进口规模相等的国家,一个国家进口商品技术较高,一个国家进口商品技术较低,这种差异显然会影响技术溢出效应,但基于C-H模型的实证研究不能对此进行有效识别。[①] 贸易结构对于解释技术溢出国别的差异非常关键,所以,加强贸易技术结构分析对于推动贸易技术溢出研究进展很有必要。

当前,有关中国贸易技术溢出的研究普遍忽视了对中国贸易技术结构的分析,专注于进口贸易技术溢出与中国技术进步和全要素生产率提升之间的数量关系,而缺乏对中国技术进步和中国贸易技术结构有了怎样的提高这类问题的探讨。然而,如果绕开后者,贸易技术溢出研究是不完整的。目前,从贸易技术结构角度研究技术溢出的文献几乎没有,本书希望能够弥补这方面的不足。上一章在探讨技术的内涵和特征时曾提出了从贸易数据中提炼关于商品技术含量信息的研究思路,该思路与贸易结构以及贸易技术溢出研究可以产生交集。

当然,要想在一本书中全部解决上述问题并不现实,但上述问题毕竟形成了本书的努力方向。本书试图先在研究方法和研究视角上做出改进。为此,本书打算:①放弃对R&D资本存量进行测度的原有思路,寻求能够替代R&D资本存量的指标。本书认为一个经受得住国际贸易竞争考验的商品自身所蕴含的有关物化技术的信息远比R&D资本存量这个数据蕴含的信息丰富得多。从国际贸易数据中可以提炼出表征技术溢出效应的新指标,而且这种指标能够顺利地适用于国别、行业以及微观各层面的研究,从而突破原有指标在数据获取方面的限制。后续计量实证章节将以该新指标作为解释变量替代外国R&D资本存量,相继进行商品层面、行业层面的贸易技术溢出分析,以实现对贸易技术溢出研究层面的拓展。②展开贸易技术结构分析,借以深化贸易技术溢出机制研究。分析进口贸易技术结构侧重于把握中国进口商品的技术分布和技术变迁,从中体现中国得自国外的技术溢出利益。分析出口贸易技术结构侧重于把握中国自身技术水平和出口商品竞争力的提升,从中体现进口技术溢出以及国内R&D活动所产生的积极影响。

---

① 对于现有基于C-H模型框架的行业层面研究仍然存在类似问题:两个进口规模相同的行业,一个行业的高技术商品多,一个行业的高技术商品少,C-H模型同样不能很好地识别其中的差异。

第三章
国际贸易技术结构与商品技术含量

贸易技术结构分析是贸易结构分析的一个重要板块，是厘清贸易关系、分析贸易模式、制定贸易政策、拟定贸易战略的重要基础。[①] 国别技术差异能够有力地解释贸易结构的差异（Helpman，1999）[②]。弄清楚贸易技术结构"是怎样的"这个问题，有助于回答"应该是怎样的"这个问题。不论就中国自身技术发展水平而言，还是就中国吸收国外技术溢出的实际程度而言，分析贸易技术结构都很有必要——前者体现在出口结构上，后者体现在进口结构上。中国进、出口贸易技术结构分析是本书研究的重点。要完成好这一任务不能单单只着眼于中国自身，而应该立足于全球进行考察。在对中国贸易技术结构着手测度之前，有必要先对所用到的"尺子"——贸易商品技术含量以及国际贸易技术结构——进行分析。本章第一小节将讨论国际贸易商品技术含量测度方法，后三个小节将分别对国际贸易的商品技术含量、国际贸易的国别—技术结构以及国际贸易技术结构的变迁予以介绍。

[①] 贸易结构分析主要包括贸易技术结构分析、贸易方式结构分析、贸易国别结构分析等板块。贸易技术结构分析虽然有着很高的重要性，但却是贸易结构分析诸多板块中的"短板"，这主要是由于简单的原始数据不能直接提供有关贸易技术结构的信息，而学术界对衡量、测度技术缺乏成熟的方法，使得贸易技术结构分析难以深入展开，从而制约了该领域的研究进展。

[②] Helpman, E., "The Structure of Foreign Trade", *Journal of Economic Perspective*, 1999, 13（2）, pp. 121-144.

第一节　国际贸易商品技术含量

一、概念界定

技术结构是指在基于一定技术载体的集合中，不同载体技术含量高低的分布形态或状态。对技术结构的认识可以分为微观、中观、宏观多重角度，包括商品集合的技术结构、产业集合的技术结构和国家集合的技术结构，也可以分为静态和动态两种类型。

静态地看，贸易技术结构是指在某一时点上，在贸易商品整体集合中，贸易商品按技术含量从低到高的排列状态，包括哪些是高技术商品、哪些是中等技术商品、哪些是低技术商品等具体内容。动态地看，贸易技术结构是指在一段时期内，或相较于上一个考察期，贸易商品的技术含量及整体技术水平的变动，具体包括哪些商品技术含量提升快，哪些商品技术含量提升慢，整体技术水平是升还是降等内容，重点是技术结构的历史变迁。宏观国别层面的技术结构表现为一国出口商品的技术分布，如高、中、低各档技术商品占比情况等；也表现为一段时期后，一国整体出口商品技术水平的变动，如是否出现了出口向高技术商品集中的趋势，出口商品整体技术水平是否有显著的提升等。

贸易技术结构分析是贸易结构分析诸多板块中的"短板"。这主要是由于原始数据不能直接提供关于贸易技术结构的信息，而目前又缺乏衡量、测度技术的成熟方法，致使贸易技术结构分析难以深入展开。贸易技术结构分析建立在贸易商品技术含量测度的基础之上。理论上，技术的价值可以通过其在技术交易市场转让或授权环节的定价得以体现。但经济学研究技术测度问题并非在于关心某项技术本身值多少钱，而是希望能借以判别某商品是否是高技术商品、某产业是否是高技术产业、某国整体技术水平是否先进。如果技术的高低可以通过序数方法定序，测度技术含量就能够实现对不同商品、产业及国家技术水平高低的直观排列；如果技术的高低可以用基数方法定距，测度技术含量就能够方便地比较不同商品、产业及国家在技术水平上差距有多大。

目前，对于某项贸易商品是高技术商品还是低技术商品，人们通常会根据官方或权威机构发布的高技术产品目录进行判断。如果该商品被纳入目录范畴或者属于航空航天、生物制药、新能源、新材料等高新技术领域，就惯性地把它视为高技术商品；反之，则视为低技术商品。这种归类法建立在通俗性认识基础上，其分类基础是薄弱的，而且只适用于少数商品。如果面对的是成千上万种商品，该方法势必不能穷尽所有商品的归类要求。显然，这种通俗性认识不能很好地完成对贸易技术结构的精细化描述。

二、测度方法和指数设计

（一）定序测度法

早期有关贸易商品技术含量的分析测度大多是粗线条的。通常是把贸易商品按照一定的标准聚类分为高、低两个技术类型，或高、中、低三个技术类型，然后根据这两个或三个类型商品出口占总出口额比重的高低推断出贸易技术结构。分类时通常参照《国际贸易标准分类》体系。SITC一位码分类将全球贸易商品分为十个类别，分别用数字0~9代表。具体包括：①食物及活动物（SITC0）；②饮料及烟草（SITC1）；③除燃料外的非食用未加工材料（SITC2）；④矿物燃料、润滑油及有关原料（SITC3）；⑤动物及植物油、脂及蜡（SITC4）；⑥化学品及有关产品（SITC5）；⑦按材料分类的制成品（SITC6）；⑧机械及运输设备（SITC7）；⑨杂项制成品（SITC8）；⑩未分类的货物及交易（SITC9）[1]。其中，SITC0~SITC4统称为初级品，SITC5~SITC8统称为制成品。一般认为，如果经济体贸易出口中的第0类、第1类、第2类商品份额高，而第5类、第7类商品份额低就认为该经济体出口贸易商品技术含量低、贸易技术结构低，反之则认为该经济体出口贸易商品技术含量高、贸易技术结构高。

后来，研究者们通过将贸易品划分为更多类别以期在细分层次上把握商品技术含量的差异。例如，劳尔（2000）[2]根据生产技术类型的不同将贸易商品分为六大类、十一子类。具体包括：①初级产品；②基于资源的制成品；③低技术制

---

[1] 主要包括邮包、货币、黄金等特殊交易及货物。
[2] Lall, S., "The Technological Structure and Performance of Developing Country Manufactured Exports, 1985-1998", *Oxford Development Studies*, 2000, 28（3）, pp. 337-369.

成品；④中等技术制成品；⑤高技术制成品；⑥未分类的其他产品。其中，又将第②类细分为"基于农产品的制成品"和"基于其他资源的制成品"，将第③类细分为"纺织、服装、鞋类"和"其他制成品"，将第④类细分为"自动化设备"、"中等技术加工类制成品"和"中等技术工程类制成品"，将第⑤类细分为"电子、电力制成品"和"其他高技术制成品"等类别。

当不同国家生产的 SITC 各大类商品质量档次较为接近时，上述方法不失为从产业层面分析贸易商品技术含量和技术结构的一般性方法，这也是迄今为止最常被采用的方法（Moore，1985）①。目前，国内大多数有关贸易技术结构的分析采用了 SITC 一位码的十大类分类体系。但是，这种归类法的缺陷在于：

（1）高、中、低档商品分类标准人为设定。由于缺乏描述高技术、中等技术和低技术商品的统一尺度，不同研究者可能会在高、中、低档类型中归入不同的商品。

（2）粗口径加总数据掩盖了子类商品技术含量的差异。每一大类项下往往包含十几到几十个不等的小类，小类商品之间技术含量各不相同，有时小类商品技术含量上的差距会很大。

例如，在通常所认为的中国具有比较优势的 SITC8 杂项制品中，SITC84"服装及衣服配件"与 SITC87"科学控制类仪器"和 SITC88"摄影、光学器材及钟表"的技术含量不可同日而语。按大类进行分类就会抹平子类商品中的高技术商品和低技术商品之间原本存在的差距。分类口径越粗，同类型下不同子类商品技术含量的差异可能就越明显，就越难以真实反映商品贸易的技术结构和技术水平，甚至有可能得出错误的结论。

（二）定距测度法

为了克服定序测度方法的缺点，本书做出了两方面的努力：①使用分类水平更高的统计数据，更细致地刻画商品技术含量；②编制能够拟合技术含量的指数，对原始数据进行提炼。

目前，国际贸易数据统计已经精细到了 SITC 五位数编码和 HS 八位数编码的程度，对贸易商品的分类深入到几百个甚至几千个更细类别上，例如，SITC

---

① Moore, L., *The Growth and Structure of International Trade since the Second World War*, Brighton, Sussex and Totowa, N.J.: Wheatsheaf Books LTD, 1985.

第 4 版包含 3240 个五位数商品，HS2007 年版包含 5113 个六位数商品。以联合国 Comtrade 数据库①为代表的各类商品贸易数据库覆盖了全球 95% 以上的贸易流量，数据获取便利。这些都为进一步改进传统粗口径测度方法提供了便利。

在指数编制方面，早期研究常常借用显示性比较优势指数（Revealed Comparative Advantage Index，RCA）和商品竞争力指数（Trade Competition Coefficient，TC）代为表示商品技术含量。RCA 指数最早由雷斯纳（1958）②提出，后经巴拉萨（1965）③完善成为一个广为使用的贸易商品竞争力测度指数。该指数是通过计算一国某一商品出口额占该国出口总额的份额与全球该种商品出口额占全球商品出口总额的份额的比重，反映该国该商品在世界市场中的竞争力。商品竞争力指数也被称为贸易专业化系数或特化系数，指一国某一商品的净出口与其进出口总额之比，主要用来衡量该产品在一国对外贸易中的相对地位，该指数高表明该商品相较该国其他商品贸易竞争力高；反之亦然。

这两类指数并非测度商品技术含量的首选，原因在于：其一，就同一项贸易商品而言，其在不同国家计算得到的 RCA 值或 TC 值是不同的，要想通过指数值高低直接进行判断仍然不够便利。其二，贸易商品的比较优势并不等同于技术含量。例如，中国的某种商品 RCA 值高并不代表这种商品就是高技术含量商品。在拟合技术含量方面，这两个指数离本书研究目标尚有一定差距，但 RCA 指数毕竟是一个很经典的指数，能为后续研究提供新起点。

在技术含量测度方面，还有一类研究是利用国民经济投入产出表数据，测算不同国家的投入产出系数和全要素生产率，以此测度技术含量。但由于投入产出表一般是分行业统计的，统计数据口径仍然偏宽，而且很多国家的国民经济投入产出表是不完整的或不可得的，难以进行全球性比较。

麦考利（Michaely，1984）④假设"附加值越高的商品越是来自高收入国家"，设计了一个判别商品技术含量高低的新指数，认为与高指数值对应的是高技术商

---

① Comtrade 数据库全称为 United Nations Commodity Trade Statistics Database，中文全称为联合国商品贸易统计数据库。
② Liesner, H., "The European Common Market and British Industry", *Economic Journal*, 1958, 68 (270), pp. 302-316.
③ Balassa, B., "Trade Liberalisation and 'Revealed' Comparative Advantage", *Manchester School of Economic and Social Studies*, 1965, 33 (2), pp. 99-123.
④ Michaely, M., Trade, *Income Levels and Dependence*. Amsterdam: North-Holland, 1984.

品，与低指数值对应的是低技术商品。麦考利指数与 RCA 指数或 TC 指数的区别在于：

（1）前者是加权复合指数，后两者是非加权指数。麦考利指数以一国某一商品出口占世界出口总额的份额和出口国人均国内生产总值相加权，复合指数包含的信息更丰富，综合体现了出口贸易规模和收入水平的差异。

（2）后两者的指数值是不带计量单位的，不容易由数值感知商品技术含量的差距。前者含人均 GDP 的成分，使得指数值带有计量单位，提高了商品技术含量的感知程度。

（3）RCA 指数的常见值域区间为 [0，20)[1]，TC 指数的值域区间为 [-1，1]，这两类指数值具有值域区间狭窄、区间内数值分布密度高、数值之间差距小的特点。麦考利指数常见取值从几百到几万，相对而言值域区间广阔、分布密度低、数值之间差距大，更贴近定距测度的要求。

麦考利指数代表了对商品技术含量的测度朝复合指数方向发展的趋势，此后出现了一系列复合加权指数，如关志雄（2002）[2]、劳尔等（Lall, Weiss & Zhang, 2005）[3] 等。劳尔参照麦考利的假设，提出"收入水平越高的国家，其出口产品复杂度越可能高"，编制了"产品复杂度指数"（Product Complexity Index, PCI）[4]。豪斯曼、黄和罗德里克（Hausmann, Hwang & Rodrik, 2005）[5] 以出口国人均 GDP、商品 RCA、某一商品出口占一国出口总额的比重为权重构建了测度产品技术含量的"PRODY 指数"和"EXPY 指数"；随后，罗德里克（Rodrik，

---

[1] 理论上，RCA 指数存在极端值点，这与样本的特殊性密切相关。如果某一商品在某国出口中占极高比重，但该商品全球出口额却只占全球商品贸易总额的极低比重，就会导致 RCA 值趋向正无穷的极端情况。

[2] 关志雄：《从美国市场看中国制造的实力——以信息技术产品为中心》，《国际经济评论》，2002 年第 7-8 期，第 5-12 页。

[3] Lall, S, Weiss, J. and Zhang Jinkang., "The 'Sophistication' of Exports: A New Trade Measure", ADB Institute Discussion Paper No. 23, Jan 2005. Published as: Lall, S, Weiss, J. and Zhang Jinkang. "The 'Sophistication' of Exports: A New Trade Measure", *World Development*, 2006, 34 (2), pp. 222-237.

[4] 原文是 "an export is more sophisticated the higher the average income of its exporter"，劳尔等对该假设所基于的逻辑的阐述是：高收入国家劳动力成本高、工资水平高，厂商只有提高产品竞争力才能在高成本条件下赢得世界市场竞争，技术是提高产品竞争力的重要保障，所以国家收入水平越高，越倾向于生产高技术商品。但劳尔等也认为营销策略、物流情况、地理距离、价值链组织等其他因素也会影响产品竞争力。如是，高技术商品也可能是低复杂度商品，低技术商品也可能高复杂度商品。产品复杂度与本书将要研究的商品技术含量是不同的概念，故该指数不适合本书直接采用。

[5] Hausmann, R., Hwang, J. and Rodrik, D., "What You Export Matters", Kennedy School of Government Working Paper No.05-063, Dec 2005, Harvard University.

2006)① 应用 EXPY 指数对中国出口商品复杂度进行了测度。樊纲、关志雄、姚枝仲（2006）②对关志雄（2002）的指数编制方法做了进一步修正，提出了"显示性技术附加值指数"（Revealed Technological Value-added Index，RTV），该指数以各国 RCA 指数为基础，用经对数化处理的人均 GDP 对已经加权处理了的 RCA 再次加权。这种对 RCA 进行两次加权的处理方法构成 RTV 指数编制的一大特点。杜修立和王维国（2007）③ 在关志雄（2002）和樊纲等（2006）基础上提出了新的指数编制方法，以各国占该产品全球总产出的份额为权重，对各国收入水平进行加权。④ 上述各类复合指数编制方法使得对商品技术含量的测度朝定距的方向迈了一大步，将统计分析推进到细分化商品水平，代表了商品技术含量测度和贸易技术结构分析的发展趋势。上述各指数编制理念和方法不尽相同、求同存异，为本文重新构建商品技术含量测度指数提供了养分和启发。

（三）本书拟采用的指数

麦考利提出的"收入假说"⑤，即"技术含量越高的商品越是来自高收入国家"，成为了后续复合指数编制的思想核心。尽管这一假说并不能严格成立，但它巧妙地实现了对原始数据的加工和应用，作为一项编制指数的技术性手段它是成功的。不管是以后的 PCI 指数，还是 PRODY 指数以及 RTV 指数都不约而同地提出了类似的想法，赞同并继承了"收入假说"。

技术是能为商品增加议价能力、在市场定价机制下争取更高溢价的手段。它与资本、劳动力共同参与生产过程并在市场交换环节获得各自的报酬。商品是技术的物化载体，商品竞争力关键在于技术的竞争力。商品的技术含量高，在交换过程中就能够获得更高的价格表现形式。不妨将这种价格表现形式称为"技术的商业化价值"（Commercialized Value of Technology），将测度技术含量的指数称为

---

① Rodrik, D., "What's so Special about China's Exports?", NBER Working Paper No.11947, Jan 2006.
② 樊纲、关志雄、姚枝仲：《国际贸易结构分析：贸易品的技术分布》，《经济研究》，2006 年第 8 期，第 70—80 页。
③ 杜修立、王维国：《中国出口贸易的技术结构及其变迁：1980~2003》，《经济研究》，2007 年第 7 期，第 137—151 页。
④ 该方法本意在于借用产出概念而非出口概念，如果一个国家某种商品生产占全球总产出的比重等于该国商品出口占全球总出口的比重，那么杜修立等（2007）的方法和关志雄及劳尔等的方法没有什么不同。实际上，由于产出数据不可得，杜修立指数需要运用贸易依存度概念将出口数据标准化为产出数据，多了这层转换，增加了指标的不准确程度。
⑤ 关志雄、劳尔等、豪斯曼等、樊纲等在其文章中表达了各自的指标编制思想，表达形式大同小异，本书不再一一赘述，遂取其精华概括为"收入假说"，即技术含量越高的商品越是来自高收入国家。

技术商业化价值指数，简称 CVT 指数。

某种商品越倾向于由高收入国家出口，则该商品越倾向于具有高技术含量。主要原因在于：一是当前发达国家整体技术实力居于技术金字塔塔尖，如果高收入国家生产的商品变得只能获得较低技术溢价时，厂商就会选择将该商品的生产线或生产技术转移到低收入国家，并在国内继续投资和生产技术含量更高的商品，确保获得更多的技术溢价和市场领先地位。二是由于国民收入水平高，高收入国家的消费者对商品品质的追求更高，也更愿意为高技术含量商品支付高技术溢价，从而激励本国厂商不断追求技术进步。技术溢价与技术创新之间能够形成累积循环。三是对于出口商品而言，如果较多地使用技术要素，较少地使用非技术要素，则该出口商品的技术含量就较高。显然，发达国家倾向于较多地使用技术要素。

在编制 CVT 指数时，本书将结合 PRODY 指数和 RTV 指数的优势并进行创新：①RTV 指数用加权 RCA 代替 PRODY 指数的非加权 RCA，减少了 RCA 极值对指数值造成的负面影响，是对 PRODY 指数的改进。本书拟继承加权 RCA 的做法。②RTV 指数值采用对数化的人均 GDP 进行加权，这种方法本意在于将人均 GDP 做线性处理，但同时也降低了该指数值对出口国收入水平波动的敏感度。本书不打算对人均收入数据进行加权处理。[①] ③国内生产总值是对生产活动的反映，本书认为采用人均国民总收入数据能更贴近"收入假说"的要求，能够更好地体现微观层面消费者收入水平对商品技术溢价的支持和对厂商技术进步的激励。本 CVT 指数编制公式如下：

$$CVT_{it} = \sum_{j=1}^{m} w_{ij} \cdot GNIP_j \tag{3-1}$$

其中，i 表示贸易商品，i = 1，…，n；t 表示年份；j 表示国别，j = 1，…，m；$GNIP_j$ 为 j 国人均 GNI；W_{ij} 代表 j 国关于商品 i 的 RCA 权重，其计算公式为：

$$w_{ij} = RCA_{ij} \Big/ \sum_{i=1}^{n} RCA_{ij} \tag{3-2}$$

---

① 例如，三个国家人均 GDP 分别为 500 美元、5000 美元和 50000 美元，对数化处理后三个国家的数值分别为 6.2、8.5 和 10.8。又如，三个国家人均 GDP 分别为 40000 美元、45000 美元和 50000 美元，对数化处理后三个国家的数值分别为 10.6、10.7 和 10.8。本书认为对数化处理使得指标值对收入的敏感度降低了太多，应该适度保留指标值对收入水平的敏感度，所以本书不打算对人均收入数据进行加权。

RCA 的计算公式为：

$$RCA_{ij} = \frac{X_{ij} \big/ \sum_{i=1}^{n} X_{ij}}{\sum_{j=1}^{m} X_{ij} \big/ \sum_{j=1}^{m} \sum_{i=1}^{n} X_{ij}} \quad (3-3)$$

CVT 指数与上述其他指数编制方法的对比如表 3-1 所示。

表 3-1　商品技术含量测度指数编制方法比较

加权板块/ 指数名称	麦考利指数	关志雄指数	PRODY 指数	RTV 指数	CVT 指数
A 板块	各国该商品出口额占该商品全球出口额的份额	各国该商品出口额占该商品全球出口额的份额	各国该商品 RCA	各国该商品 RCA 与全球各国该商品 RCA 总和的比值	各国该商品 RCA 与全球各国该商品 RCA 总和的比值
B 板块	人均 GDP	人均 GDP	人均 GDP	Ln 人均 GDP	人均 GNI

资料来源：笔者整理。

假设有 A、B 两个国家，不妨设两国人均 GNI 分别为 5000 美元和 20000 美元。有 x、y 两种贸易商品，不妨设为服装和汽车引擎。A 国两种商品的 RCA 分别为 2 和 0.5，B 国两种商品的 RCA 分别为 0.5 和 2，根据上述方法计算得到服装的 CVT 指数值为 8000 美元（$5000 \times \frac{2}{2.5} + 20000 \times \frac{0.5}{2.5} = 8000$），汽车引擎的 CVT 指数值为 17000 美元（$5000 \times \frac{0.5}{2.5} + 20000 \times \frac{2}{2.5} = 17000$）。

三、编码体系与数据处理

由联合国统计司开发、执行和维护的 Comtrade 全球商品贸易数据库是有关全球贸易情况的权威数据库，有超过 17 亿条贸易数据，数据可最早回溯至 1962 年。该数据库囊括了全球 170 多个国家官方提供的年度贸易数据的汇总资料，所有贸易金额均换算为美元计值。该数据库提供三种类型国际贸易商品分类体系数据，即《标准国际贸易分类》（Standard International Trade Classification，SITC）、《商品名称及编码协调制度》（Harmonized Commodity Description and Coding System，HS）以及《按广泛经济类别分类》（Classification by Broad Economic

Categories，BEC）三种。①

SITC 分类体系是历史最悠久的商品贸易分类体系。HS 分类体系是在 SITC 的基础上，参考国际间其他主要的税则、统计、运输等分类目录制定的一个多用途的国际贸易商品分类目录，是各国海关部门在进行进出口管理时采用的重要制度。② HS 六位数编码与 SITC 五位数编码之间可以相互转化。目前，SITC 是国内外学术研究中最常参考的分类体系，中国国家统计局编辑出版的《中国统计年鉴》以及中国统计年鉴数据库"贸易篇"的数据均参照 SITC 标准进行统计。有鉴于此，本研究选用 SITC 分类。

迄今为止，SITC 共经历四次修订。最新一次修订（SITC Rev.4）是在 2006 年，这一年也是该版本贸易数据的起始提供年份，由于时间跨度太短，不适宜采用。第三次修订（SITC Rev.3）是在 1988 年，第二次修订（SITC Rev.2）是在 1976 年。选择哪个初始年份作为商品技术含量和贸易技术结构分析的初始点事关修订版本选择。尽管 1978 年是中国改革开放元年，但中国向联合国上报 SITC 及 HS 贸易数据始于 1992 年，所以有关中国贸易商品技术结构的分析将以 1992 年为基期。1992 年年初，邓小平同志南方谈话极大地解放了国人思想，当年年底召开的中共十四大明确提出中国经济体制的改革目标是建立社会主义市场经济体制，标志着中国改革开放和社会主义现代化建设发展到了一个新的阶段。伴随着改革开放步伐的加快，中国外贸系统也开始推行一系列改革措施③，促进了对外贸易活动的大发展。从这一角度来看，选择 1992 年作为起始年份意义十分显著。从实际情况出发，本研究选择 SITC 的第三次修订版。

SITC 商品目录由五位数编码表示，其中首位数编码表示类，前二位编码表示章，前三位编码表示组，前四位编码表示子目。SITC Rev.3 将商品分为 10 大类、67 章、262 组、1033 个子目和 2970 个基本标题。从国内研究来看，樊纲等（2006）采用的是 HS 六位码分类，涉及五千多种商品，相当于 SITC 五位码分

---

① 根据联合国统计司网站对 UNCOMTRADE 的官方介绍资料整理，网络地址 http://unstats.un.org/unsd/tradekb/Knowledgebase/What-is-UN-Comtrade，最后访问日期为 2012 年 3 月 1 日。

② 海关总署报关员资格考试教材编写委员会编：《2005 年版进出口商品名称与编码》，中国海关出版社 2005 年版，第 1 页。

③ 如实行贸易企业自负盈亏改革；调整关税税率，更加注重关税的杠杆调节作用；打破贸易专业化经营的界限，增加有贸易经营权企业的数量；减少指令性计划的商品范围；对部分贸易企业实行股份制改革；等等。引自佟家栋：《中国贸易体制改革探讨》，《南开学报》，1998 年第 2 期，第 30-33 页。

类，对 1995 年和 2003 年两个年份的全球数据做了分析。杜修立和王维国（2007）采用的是 SITC 三位码分类。从国外研究来看，劳尔等（2005）和豪斯曼等（2005，2006[①]）采用的都是 SITC 四位码分类。芬斯特拉等（Feenstra et al., 2005）[②] 在进行世界贸易流量分析研究时对 SITC 四位码数据给予了肯定，认为其表达清晰且稳定性强。为此，本书也倾向于选择 SITC 四位码数据，对 1992~2010 年的全球数据进行分析。

本章贸易技术结构和商品技术含量分析需要用到的原始数据如下：全球所有国家（地区）基于 SITC Rev.3 四位码分类下 1033 种商品进出口贸易数据以及人均国民收入数据。SITC 数据全部来自联合国 Comtrade 统计数据库，人均 GNI 数据全部来自世界银行（WB）统计数据库，跨度为 1992~2010 年。Comtrade 提供的是以当前美元计价的贸易数据，考虑到 RCA 是比率，计算中分子分母相除后已经剔除价格变动，原始贸易数据无须单独进行价格处理。世界银行数据库提供了当前美元计价和不变美元计价两种人均 GNI 数据，本书选择的是 2000 年不变美元计价的人均 GNI。因此，计算得到的 CVT 值消除了价格变动因素的影响。计算结果将在下一节分析中给出。

贸易技术结构分析安排在商品 CVT 值计算之后，分析过程中下文将按习惯把贸易商品划分为低技术、中低技术、中等技术、中高技术和高技术商品五大类别，依次用Ⅰ、Ⅱ、Ⅲ、Ⅳ、Ⅴ代表。[③] 在划分商品技术等级时，有些研究是根据商品数目将所有商品均等分为五类，本书不赞同这种分类方法，认为应该根据商品技术含量高低划分出五个技术等级区间。具体操作是，以当年 CVT 值最高商品的指数值为基准点，分别取其 1/5、2/5、3/5、4/5 作为低、中低、中等、中高技术类型的划分点[④]，高 CVT 值商品落在高技术等级区间，低 CVT 值商品落在低技术等级区间。如果商品 CVT 值分布是均匀的，按均等分类法和按 CVT 值高低

[①] Hausmann, R. and Klinger, B., "Structural Transformation and Patterns of Comparative Advantage in the Product Space", Center for International Development Working Paper No.128, 2006, Harvard Unversity.

[②] Feenstra R., Lipsey R., Deng H., Ma A. and Mo H., "World Trade Flows: 1962–2000", NBER Working Paper No.11040, 2005.

[③] 本书在计算过程中也曾采用高、较高、较低、低四大类划分方法，但感觉不如五大类划分方法方便，可能是因为五大类划分突出了中等技术类型。

[④] 由于个别商品计算得到的 CVT 值偏高，偏离整体分布较远，从而影响划分点的确定，所以实际操作过程中，本书会选择第三或第四高的商品的 CVT 值作为基准点。考虑到总计多达一千多种商品，个别离散性极值的出现是难免的。这种处理能够很好地保持整体分析的紧凑性。

分类法二者之间不存在区别，但商品的 CVT 值不可能是平均分布的，每个区间包含的商品数势必不均等。从全球来看，能够称为高技术的商品只会是少数，正常情况下落在中等技术区间的商品数目应该是最多的。下文对五种技术类型商品的描述都是基于 CVT 值高低所进行的划分。

第二节　国际贸易商品—技术结构

对国际贸易技术结构进行分析，目的是弄清楚以下几方面的问题：第一，在种类繁多的国际贸易商品中，哪些是高技术商品、哪些是低技术商品？第二，在各贸易国中，哪些国家更多地提供了高技术商品，或者高技术商品主要是由哪些国家提供的？第三，随着世界贸易的发展和技术进步，有些商品技术含量会上升，有些商品技术含量可能相对下降，实际变动情况如何？上述问题分别事关国际贸易的商品—技术结构、国际贸易的国别—技术结构和贸易结构动态演进三个方面。这些内容将分别安排在第二节、第三节和第四节进行介绍。制成品贸易是国际贸易的重要组成部分。2010 年，全球制成品贸易额占全球商品贸易总额的 73%，中国制成品出口占当年商品出口总额的 95%，制成品进口占当年商品进口总额的 70%。鉴于制成品贸易的重要性，分析中将专门对制成品贸易技术结构进行介绍。

一、贸易商品技术分布

根据上一节介绍的分析方法，本书首先计算得到了 2010 年全球贸易商品 CVT 值。考虑到 SITC9 属于邮包、钱币、黄金等"未分类交易及货物"，考量这类商品技术含量并无太大意义，故分析中不考虑 SITC9 类项下的四个四位码商品（S3-9110[①]、S3-9310、S3-9610、S3-9610）。另外，从 Comtrade 数据库下载数据时还有五个四位码商品（S3-3341、S3-3342、S3-3343、S3-3344、S3-3345）的

[①] SITC 分类体系中的子目分别用 0011、0012 等 1033 个四位数编码表示。因为是 SITC Rev.3（第三版），所以在商品代码前会加上"S3-"的前缀，例如 S3-0011、S3-0012 等。下同。

贸易数据缺失，故将剩余的1024种SITC四位码贸易商品作为分析样本，其中制成品分析样本为717种。全部1024种国际贸易商品CVT值如图3-1所示。横轴表示各商品按代码顺序的排列，纵轴表示各商品CVT值。剧烈波动的CVT曲线表明，不仅SITC各大类商品技术含量差异很大，而且大类中各子类商品技术含量也相差悬殊。例如，2010年，技术含量最高的S3-6744商品CVT值为35849美元，最低的S3-2641商品CVT值仅为698美元。

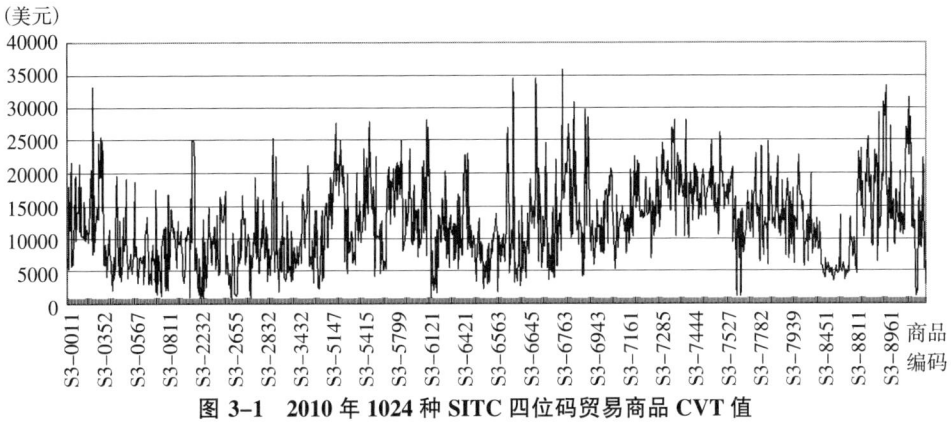

图3-1 2010年1024种SITC四位码贸易商品CVT值

资料来源：根据联合国Comtrade商品贸易数据库等有关资料计算整理。

根据加工程度和功能的不同，国际贸易商品可分为初级品（SITC0~4）和制成品（SITC5~8）两大类。初级品主要包括农产品、矿产品、水产品等，属于原料类产品，加工程度低，加工过程对成品性质改变不大。制成品是经过较复杂加工制造的产品，与原材料相比，其外观、性质和功能都发生了质的变化。其中，SITC5"化学品及有关产品"和SITC7"机械及运输设备"常被称为资本和技术密集型商品，SITC8"杂项制成品"常被称为劳动密集型商品。制成品子类商品CVT值的高低错落通过如下例子可见一斑，如SITC5中最低和最高CVT值分别为4027美元（商品编号S3-5513，下同）和28004美元（S3-5985）；SITC6中最低和最高CVT值分别为1002美元（S3-6113）和35849美元（S3-6744）；SITC7中最低和最高CVT值分别为1046美元（S3-7821）和28133美元（S3-7412）；SITC8中最低和最高CVT值分别为1114美元（S3-8984）和33338美元（S3-8855），如表3-2所示。

表 3-2 2010 年高 CVT 值商品与低 CVT 值商品比较

单位：美元

项目/类型	最高 CVT 值商品			最低 CVT 值商品		
	商品代码	商品名称	CVT 值	商品代码	商品名称	CVT 值
全球贸易	S3-6744	铁或非合金钢平板轧材；经包、镀或涂层铅（锡），经包、镀或涂层氧化铬及铬，经包、镀或涂层铝，及其他经包、镀或涂；阔度为 600 毫米或以上	35849	S3-2641	黄麻及其他纺织用韧皮纤维	698
SITC5	S3-5985	经掺杂用于电子工业的化（学）元素，呈圆盘状、薄片或类似形状；经掺杂用于电子工业的化（学）化合物	28004	S3-5513	橘属果实的精油、其他精油及香膏	4027
SITC6	S3-6744	铁或非合金钢平板轧材；经包、镀或涂层铅（锡），经包、镀或涂层氧化铬及铬，经包、镀或涂层铝，及其他经包、镀或涂；阔度为 600 毫米或以上	35849	S3-6113	皮革或以皮革纤维为主的合成革	1002
SITC7	S3-7412	使用液体燃料的熔炉燃烧器；其他熔炉燃烧器（包括组合燃烧器），供粉状固体燃料或气体；机械加煤机，包括其机械炉排、机械挂灰器及类似器具；燃烧器及上述制品的零件	28133	S3-7821	非公路用自动卸货汽车	1046
SITC8	S3-8855	表芯，完整及经组装	33338	S3-8984	圣诞节用的制品（如人造圣诞树、圣诞袜、仿制圣诞柴、圣诞布景及有关人物）、其他节日、庆典及娱乐制品	1114

资料来源：根据联合国 Comtrade 商品贸易数据库等有关资料计算整理。

本书将 1024 种 SITC 四位码商品归类到五档技术类型中，如表 3-3 所示。表格上半部分第一个表格中的数字"34"表示在 SITC0 项下有 34 种四位码商品归入低技术商品；表格下半部分第一个表格中的数字"26"表示在 SITC0 项下 26% 的商品属于低技术商品，以此类推。通过该表可以发现关于贸易商品技术分布的两点特征。

第三章 国际贸易技术结构与商品技术含量

表 3-3 SITC 项下 1024 种四位码商品技术分布

单位：种、%

种类\项目	初级品						制成品					合计
	SITC0	SITC1	SITC2	SITC3	SITC4	小计	SITC5	SITC6	SITC7	SITC8	小计	
低技术	34	3	38	3	9	87	6	33	3	36	78	165
中低技术	60	8	54	13	6	141	36	98	33	36	203	344
中等技术	22	0	25	4	4	55	40	65	100	36	241	296
中高技术	12	0	3	0	2	17	34	27	66	21	148	165
高技术	4	0	3	0	0	7	10	11	12	14	47	54
种类\项目	SITC0	SITC1	SITC2	SITC3	SITC4	小计	SITC5	SITC6	SITC7	SITC8	小计	合计
低技术	26	27	31	15	43	28	5	14	1	25	11	16
中低技术	45	73	44	65	29	46	29	42	15	25	28	34
中等技术	17	0	20	20	19	18	32	28	47	25	34	29
中高技术	9	0	2	0	10	6	27	12	31	15	21	16
高技术	3	0	2	0	0	2	8	5	6	10	7	5

资料来源：根据联合国 Comtrade 商品贸易数据库等有关资料计算整理。

（一）初级品技术分布

大多数初级品居于较低技术等级。在 307 种 SITC 四位码初级品中，约 3/4 的商品（228 种）属于中低和低技术类型，超过九成的商品（283 种）属于中等及中等以下技术类型。经对原始数据考量后发现，较低技术等级初级品的共同特征是，直接由土地、湖泊或海洋出产的食物或能源类产品（针对 SITC0、SITC1 和 SITC3 而言），或者是经粗加工而非精细加工的原料类产品（针对 SITC2 和 SITC4 而言），其经济价值低，比较容易替代，在产业链中占据初级环节且加工环节短。

初级品中有个别商品位于较高技术等级区间，如 SITC0 项下第 035 类"鱼肝、鱼卵"等商品，以及 SITC2 项下第 212 类"毛皮、皮草"等商品，计算得到的 CVT 值较高，反映出这些商品具有很高的经济价值，不过这不影响对初级品整体技术水平偏低的判断。

初级品技术分布歪斜度（Skewness）高。若以中等技术等级为界，中等以下的低和中低技术初级品种类数合计占比 74%，中等技术初级品种类数占 18%，中等以上的高和中高技术初级品种类数合计只占 8%，呈现非常不对称的"一头重、一头轻"的特征。

(二) 制成品技术分布

制成品商品种类数多，低技术和中低技术商品（281种）在制成品中的比例显著低于其在初级品中的比例，中等技术以上各类商品占制成品种类数的比例均高于其在初级品中的比例，与初级品"一头重、一头轻"的分布特征相比，制成品中五类技术商品的分布更平衡一些，大致呈橄榄形①特征。

在制成品内部，SITC5和SITC7项下的中高技术和高技术商品比重较大，SITC6和SITC8项下的中高技术和高技术商品比重较小，前两者整体技术水平高于后两者。其中，SITC5项下有44种商品属于高及中高技术类型，占制成品高及中高技术类型商品种类数（195种）的23%；SITC7项下有78种商品属于高及中高技术类型，占制成品高及中高技术类型商品种类数的40%，两者合计超过60%。SITC6和SITC8的高及中高技术类型商品种类数合计为73种，约占制成品高及中高技术类型商品种类数的40%。

在低及中低技术类型中，属于SITC5和SITC7的商品种类数合计为78种，占制成品低及中低技术类型商品种类数（281种）的28%；属于SITC6和SITC8的商品种类数合计为203种，占制成品低及中低技术类型商品种类数（281种）的72%。相比之下，SITC5和SITC7两大类比SITC6和SITC8两大类商品的技术密集度更高。

SITC6"按材料分类的制成品"和SITC8"杂项制成品"项下的低技术商品主要集中在S3-65"纺织纱、织物"和S3-84"服装及衣服配件"方面，如第651、第652、第653、第654、第657、第658、第659类，第841、第842、第843、第844、第845、第846、第848类等。这些商品技术门槛低，经济价值较低，可替代性较强。值得注意的是，这些也是中国的传统出口商品，在中国出口中占很大比重。

二、贸易商品技术结构

上一部分是从不同技术类型贸易商品种类分布的角度进行的分析，本部分将从贸易额角度对贸易技术结构进行分析。2010年，中等技术商品占全球商品贸易总额的比重为40%，在五种技术类型商品中是占比最高的一类；位居两端的低

---

① 橄榄形是本书做的一个比喻，是为了形象地刻画两头小、中间大这样一种形态。

技术商品和高技术商品占全球商品贸易总额的比重分别为8%和5%；中低技术商品和中高技术商品占全球商品贸易总额的比重分别为31%和16%。贸易额的技术结构比贸易品的技术分布更加接近橄榄形，表3-4显示了二者的对比。

表3-4 不同技术类型商品占商品种类数比重与占全球贸易额比重的比较

单位：%

项目/类型	低技术商品	中低技术商品	中等技术商品	中高技术商品	高技术商品
占贸易品种类数的比重	16	34	29	16	5
占全球贸易总额的比重	8	31	40	16	5

资料来源：根据联合国Comtrade商品贸易数据库等有关资料计算整理。

2010年，低技术商品占商品种类数的16%，占全球商品贸易额的8%，中低技术商品占商品种类数的34%，占全球商品贸易额的31%。无论从商品种类数还是贸易金额看，中高技术商品和高技术商品都是少数。全球贸易以中等技术商品贸易为主，中低和低技术商品贸易合计占比也较大。下面将进一步从三个角度解剖贸易技术结构，分别是：SITC各大类项下五种技术类型商品贸易额比重，SITC各大类商品占不同技术类型商品全球贸易额的份额，以及SITC各大类商品贸易占全球商品贸易总额的份额。

（一）不同技术类型商品的比重

表3-5显示的是SITC各大类项下五种不同技术类型商品贸易额占该类商品贸易总额的比重，具体来看：

表3-5 SITC项下不同技术商品的贸易额比重

单位：%

项目/类型	初级品						制成品					平均
	SITC0	SITC1	SITC2	SITC3	SITC4	小计	SITC5	SITC6	SITC7	SITC8	小计	
低技术商品贸易额比重	21.3	9.5	18.8	0.9	70.7	13.0	3.4	10.4	0.5	20.2	6.0	7.6
中低技术商品贸易额比重	55.9	90.5	42.4	86.7	14.3	66.5	12.1	34.1	15.7	24.7	20.3	31.0
中等技术商品贸易额比重	15.7	0.0	38.0	12.5	12.5	18.0	33.8	25.4	66.6	27.9	46.9	40.2
中高技术商品贸易额比重	6.0	0.0	0.1	0.0	2.4	2.0	36.7	25.4	13.2	21.1	20.7	16.4
高技术商品贸易额比重	1.1	0.0	0.7	0.0	0.0	0.5	13.9	4.8	3.9	6.1	6.0	4.8

资料来源：根据联合国Comtrade商品贸易数据库等有关资料计算整理。

（1）初级品贸易以中低和低技术商品贸易为主。平均而言，低技术和中低技术商品占初级品贸易的比重高达八成，显著高于其在制成品贸易中的比重。尤其在SITC1"饮料及烟草"项下这一比例高达100%，其后依次是SITC3"矿物燃料、润滑油及有关原料"（低技术和中低技术商品贸易比重为87.5%，下同）、SITC4"动物及植物油、脂及蜡"（85.1%）、SITC0"食物及活动物"（77.2%）以及SITC2"非食用未加工材料"（61.2%）。

（2）低技术和中低技术商品在制成品贸易中的占比显著低于其在初级品贸易中的比例，由其贡献的贸易额约占全部制成品贸易额的26%，其占初级品贸易额的比重高达80%。SITC5和SITC7项下的低技术和中低技术商品的比重更低，约为15%。SITC6和SITC8项下的低技术和中低技术商品的比重稍高，约为45%。

（3）中等技术商品在制成品贸易中占较大比重。平均而言，制成品贸易几乎一半都属于中等技术商品贸易。制成品各大类项下商品也基本都有30%以上的贸易额由中等技术商品贡献。在SITC7"机械及运输设备"项下，中等技术商品占到该类商品贸易额67%的比重，统计显示，SITC7项下贸易额最高的商品为第7812类"载客汽车"，占全球贸易4.2%的份额，是所有贸易商品中贸易额最高的一种商品。

（4）SITC5和SITC7的整体技术水平高于SITC6和SITC8。SITC5和SITC7项下，中高和高技术商品贸易比重之和大于中低和低技术商品贸易比重之和。与这一情况正好相反的是，SITC6和SITC8项下，中高和高技术商品贸易比重之和低于中低和低技术商品贸易比重之和。制成品中SITC6和SITC8的整体技术水平相对较低，SITC5和SITC7的整体技术水平相对较高，这与上一部分对制成品商品技术分布的分析相符。

（5）制成品贸易结构最接近于橄榄形。制成品贸易中，位于两端的低技术和高技术商品各自约占6%的比例，中低和中高技术商品各自约占20%的比例，居中的中等技术商品占比最大，接近50%。

（6）在制成品内部，SITC5"化学品及有关产品"项下高技术商品贸易比重是这九大类中最高的，约为14%。其高技术和中高技术商品两项贸易比重合计超过50%，这一比例在所有九大类中也是最高的。

（二）占各技术商品全球贸易额的份额

尽管初级品中80%都是中低和低技术商品，制成品大约只有26%是中低和低技术商品，但在全球中低和低技术商品贸易中制成品的份额双双高于初级品的份额。在其他三种技术类型商品中，制成品的贸易份额更是显著高于初级品的贸易份额，如表3-6所示。制成品在全球贸易中占有重要地位。具体来看：

表3-6 SITC各类商品占不同技术类型商品全球贸易额的份额

单位：%

项目/类型	初级品						制成品				
	SITC0	SITC1	SITC2	SITC3	SITC4	小计	SITC5	SITC6	SITC7	SITC8	小计
占低技术商品贸易的份额	20.7	1.1	11.0	1.1	5.6	39.5	5.5	21.9	2.5	30.7	60.5
占中低技术商品贸易的份额	13.3	2.5	6.1	27.4	0.3	49.6	4.8	17.6	18.7	9.2	50.4
占中等技术商品贸易的份额	2.9	0.0	4.2	3.0	0.2	10.3	10.4	10.1	61.2	8.0	89.7
占中高技术商品贸易的份额	2.7	0.0	0.0	0.0	0.1	2.8	27.6	24.8	29.8	14.9	97.2
占高技术商品贸易的份额	1.7	0.0	0.7	0.0	0.0	2.4	36.0	16.1	30.6	14.8	97.6
占全球商品贸易的份额	7.4	0.9	4.5	9.8	0.6	23.1	12.3	16.0	37.0	11.6	76.9

资料来源：根据联合国Comtrade商品贸易数据库等有关资料计算整理。

（1）低技术商品占全球商品贸易的比重约为8%，初级品和制成品各占39.5%和60.5%。其中占比最高的三类商品分别为SITC8、SITC6和SITC0，这三项在低技术商品贸易额中的份额分别为30.7%、21.9%和20.7%，三项合计占低技术商品贸易额的73.3%。SITC6和SITC8中有相当一部分商品是低技术商品，这两大项也是中国一直以来的重要贸易出口商品。

（2）中低技术商品贸易额占全球商品贸易的比重约为31%，初级品和制成品各占一半。其中占比最高的三类商品分别为SITC3、SITC7和SITC6，这三项在中低技术商品贸易额中的份额分别为27.4%、18.7%和17.6%，三项合计占中低技术商品贸易额的63.7%。

（3）中等技术商品贸易额占全球商品贸易的比重约为40%，初级品和制成品各占10.3%和89.7%，制成品是绝对的主力。其中，占比最高的三类商品分别为SITC7、SITC5和SITC6，SITC7一枝独秀，独占中等技术商品贸易额60%以上的份额，三项合计占中等技术商品贸易额的81.7%。

（4）中高技术商品贸易额占全球商品贸易的比重约为 16%，初级品和制成品各占 2.8%和 97.2%，制成品再次成为绝对主力。其中占比最高的三类商品分别为 SITC7、SITC5 和 SITC6，这三项在中高技术商品贸易额中的份额分别为 29.8%、27.6%和 24.8%，三项合计占中高技术商品贸易额的 82.2%。

（5）高技术商品贸易额占全球商品贸易的比重只有约 5%，初级品和制成品各占 2.4%和 97.6%，制成品再次成为绝对主力。其中占比最高的三类商品分别为 SITC5、SITC7 和 SITC6，这三项在中高技术商品贸易额中的份额分别为 36.0%、30.6%和 16.1%，三项合计占中高技术商品贸易额的 82.7%。

（三）占全球贸易总额的份额

从 SITC 各大类商品在全球贸易中所占份额来看（见表 3-7），制成品贸易在全球贸易中所占份额接近 80%，初级品大约只占 20%，具体来看：

表 3-7　SITC 各类商品占全球贸易总额的份额

单位：%

项目/类型	初级品						制成品				
	SITC0	SITC1	SITC2	SITC3	SITC4	小计	SITC5	SITC6	SITC7	SITC8	小计
低技术商品	1.6	0.1	0.8	0.1	0.4	3.0	0.4	1.7	0.2	2.3	4.6
中低技术商品	4.1	0.8	1.9	8.5	0.1	15.4	1.5	5.5	5.8	2.9	15.6
中等技术商品	1.2	0.0	1.7	1.2	0.1	4.2	4.2	4.1	24.6	3.2	36.1
中高技术商品	0.4	0.0	0.0	0.0	0.0	0.5	4.5	4.1	4.9	2.4	15.9
高技术商品	0.1	0.0	0.0	0.0	0.0	0.1	1.7	0.8	1.5	0.7	4.6
小计	7.4	0.9	4.5	9.8	0.6	23.1	12.3	16.0	37.0	11.6	76.9

资料来源：根据联合国 Comtrade 商品贸易数据库等有关资料计算整理。

（1）在高技术和中高技术商品贸易中，初级品所占份额极低，分别为 0.1%和 0.5%，反映出初级品技术含量和技术价值普遍偏低，仅个别初级品具备较高的商业化价值。高技术和中高技术商品贸易以 SITC5 和 SITC7 为主。

（2）中等技术商品是全球贸易占比最大的技术商品类别，其中制成品占中等技术商品贸易的份额将近 90%，占全球商品贸易额的 36.1%。中等技术商品贸易又以 SITC7 为最大单一贸易项目，其独占全球 24.6%的贸易份额。

（3）在中低技术商品贸易中，初级品和制成品各占一半左右的贸易份额，合计约占全球商品贸易 30%的份额。中低技术商品贸易又以 SITC3 为最大单一贸易项目，其独占全球 8.5%的贸易份额。

(4) 在低技术商品贸易中,初级品和制成品所占份额约为 4:6,合计占全球商品贸易的份额不到 8%。SITC8 项下的低技术商品贸易占全球贸易的比重在所有 SITC 类别中是最高的,约为 2.3%。

(5) 位于技术等级两端的低技术制成品与高技术制成品的贸易额几乎相当,各自占全球商品贸易额 4.6% 的比重。

(6) 位于中等技术区间左右两侧的中低技术制成品与中高技术制成品的贸易额几乎相当,各自占全球商品贸易额约 16% 的比重。

(四) 制成品贸易技术结构

初级品加工程度低,加工过程对成品性质改变不大。制成品在生产过程中经历了复杂的加工制造过程,与原材料相比,其外观、性质和功能都发生了质的变化。全球商品贸易以制成品贸易为主,有必要将制成品贸易技术结构单独做一些介绍。

通常将 SITC5 和 SITC7 类视为资本和技术密集型商品,将 SITC6 和 SITC8 类视为劳动密集型商品。本书感兴趣的是:①在资本和技术密集型类别下,具体有哪些商品真正属于高技术商品?有哪些商品虽然被归入到资本和技术密集型类别下,但技术含量并不高?②在劳动密集型大类下,不同子类商品的技术含量有多大差异?

利用之前计算得到的 2010 年各商品 CVT 值,本书将 SITC5~8 项下商品的技术类型做了归类,不同商品所属技术类型一目了然,如表 3-8 所示。例如,S3-7521、S3-7591、S3-7935 虽然被归为 SITC7 项下,但实属于低技术商品。

表 3-8　2010 年全球 SITC 四位码制成品技术分布

类别编号	技术类别	制成品商品编码
I	低技术商品 (78 个)	5223、5513、5541、5621、5622、5629 6113、6115、6116、6117、6121、6129、6259、6349、6513、6522、6524、6525、6529、6533、6545、6574、6581、6583、6584、6585、6592、6593、6595、6612、6651、6673、6712、6714、6726、6727、6821、6825、6965 7521、7591、7935 8414、8415、8416、8422、8423、8425、8426、8427、8428、8431、8432、8437、8438、8441、8442、8447、8448、8451、8453、8454、8455、8458、8459、8461、8462、8469、8481、8482、8517、8519、8984、8985、8986、8987、8997、8999

续表

类别编号	技术类别	制成品商品编码
II	中低技术商品（203个）	5114、5121、5221、5225、5226、5231、5232、5233、5234、5235、5236、5237、5238、5251、5312、5322、5323、5334、5531、5532、5533、5534、5543、5623、5811、5812、5813、5831、5832、5911、5921、5931、5932、5933、5981、5984 6114、6118、6122、6133、6211、6214、6251、6254、6255、6299、6331、6341、6343、6344、6351、6353、6354、6359、6416、6419、6421、6423、6424、6429、6511、6512、6514、6515、6517、6518、6519、6521、6523、6526、6531、6532、6534、6535、6536、6538、6539、6541、6544、6546、6549、6551、6552、6561、6562、6563、6564、6565、6575、6576、6577、6578、6582、6589、6596、6611、6613、6618、6624、6638、6645、6652、6661、6662、6672、6674、6713、6715、6732、6733、6742、6762、6764、6791、6794、6823、6824、6851、6852、6871、6872、6898、6921、6924、6932、6941、6951、6963、6964、6966、6973、6974、6995、6998 7112、7131、7231、7234、7243、7314、7374、7415、7469、7511、7522、7526、7611、7612、7621、7622、7643、7711、7731、7751、7752、7761、7786、7821、7831、7852、7863、7912、7917、7918、7922、7937、7939 8110、8122、8132、8211、8212、8215、8217、8312、8313、8411、8412、8413、8421、8424、8456、8484、8511、8512、8513、8514、8515、8731、8811、8812、8825、8831、8911、8928、8931、8944、8947、8952、8981、8991、8993、8994
III	中等技术商品（241个）	5111、5112、5113、5122、5123、5137、5138、5156、5169、5222、5249、5259、5311、5331、5335、5413、5414、5421、5422、5423、5535、5542、5711、5721、5731、5743、5751、5754、5791、5799、5814、5815、5816、5817、5822、5829、5912、5913、5914、5922 6112、6131、6132、6212、6213、6253、6291、6292、6332、6342、6345、6352、6415、6422、6516、6542、6543、6571、6573、6591、6594、6623、6633、6635、6637、6639、6648、6649、6659、6724、6734、6735、6741、6743、6751、6761、6781、6793、6795、6811、6812、6827、6842、6861、6863、6891、6899、6911、6912、6931、6935、6943、6952、6954、6957、6968、6975、6978、6991、6992、6993、6994、6996、6997、6999 7111、7119、7128、7132、7139、7148、7162、7163、7164、7165、7169、7181、7211、7212、7213、7223、7224、7232、7233、7239、7245、7247、7248、7249、7271、7283、7331、7372、7414、7418、7422、7423、7425、7427、7431、7434、7435、7436、7443、7444、7456、7461、7462、7464、7465、7481、7482、7483、7485、7489、7512、7513、7519、7523、7527、7529、7599、7628、7633、7638、7641、7642、7648、7649、7712、7722、7724、7725、7726、7728、7732、7753、7754、7757、7758、7763、7764、7781、7782、7783、7784、7788、7812、7822、7832、7842、7843、7851、7853、7862、7868、7911、7919、7921、7923、7928、7929、7931、7932、7933 8121、8131、8139、8213、8218、8311、8319、8452、8483、8711、8722、8724、8732、8745、8746、8749、8813、8839、8859、8913、8921、8922、8924、8932、8939、8941、8942、8946、8951、8959、8972、8973、8982、8989、8992、8998

类别编号	技术类别	制成品商品编码
Ⅳ	中高技术商品（148 个）	5124、5139、5145、5146、5148、5154、5155、5161、5162、5163、5224、5243、5411、5419、5429、5514、5712、5719、5729、5739、5741、5742、5752、5753、5755、5759、5793、5839、5972、5973、5977、5983、5986、5989、6252、6411、6412、6413、6414、6417、6631、6632、6641、6644、6647、6728、6731、6745、6752、6753、6754、6755、6757、6763、6831、6832、6942、6944、6953、6955、6956、7121、7133、7138、7144、7149、7161、7187、7189、7219、7244、7246、7252、7263、7265、7266、7268、7269、7272、7281、7313、7315、7316、7317、7339、7351、7359、7371、7373、7417、7419、7421、7424、7426、7429、7438、7439、7441、7442、7447、7448、7449、7451、7452、7459、7463、7468、7471、7473、7474、7478、7479、7484、7486、7491、7492、7499、7723、7741、7768、7787、7811、7841、7861、7916、7924、7925、8138、8713、8719、8723、8741、8742、8743、8747、8822、8823、8824、8841、8842、8843、8857、8912、8933、8943、8965、8974、8996
Ⅴ	高技术商品（47 个）	5147、5157、5158、5332、5415、5416、5792、5821、5985、5988、6572、6579、6643、6671、6744、6756、6768、6770、6782、6826、6841、7251、7259、7284、7285、7311、7312、7412、7413、7453、7472、7742、7762、8714、8721、8744、8821、8826、8853、8854、8855、8919、8961、8962、8963、8964、8966

资料来源：根据联合国 Comtrade 商品贸易数据库等有关资料计算整理。

本书将 2010 年 717 个 SITC 四位码制成品按照 CVT 值高低顺序排列，再将其贸易金额一一进行累积[①]，最后得到一条关于制成品的贸易金额累积曲线，如图 3-2 所示。该图中，贸易金额累积曲线呈 S 形，类似一条逻辑斯蒂（Logistic）曲线。从形态特征上看：①接近横轴原点的制成品属于低 CVT 值商品，这部分制成品占全球贸易的份额较低，故其贸易累积金额增长缓慢，这段曲线较平。②随着越来越多的中低 CVT 值商品纳入累积范围，累积金额曲线斜率逐渐增大，表明随着商品 CVT 值的攀升，中低档制成品的贸易份额逐渐多了起来，与之对应的贸易金额开始加速累积。③贸易额累积曲线与参照直线交叉时，贸易额累积曲线最为陡峭，增长最快。在交叉点之后，累积曲线的斜率逐渐下降，表明随着制成品 CVT 值的继续走高，中高 CVT 值商品占全球贸易的份额开始下降，不足以继续维持贸易额累积曲线的持续快速增长势头，增速开始下降。④当制成品

---

① 即第二个数据为第一个商品贸易金额和第二个商品贸易金额之和，第三个数据为第一个到第三个商品贸易金额之和，以此类推，最后一个数据为第一个到最后一个商品贸易金额之和。类似于累积分布函数的概念。

CVT 值接近最高值时，贸易额累积曲线斜率趋于平缓，这与高 CVT 值商品只在全球贸易中占较低份额有关。所以 S 形曲线两端较平缓，中间部分最为陡峭，而且 S 形曲线的斜率经历了一个由小变大、又由大变小的转变，简言之，制成品累积贸易金额曲线存在一个二阶导数为零的拐点。

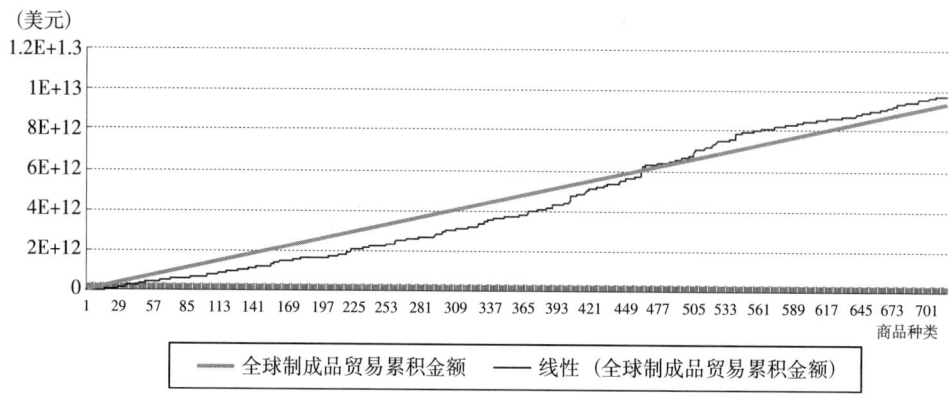

图 3-2　2010 年制成品全球贸易金额累积曲线

注：横轴为 717 种制成品商品按其自身 CVT 值的顺序排列，图中直线为参考线，图中曲线上各点代表的是制成品贸易金额累积值。

资料来源：根据联合国 Comtrade 商品贸易数据库等有关资料计算整理。

制成品贸易金额累积曲线呈现的逻辑斯蒂曲线特征与上文总结的制成品贸易技术结构呈现的橄榄形特征相呼应。在全部制成品商品中，中等技术制成品的数量和贸易金额是最大的，两端的低技术制成品和高技术制成品无论从数量上还是贸易金额上都只占较小比重。人们对高、中、低档商品的通常认识就是这样的，本书通过统计分析给出了对于这种常识性认识的一个来自全球商品贸易领域的印证。

本节是关于国际贸易的商品—技术结构分析。粗略而言，在 SITC0~8 这九大类商品中，SITC5 和 SITC7 的整体技术水平最高，其次是 SITC6 和 SITC8。在 SITC0~4 项下，个别商品因为经济价值较高而具有高 CVT 值，少数商品的特殊情况并不影响对 SITC0~4 整体技术水平偏低的判断。

在各大类项下，不同子类商品技术水平差别较大，高技术商品和低技术商品的 CVT 值差别高达十倍甚至几十倍。在需要审慎分析的场合，不宜使用 SITC 大类而应该使用更为细致的分类口径，否则很有可能得出错误结论。

中等技术商品是全球贸易中占比最高的一档技术类型商品，其中又以 SITC7

"机械及运输设备"表现最为突出,其占全部中等技术商品的贸易比重超过60%。中低和低技术商品以及中高和高技术商品占全球贸易的比重都相对较低。全球贸易技术结构整体呈橄榄形。

制成品贸易技术结构的橄榄形特征更加突出。高技术制成品和低技术制成品各占全球贸易6%左右的份额,中高和中低技术制成品各占全球贸易20%左右的份额,中等技术制成品占全球贸易50%左右的份额。制成品贸易技术结构的橄榄形特征在制成品贸易金额累积曲线上也得到了体现,该曲线呈S形,存在一个二阶导数为零的拐点,是一条逻辑斯蒂曲线。

第三节 国际贸易国别—技术结构——兼与中国比较

一、世界主要经济体贸易技术结构比较

(一) 四类经济体贸易结构比较

根据国际货币基金组织2011年《世界经济展望》中的收入划分依据[①],本书将全球所有贸易国家(地区,下同)归入低收入、中低收入、中高收入和高收入四种类型。图3-3显示了这四种不同收入类型国家2010年商品出口贸易情况(具体数据见附录表A3-1),主要特征如下:

1. "渐低"、"渐高"两种变化形式

按收入类型从低到高排列,不同技术商品的贸易比重在这四种收入类型国家中具有"渐低"、"渐高"两种变化形式。具体而言,低技术商品占四类国家全部商品贸易额的比重依次降低;中等、中高及高技术商品的贸易额比重依次升高。这表明随着各类国家收入水平的上升,低技术商品出口比例在减少,中等及以上技术商品的比例在上升,尤其是中等技术类型商品出口比重上升最快。

[①] 国际货币基金组织(2010年)《世界经济展望》将人均GNI低于1006美元的国家划为低收入国家,将人均GNI处于(1007, 3975)区间的国家划为中低收入国家,将人均GNI处于(3976, 12275)区间的国家划为中高收入国家,将人均GNI高于12276美元的国家划为高收入国家。

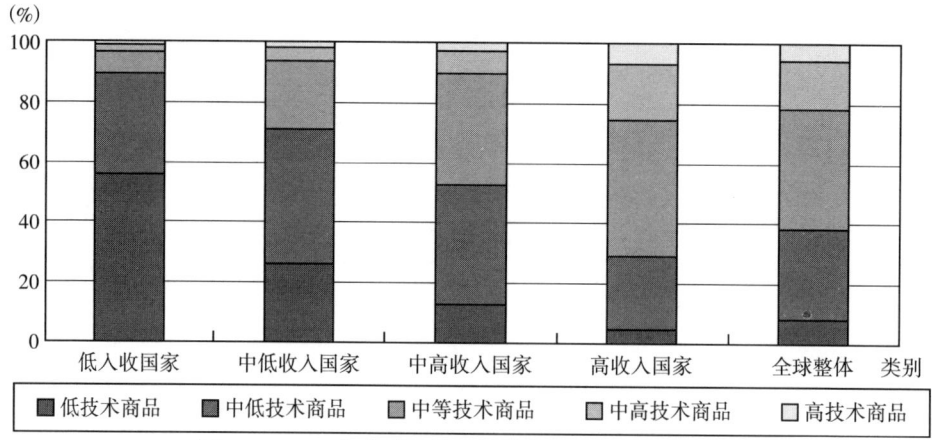

图 3-3 2010 年全球四类经济体贸易技术结构比较

资料来源：根据联合国 Comtrade 商品贸易数据库等有关资料计算整理。

2."低低"、"高高"两种搭配形式

低收入国家以低技术商品贸易为主。低技术商品出口额占低收入国家商品出口总额的比重约为 56%；低技术和中低技术商品两项合计占低收入国家商品出口总额的比重接近 90%，形成"低收入国家—低技术商品"的双低组合。和高收入国家无论是在高技术商品出口方面，还是在中高技术商品出口方面，这两项占其出口的比重都超过其他三种不同收入类型的国家，高收入国家的高技术及中高技术商品出口比例在所有收入类型国家中是最高的。由此形成"高收入国家—高技术商品"的双高组合，与上述双低组合形成了对比。

3. 高收入国家贸易技术结构最接近橄榄形

本书前文曾指出，不管是制成品贸易技术结构还是全球商品贸易整体技术结构都接近橄榄形。从国别—技术结构来看，高收入国家的贸易技术结构在四类国家中最接近橄榄形，表现在：①高收入国家中等技术商品贸易比重最大，高达 45%，在所有收入类型国家中是最高的；②高及中高技术商品贸易合计占比为 25%，在所有收入类型国家中也是最高的；③低及中低技术商品贸易合计占比为 29.5%，显著低于其他三种类型国家，在所有类型国家中是最低的，低收入、中低收入和中高收入国家这一比例分别为 89.7%、71.2% 和 53.5%。与全球贸易整体技术结构这颗"橄榄"相比，高收入国家贸易技术结构的橄榄形特征更显著。

以上三点特征体现了高收入国家全球领先的贸易竞争力和贸易地位，其整体技术水平要高出其他收入类型国家很多，其技术结构更优，出口的高技术商品更多。

（二）中国与美国、德国、日本等经济体的比较

图3-4以全球贸易整体技术水平为基准，将中国①出口贸易技术结构与美国、德国、日本、欧盟②和东盟③进行了比较（具体数据见附录表A3-2）。不管是美国、德国、日本还是欧盟，它们的贸易技术结构无一例外地都优于全球整体水平。④欧盟的贸易技术结构在上述经济体中是最接近橄榄形的，其高技术和中高技术商品比例在这几类经济体中也是最高的，为27.7%。

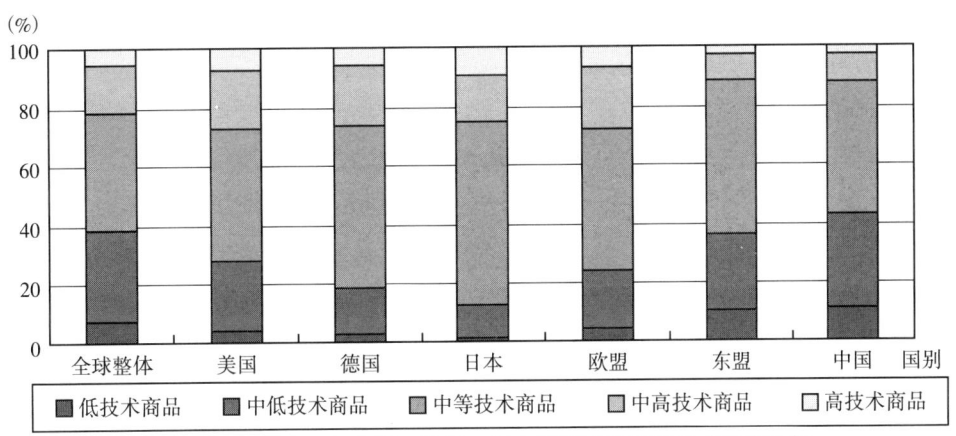

图3-4 2010年中国与美国、德国、日本等经济体贸易技术结构比较
资料来源：根据联合国Comtrade商品贸易数据库等有关资料计算整理。

德国、美国和日本分别是世界第二、第三和第四大出口国，这三国贸易技术结构中的高技术及中高技术商品出口比例相仿，约为25%~26%，高出全球整体

---

① 本书关于中国的统计数据指中国大陆的相关统计数据，不包括香港特别行政区、澳门特别行政区和台湾地区，主要是考虑到本书研究落脚点在于中国大陆的贸易政策，这样处理更有针对性。
② 欧盟的全称是欧洲联盟（European Union，EU）。欧盟有15个核心成员国，分别是法国、意大利、荷兰、比利时、卢森堡、德国、爱尔兰、丹麦、英国（2016年脱欧）、希腊、葡萄牙、西班牙、奥地利、芬兰、瑞典。本文分析中还包括了瑞士，总计16个欧盟国家。
③ 东盟的全称是东南亚国家联盟（Association of Southeast Asian Nations，ASEAN）。目前，东盟有十个成员国，分别是文莱、越南、柬埔寨、印度尼西亚、老挝、马来西亚、缅甸、菲律宾、新加坡和泰国。由于统计数据上报时间的差异，在本书分析中，东盟有贸易数据的国家数为六个，四个尚未获得贸易统计数据的国家分别是文莱、越南、老挝和缅甸。从相关渠道看，后四个东盟国家无论经济总量还是出口贸易额都显著低于前东盟六国。
④ 相较于其他一些欧盟国家，如瑞士、比利时、丹麦、芬兰、法国、爱尔兰、卢森堡、瑞典等，美、德、日的贸易技术结构并不是最优的，上述其他欧盟国家的高技术商品和中高技术商品贸易比重比美、德、日还高。本书将在附录部分介绍有关内容，参见附录表A3-3。

水平约 5 个百分点。日本的低技术及中低技术商品出口比重在这些经济体中是最低的，为 12.4%；德国的这一比重为 18.4%；美国的低技术及中低技术商品出口比重稍显高，为 28.4%。美国低技术及中低技术商品比重较高，主要是因为其出口中包含较多的农产品与初级原料。由于初级品 CVT 值普遍较低，从而拉低了美国出口贸易技术结构。美国农产品和初级原料出口比重较高并不代表其技术水平的落后，这与其所拥有的优越禀赋条件和比较优势密切相关。从其出口数据来看，SITC0"食品及主要供食用的活动物"和 SITC2"非食用原料"类商品占美国低技术商品出口一半以上的比重[1]，也可视为其农业机械化程度高、农业生物技术水平高的体现。美国的低及中低技术商品出口比例（28.4%）虽然在发达国家中算是较高的，但是与全球整体水平（38.6%）相比，美国的这一出口比例仍然是较低的。

中国出口的中等技术商品比重（44.3%）稍高于全球整体水平（40.2%），但中国出口贸易技术结构的橄榄形特征尚不显著。目前，中国出口贸易技术结构仍然低于全球整体水平，差距表现在：①中国低技术商品和中低技术商品出口贸易比重较全球整体水平高，约高出 5 个百分点；②中国高技术和中高技术商品出口贸易比重较全球整体水平低，约低 10 个百分点。概括而言，就是两头不足。与发达经济体如美、日、欧盟相比，这种两头不足的差距更加明显。

中国是新晋的中高收入国家。[2] 当前，中国出口贸易技术结构稍优于中高收入国家整体水平，表现在：中国中高和高技术商品出口比例（分别为 9.9% 和 2.3%）高于中高收入国家整体水平（分别为 7.8% 和 1.9%）；中国中等技术商品出口比例（44.3%）高于中高收入国家整体水平（36.7%）；中国中低和低技术商品出口比例（分别为 32.5% 和 11%）低于中高收入国家整体水平（分别为 40.7% 和 12.8%）。

东盟是中国出口方面强有力的竞争者。图 3-4 显示，东盟的出口技术结构与中国接近。东盟的高技术和中高技术商品出口比重显著低于其他发达经济体，也低于全球整体水平。较之中国，东盟的中等技术商品比重稍高，低技术和中低技

---

[1] 在 2010 年美国出口的低技术商品中，SITC2 和 SITC0 项下商品占比分别为 33% 和 25%，其余依次是 SITC5（19.5%）、SITC8（6.9%）、SITC7（6.6%）、SITC6（6.3%）、SITC4（2.2%）、SITC1（1%）和 SITC3（0.2%）。

[2] 按世界银行对人均 GNI 的划分，中国在 2010 年被划为中高收入国家。在此之前，中国被划为中低收入国家。

术商品比重稍低，中国的中高和高技术出口比重高于东盟。

根据以上对世界主要经济体贸易商品技术结构的分析可以看出，高收入国家尤其是以美、德、日以及欧盟为代表的发达经济体，其商品技术结构是全球领先的。中国与发达经济体在贸易技术结构方面相比差距较大。有关世界其他主要经济体2010年出口贸易技术结构的具体信息参见附录表A3-3，正文部分不再一一陈述。

二、世界主要经济体的全球贸易份额

以上是对世界主要经济体出口贸易技术结构的分析。下文分析比较不同经济体占各类技术商品全球贸易额[①]的份额。表3-9上半部分列出了四种收入类型国家占五种不同技术类型商品全球贸易额的份额，下半部分列出了世界主要经济体占五种不同技术类型商品全球贸易额的份额，最后一列给出了不同经济体占全球商品贸易总额的份额。

表3-9　2010年世界主要经济体占各类技术商品全球贸易额的份额

单位：%

国别/项目	占全球低技术商品贸易的份额	占全球中低技术商品贸易的份额	占全球中等技术商品贸易的份额	占全球中高技术商品贸易的份额	占全球高技术商品贸易的份额	占全球商品贸易总额的份额
低收入国家	1.4	0.2	0.0	0.0	0.0	0.2
中低收入国家	16.6	7.2	2.7	1.4	1.2	4.9
中高收入国家	45.9	37.5	24.8	14.7	11.0	28.1
高收入国家	36.1	55.1	72.5	83.8	87.6	66.7
合计：	100	100	100	100	100	100
其中：中国	17.4	13.2	13.3	8.3	6.0	12.5
美国	5.0	6.5	9.2	10.9	12.9	8.5
德国	3.7	5.0	13.4	13.7	12.3	10.1
日本	1.2	2.2	9.2	6.7	10.9	6.1
欧盟	19.3	23.6	42.1	51.2	50.3	36.3
东盟	10.3	6.4	9.5	4.7	3.3	7.6

资料来源：根据联合国Comtrade商品贸易数据库等有关资料计算整理。

[①] 全球贸易数据由尽可能统计到的样本国家数据总汇而得。样本国家的甄选是通过世界银行数据库给出的人均收入数据国家和Comtrade数据库给出的贸易数据国家的交叉部分得到的，一些国家因为收入数据缺失或贸易数据缺失而放弃。统计数据缺失的主要是一些贸易小国，对分析会有所影响，但由于所占贸易份额有限，对结论影响应该不大。

（一）四类经济体的全球贸易份额

通过对不同收入类型国家占各类技术商品贸易的份额以及占全球商品贸易汇总份额的分析，可以概括出三点重要特征：

1. 贸易活动国别主体呈两极分化态势

低收入国家整体上占全球商品贸易总额的汇总份额仅为0.2%；67%的全球商品贸易额由高收入国家贡献，两者构成鲜明对比。商品技术等级越高，这种两极分化态势越明显。低收入国家仅有的0.2%的全球贸易份额集中在低技术商品领域，其在中等、中高及高技术商品领域内的贸易份额为零。高收入国家在全球中高及高技术商品领域内的贸易份额超过80%；在全球中等技术商品贸易中，高收入国家也占有70%以上的份额；在全球低技术和中低技术商品贸易中，高收入国家分别占36%和55%的份额。由此从侧面可以看出，发达国家之间的贸易非常兴盛，北北贸易压倒了南北贸易。

若把高收入和中高收入国家合为一组，把低收入和中低收入国家合为一组，前两者占全球商品贸易的份额接近95%，是全球贸易活动的主力；而后两者的份额仅为5%左右，贸易竞争力十分羸弱。可见，中低收入国家和低收入国家在国际贸易中处于边缘化位置。

2. 高收入国家的技术优势全面反映在各类技术商品上

高收入国家的技术优势不仅表现为其占全球高技术和中高技术商品贸易额的份额均在80%以上，在其他三类技术商品贸易中，高收入国家也不输于其他任何类型国家，基本上全占据了各类技术商品全球贸易额的最高份额。表3-9中的数据还澄清了通常所认为的高收入国家在低技术和中低技术商品贸易中不太具有比较优势和竞争力这种观点是有误的。高收入国家贸易额占全球商品贸易额的比重接近70%，即使是在低技术商品和中低技术商品领域，高收入国家也依然占据全球主力份额。当前，发达国家在各类技术商品上的整体贸易优势十分显著，这种状况在未来一段时期内都是难以改变的。

3. 贸易商品技术含量越高，高收入国家所占份额越多

高收入国家最具贸易竞争力的商品是高技术商品。高收入国家在各类商品贸易中所占份额随商品技术类型的提升而提升。与此形成对比的是，低收入、中低收入和中高收入国家均表现出贸易份额依次递减的特征。这与上文对不同收入国家技术商品贸易比例中"渐低"、"渐高"特征的概括是一致的，显示了"越是技

术水平高的商品,高收入国家贸易竞争力越强"这一特征事实。

(二) 中国与美国等经济体的全球贸易份额

观察中国、美国、德国、日本、欧盟以及东盟等世界主要经济体占各类技术商品全球贸易的份额,又可以概括出三点内容:

1. 欧盟是全球最大的高技术商品出口经济体

欧盟是全球最大的贸易经济体,独占全球商品贸易约36%的贸易份额。作为"橄榄形"贸易技术结构特征最显著的经济体,欧盟在高技术和中高技术商品贸易方面占有全球50%以上的份额。作为一个整体,欧盟国家出口商品的技术竞争力不容小觑。

2. 德国是欧盟高技术商品出口的中坚力量

德国是欧盟第一经济大国,也是欧盟第一出口大国。2010年,德国占欧盟27.8%的商品出口份额、24.5%的高技术商品出口份额、26.8%的中高技术商品出口份额和31.8%的中等技术商品出口份额,对欧盟做出了巨大贡献,有力促进了欧盟高技术商品的出口。[①]

3. 美国、德国和日本是全球高技术商品出口前三甲国家

美国、德国和日本不论是在商品出口总份额上,还是在全球高技术商品和中高技术商品出口份额上都是名列全球前三甲的国家,居于世界领先地位。美国、日本、欧盟三家合计占全球商品贸易额的50.9%,占全球高技术商品贸易额的74.1%,占全球中高技术商品贸易额的68.8%,占全球中等技术商品贸易额的60.5%。在高技术产品出口方面,三个国家不相上下。美国以占全球8.5%的出口贸易额贡献了全球高技术商品贸易12.9%的份额,德国以占全球10.1%的出口贸易额贡献了全球高技术商品贸易12.3%的份额,日本以占全球6.1%的出口贸易额贡献了全球高技术商品贸易10.9%的份额。三国的贡献比依次为1.52、1.22和1.79。[②]

[①] 2010年,在欧盟中只有奥地利、丹麦、比利时、英国等国高技术商品出口比例均高于德国,见附录表A3-3。

[②] 日本的贡献比美国和德国都高,并不代表日本的技术水平和技术创新能力就比美国和德国高。日本是一个擅长将应用型技术进行商品化的国家,相比之下,美国和德国原创型技术和发明专利数量高于日本。由于并非原创,所以在出口方面,日本大量鼓励技术应用型商品出口,而美国和德国对于一些关键技术产品和设备的出口更加保守和谨慎,造成美国和德国高技术出口比例较低,间接带来美国和德国贡献比较低这一情况。

4. 中国在全球贸易中占有举足轻重的地位

上文分析指出，与发达国家贸易技术结构相比，中国两头不足的差距还很明显，但从份额角度看，中国在全球五种技术商品贸易中都占有重要份额。中国与美国、德国和日本贸易份额的差距主要表现在高技术商品贸易领域，在中高和中等技术商品贸易领域这种差距已经不甚明显。中国目前是全球第一出口大国，继续巩固和保持出口金额以及全球出口份额上的数量型优势有利于继续提升中国的贸易地位。但同时，也应该留意自身的不足。当前，中国的贸易贡献比为0.48，美、德、日三国的贡献比分别为1.52、1.22和1.79。

东盟的贸易技术结构与中国非常接近，在个别技术类型出口比重方面东盟稍高于中国。但是中国各类技术商品出口占全球贸易额的份额均高于东盟，占全球高技术和中高技术商品出口的份额几乎是东盟份额的两倍。中国与东盟相比，技术化商品整体竞争力较后者高。有关2010年世界其他主要经济体出口占各类技术商品全球贸易额份额的具体信息参见附录表A3-4，正文部分不再一一陈述。

三、国别比较的主要结论与对中国的定位

（一）国别比较的主要结论

从国际货币基金组织划分的四种收入类型国家的贸易结构比较来看，无论是"渐低"、"渐高"两种变化形式，还是"低低"、"高高"两种搭配组合，无不表现出高收入国家目前全球领先的贸易竞争力和难以撼动的贸易地位。国际贸易活动的国别主体呈现两极分化态势，高收入国家"一股独大"，中低收入国家和低收入国家在全球贸易中有被边缘化的威胁。

通常认为高收入国家在低技术和中低技术商品贸易中不太具有比较优势和竞争力，本书通过实证分析证明这种流行的观点是有误的。高收入国家的贸易竞争力优势不仅表现为其占全球高技术和中高技术商品贸易额的份额均超过80%，在其他三种技术商品贸易中，高收入国家也不输于其他任何类型国家。在低技术商品和中低技术商品领域，高收入国家也占有全球主力份额。

与高收入国家全面竞争优势形成对比的是，随着商品技术类型的提升，低收入国家、中低收入国家和中高收入国家占全球贸易的份额是一路走低的。结合上一节分析结果——不同收入国家技术商品贸易比例呈现"渐低"、"渐高"特征，这综合体现了"越是技术水平高的商品，高收入国家贸易竞争力越强"这一特征

事实。这一结果与"收入假说"相吻合。

全球制成品贸易金额累积曲线呈 S 形。曲线上半部分较多集中的是高收入国家或者说是具有技术累积优势的发达国家的出口商品，曲线下半部分较多集中的是不具有技术累积优势的中低及中高收入国家的出口商品，低收入国家的出口商品在全球贸易中是微不足道的。S 形曲线拐点周围形成了一个"陡坡"。一国要想从曲线下半部分跃升至曲线上半部分，必须付出艰辛的努力，才有可能爬上这个"陡坡"，否则，有可能长期徘徊在 S 形曲线下半部分。

以美国、德国、日本以及其他欧盟国家为代表的发达经济体，其贸易技术结构是世界一流的。美国、德国、日本三国贸易技术结构中的高技术及中高技术商品出口比例高出全球整体水平大约 5 个百分点，高出中国大约 15 个百分点。虽然美国的低及中低技术商品出口比例（28.4%）在发达国家中算是较高的，但是该比例仍然显著低于世界整体水平（38.6%）。美国农产品和初级原料的大量出口并不代表其技术水平落后，反而这种情况与其在农业生产方面所拥有的优越禀赋条件和农业技术优势密切相关。德国是欧盟第一经济大国，有力托起了欧盟技术化商品的出口。

(二) 对中国的定位

本章在分析全球贸易国别—技术结构有关内容时，涉及对中国当前出口贸易技术结构的分析及比较，现将其内容简述如下：

（1）中国当前出口贸易技术结构低于全球整体水平，表现为高技术和中高技术商品出口比重低于全球整体水平，低技术和中低技术商品出口比重高于全球整体水平，出口技术结构的橄榄形特征还不明显。

（2）与高收入国家整体以及美、德、日三个发达国家相比，中国出口贸易的低技术和中低技术商品比重过高，高技术和中高技术商品比重过低，两头不足的劣势更加明显。

（3）作为新晋的中高收入国家，中国出口贸易技术结构高于中高收入国家整体水平。中国的高技术和中高技术商品出口比重高于中高收入国家整体水平，低技术和中低技术商品出口比重低于中高收入国家整体水平。

（4）与东盟相比，中国与东盟[①]贸易技术结构非常接近，双方互有优势。东

[①] 目前，东盟各国主要处于中高收入国家组，只有新加坡按人均 GNI 划分处于高收入国家组。

盟有着比中国更高的中等技术商品出口比例和更低的低技术和中低技术商品出口比例,但中国在中高和高技术出口方面不逊于东盟。不仅如此,中国出口的中等、中高和高技术商品在全球中的份额显著地、全面地超过东盟商品出口在全球中的份额。

中国的出口贸易技术结构在中高收入国家组中居上游水平,与高收入国家组和全球整体水平相比仍有很大差距,与三大发达国家相比差距更大,这是对中国目前在全球贸易梯队中位置的定位。高技术商品占比薄弱、低技术商品占比过大,突出表明中国商品出口方面的问题不是量上的,而是结构性的。有鉴于此,在稳定出口贸易发展的同时,应该把工作重点放在提升高技术和中高技术商品的比重、降低中低技术和低技术商品的比重上,使整个出口贸易技术结构进一步朝橄榄形方向靠拢。

第四节 国际贸易技术结构变迁:1992~2010年

本节将继续对国际贸易的技术结构进行分析,重点关注其动态演进。随着全球贸易发展和技术进步,贸易品的商业化技术价值也在不断变化,一部分贸易品的 CVT 值会相对于其他贸易品提升更快(或更慢),不同贸易品之间的技术差距可能呈现出扩大、缩小、相对稳定等不同的变化情况。在一段较长时间背景下,分析国际贸易商品技术水平的整体变动和相对变动有助于掌握商品贸易技术结构的变迁和动态演进,下文将从两个方面展开分析,先比较不同类型技术商品占全球贸易额比重的变化,再分析贸易商品 CVT 值的波动。

一、不同技术商品贸易额比重变迁

(一)基本变迁特征

(1)从图 3-5 可以看出,近 20 年来位于技术结构两端的低技术商品和高技术商品占全球贸易额的比重变动不大。低技术商品的比重在 20 世纪 90 年代初期(首五年平均,下同)约为 5.2%,近年来(末五年平均,下同)这一比重约为 6.3%,大约上升 1 个百分点;高技术商品的比重在 20 世纪 90 年代初期大约为

6.0%，近年来这一比重约为 4.7%，大约下降 1 个百分点。

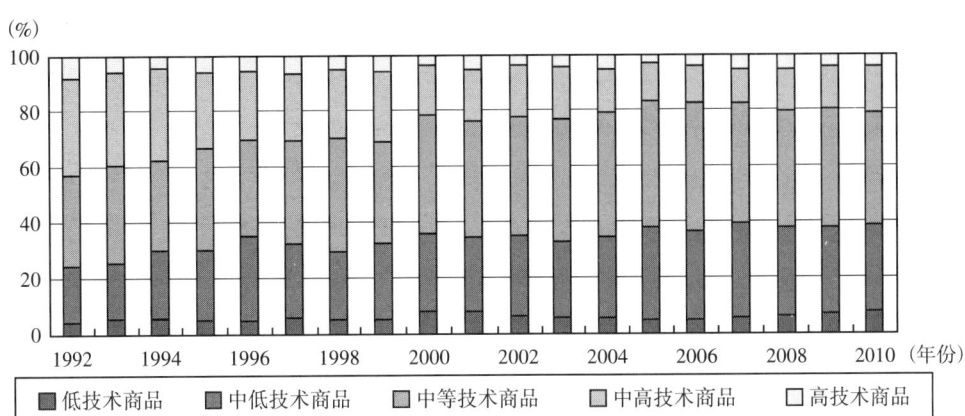

图 3-5　1992~2010 年五类技术商品全球贸易额比重变迁
资料来源：根据联合国 Comtrade 商品贸易数据库等有关资料计算整理。

（2）全球贸易技术结构变动最显著的是中高技术商品的贸易比重，由 20 世纪 90 年代初期的大约 30.5% 下降到近年来的 15%，下降了几乎一半。

（3）在中高技术商品贸易比重下降的同时，中等技术商品和中低技术商品贸易比重都有显著提升。在 20 世纪 90 年代初期二者比重分别为 34.5% 和 23.5%，近年来二者比重分别为 42.5% 和 31.8%，分别上升了 7.9 个百分点和 8.3 个百分点。二者上升幅度之和与中高技术商品贸易比重下降幅度基本相等，呈现此起彼伏态势，具体数据见附录表 A3-5。

上述变化表明，在过去的 19 年中：

（1）各商品在技术含量方面的竞争非常激烈。始终只有为数不多的商品能够居于最高技术等级，这是市场竞争有效性的体现。当然，这并不意味着居于最高技术等级的商品品种没有发生变化。

（2）国际贸易技术结构的橄榄形特征大体上没有变化。低技术商品和高技术商品占全球贸易的比重几乎没有大的变化，中间大、两头小的特征十分稳定。

（3）橄榄形中部的内部结构有大的变化。相当一部分贸易商品从较高技术等级下滑到较低技术等级。从早期中高技术商品贸易比重高，到如今中高技术商品贸易比重低，不能将其理解为贸易商品技术水平的下降，也不是说现在的商品技术水平还不如从前。合理的解释是在商品技术含量提升过程中，一些商品技术含量的提升速度相较于其他商品慢，从而滑落到较低技术区间，而技术含量提升速度快的商品就从较低技术区间上升到较高技术区间。在国际贸易竞争活动中，商品的晋级和降级机制是畅通的。

商品自身技术含量的提升以及不同商品技术水平的较量是一场持久战，要想稳居较高技术区间，不仅需要保持较高的速度——保证贸易品自身技术水平稳步提高，还需要保持一定的加速度——保证自身技术水平提升的速度。真实世界的情况是，任何一种商品要想持续保持较高的技术创新速度是非常困难的，另外"熊彼特式创新"的出现为一些商品技术水平突变提高提供了机会，这两方面力量的消长维持并推动了国际贸易技术结构在动态过程中的平衡与发展。

（二）制成品变迁特征

制成品即 SITC5~8 类贸易商品比重的变动更生动地体现了贸易品之间的技术竞争态势。在 20 世纪 90 年代初期，中高及高技术制成品大约占制成品贸易 50% 左右的比重，近年来这一比重下降到 24% 左右，下降了一半多。其中，高技术制成品贸易比重只是略有下降，降幅大的主要还是中高技术制成品，其贸易比重在过去 19 年中下降了大约 20 个百分点。置换出来的贸易比重主要由中等技术制成品填补。中等技术制成品贸易比重迅速膨胀，从 20 世纪 90 年代初期的 33% 上升到近年来的 50%，占据了当今全球制成品贸易的半壁江山。低技术制成品和中低技术制成品的贸易比重只是略有上升，近年来二者合计占比 24%，与高技术制成品和中高技术制成品二者贸易比重之和相当，如图 3-6 所示，具体数据见附录表 A3-6。

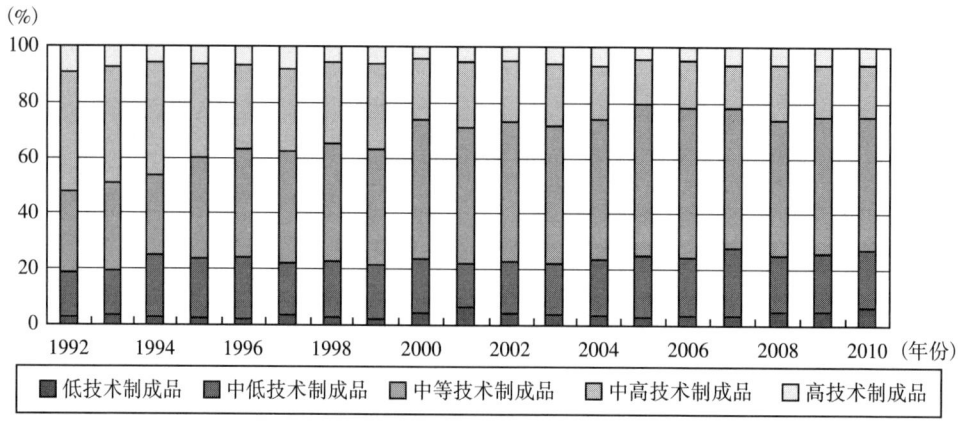

图 3-6　1992~2010 年五类技术制成品占全球贸易额比重的变化

资料来源：根据联合国 Comtrade 商品贸易数据库等有关资料计算整理。

二、商品 CVT 指数值变迁

本节定位于掌握国际商品贸易技术结构的整体变迁，故下文只对商品 CVT 值变动进行总览式分析，而不拘泥于讨论单个商品 CVT 值逐年变动的情况。分析工作实施过程中还需要做如下准备：第一步，将 1992~2010 年划分为四个时间段，即 1992~1995 年、1996~2000 年、2001~2005 年、2006~2010 年，并分别计算上述四个时间段内各贸易商品的平均 CVT 值，这种处理有利于平滑商品相邻年份的 CVT 值波动。第二步，分别根据四个时间段内商品的 CVT 平均值对贸易商品进行高低排序。经这一转换后，商品技术水平提升的快慢就可借助其技术排名的上升与下降来得以体现。第三步，统计各商品在四个时间段内技术排名的变化情况，包括不同时间段内技术排名上升及下降的商品种类数情况，以及 SITC 各大类下不同商品技术排名的上升及下降幅度情况，由此得到有关 SITC 项下哪些类别商品技术水平提升较快、哪些商品技术水平提升较慢的信息，借以反映不同类别贸易品整体技术水平进步的快慢。表 3-10 反映了 SITC 每一大类项下商品技术排名上升和下降的统计结果。

表 3-10　1992~2010 年 SITC 各类商品技术排名变化情况

单位：种、位

项目/SITC 大类	SITC0	SITC1	SITC2	SITC3	SITC4	SITC5	SITC6	SITC7	SITC8
排名上升商品的种类数	59	2	57	14	8	61	110	131	73
排名下降商品的种类数	73	9	64	6	13	65	124	83	70
排名上升的平均位数	101	45	102	164	121	128	112	146	126
排名下降的平均位数	114	78	98	170	116	114	158	118	129

注：个别年份个别商品统计数据缺失，本表样本是 1022 种 SITC 四位码商品，比前两节分析用的 1024 种商品少两种。

资料来源：根据联合国 Comtrade 商品贸易数据库等有关资料计算整理。

（一）初级品情况

初级品项下大多数商品技术排名下降趋势明显。只有 SITC3 "矿物燃料、润滑剂及有关物质"项下商品的技术排名上升的种类数显著超过技术排名下降的种类数。SITC3 项下占全球贸易主要份额的是 S3-33 "石油及有关物质"类贸易品，其 CVT 值排名的上升与世界经济发展对石油等资源能源型商品需求加大的现实情况紧密相关。鉴于这类商品在全球贸易中占有相当大的比重，这类商品 CVT 值的逐渐上升，会给统计结果带来新的影响，即优化石油出口国贸易技术结构，尤其是出口高度依赖于石油的国家[①]的贸易技术结构。这一点在后续章节分析中还将继续有所体现，特此说明。

初级品中，SITC0 和 SITC1 项下技术排名下降的商品种类数显著多于技术排名上升的商品种类数，而且排名上升商品平均上升位数也小于排名下降商品平均下降位数。综合两方面情况来看，表明 SITC0 "食物及活动物"与 SITC1 "饮料及烟草"整体技术水平进步较慢。

（二）制成品情况

SITC5 和 SITC8 项下排名上升的商品种类数与排名下降的商品种类数基本相当。从排名平均上升位数情况来看，SITC5 项下商品技术水平提升状况要好于 SITC8。

制成品中整体技术水平进步最快的是 SITC7 "机械及运输设备"，该项下排名上升的商品种类数大大超过排名下降的商品种类数，而且排名上升商品的平均上升位数也显著超过排名下降商品的平均下降位数。

制成品中整体技术水平进步最慢的要数 SITC6 "主要以材料分类的制成品"，该项下排名上升的商品种类数少于排名下降的商品种类数，而且排名上升商品的平均上升位数也大大低于排名下降商品的平均下降位数。

[①] 从 CVT 指标编制原理来看，有两种因素会对 CVT 值造成影响：一是出口国人均 GNI；二是该国该商品出口比较优势指数 RCA。一些石油输出大国如阿联酋、也门、沙特阿拉伯等依靠石油出口获利而跻身于高收入国家，这是造成石油类商品 CVT 值走高的重要因素。如果石油等类似商品占该国出口比重很高，则会相应抬高该国贸易技术结构高度化指数。

第四章
中国对外贸易技术结构变迁：1992~2010 年

中国经济在过去 30 多年中保持了长期高速增长，这一成绩在世界历史上并不多见。罗德里克（2006）认为，这与世界市场所提供的大量机会密不可分。萨缪尔森（1997）[1]指出，能够仿效国外最好的技术是中国经济持续增长的重要原因。改革开放以来，中国参与国际分工的程度越来越高，贸易增速超过国内生产总值增速，出口成为拉动经济增长的"三驾马车"之一。中国从国际化融合中获得了巨大的经济利益，由此带来贸易发展量的扩大与质的改善，这一点是不可否认的。在研究中国对外贸易"量"的特征的同时，更应关注中国外贸活动"质"的改进，关注贸易商品技术结构、技术含量和技术水平的变化。若贸易活动在扩大"量"的过程中同步实现了"质"的优化，这种良性循环是值得青睐的。若扩大"量"的同时，贸易技术结构高级化的发展却不顺利，"质"的优化进度落后了，则对这种情况应该警惕，对其原因应予以深究和重视。

要把握中国对外贸易技术结构特征的逻辑出发点，就需要根据中国目前经济发展阶段辨识中国在世界贸易体系中的地位。中国虽然是世界上最大的发展中国家，并已跻身中高收入国家行列，但中国人均国民收入在世界银行公布的收入排名中仍然靠后；中国虽然是世界上最大的出口贸易国，但从出口技术结构等方面来看，与贸易强国还有很大的差距。通过上一章分析已经了解到目前中国出口商

---

[1] Samuelson, P., "Growth Theory Tries Once Again", *Japan and the World Economy*, 1997, 9(2), pp. 283–286.

品以中等及中等以下技术商品为主，高技术商品出口较少。本章希望继续找到关于另一些问题的答案：中国低技术商品贸易比重有无下降，下降了多少？高技术商品贸易比重有无上升，上升了多少？中国出口的中低技术商品较多，但出口技术结构是否已经出现朝高端结构优化的迹象，优化程度如何？这就需要从演化的角度把握中国出口贸易技术结构在过去较长一段时期内的变化特征。在上一章全球贸易国别—技术结构有关内容中，已经涉及对当前中国出口贸易技术结构的分析及比较，所以本章第一节将直接介绍中国出口贸易技术结构的演进，在分析过程中，会继续关注中国与高收入发达国家及主要贸易竞争对手的比较。

对中国进口贸易技术结构的分析思路和分析方法与对出口贸易技术结构的分析方法稍有不同。商品出口竞争力是衡量一国技术水平和技术实力的一个重要侧面，不管是发达国家还是发展中国家，大家都在国际市场这同一个舞台上竞技。故对中国出口技术结构进行分析时，时常将中国与其他国家进行对比，目的是找出中国与其他主要国家在出口结构、出口商品竞争力和综合贸易实力方面的差距。对于进口贸易，一方面，由于经济发展水平和居民收入水平不同，中国与发达国家相比，商品进口需求层次有较大差异；另一方面，进口贸易除受国内居民消费需求影响外，还主要受外国贸易政策影响①，将中国进口贸易技术结构与其他国家进口贸易技术结构进行比较的经济学意义并不是很显著。此外，考虑到中国进口活动中的加工贸易进口比较高，一些原材料、半成品在进口后将以零部件或产成品形式再次出口。故而本章对中国进口贸易技术结构进行分析时将着眼于自身贸易结构的变化，并通过与中国出口贸易技术结构的对比反衬二者的不同。本章第二节中，将首先分析中国当前进口贸易技术结构的主要特征，然后再对进口贸易技术结构演变进行介绍，重点关注中国主要进口的技术化商品有哪些，高技术商品进口比重有无提升、提升了多少，进口贸易技术结构有无提升、提升了多少等问题。通过对这些信息的掌握，再进一步思考中国得自外国的贸易利益有

---

① 在考虑当前中国高技术商品进口状况时更是如此，受意识形态、贸易利益冲突、遏制战略等因素影响，以美国为首的西方发达国家或明或暗地对向中国出口高技术商品施加限制，破坏了双边贸易活动的正常发展。高技术国家在贸易出口中对高技术商品出口的限制和禁运政策也是抑制这些国家高技术商品出口比重的重要原因。CVT 值只能反映可贸易商品的技术价值，而一些具有战略性意义、真正技术先进的商品通常并不用于出口。所以 CVT 值对个别商品的技术价值和技术含量可能存在低估，进而对高技术国家的技术实力可能存在低估。这是该指标的缺陷，但这缺陷并非不能容忍。指标值只是对现实世界的模拟，当缺乏更为有效的统计手段时，CVT 值未尝不是一种次佳选择。

多大，进口技术结构演变与出口技术结构演变之间具有怎样的关联等问题。

第一节　中国出口贸易技术结构变迁

一、出口贸易技术结构变迁特点

(一) 贸易技术结构高度化

参照产业结构高度化的提法，本书提出"贸易技术结构高度化"(Technological Structure Supererogation of Trade) 概念，指一国进口或出口更多更高技术含量的商品使得贸易技术结构不断优化的发展过程。贸易技术结构高度化可以分出口贸易技术结构高度化和进口贸易技术结构高度化两方面进行考察，具体表现为：①中等技术商品占出（进）口比重不断增加，逐渐发展成为最主要的出（进）口商品类型；②中等技术水平以下商品比重不断减少；③中等技术水平以上商品比重不断增多。为了精练地表达贸易技术结构高度化发展的程度，本书对应提出"贸易技术结构高度化"指数，简称 TSS 指数。TSS 指数编制以上文提出的"技术商业化价值"指数为基础，以某商品占某国某一年份商品出（进）口总额的比重为权重，对该商品该年度 CVT 值进行加权，所以 TSS 指数也可以称为加权的 CVT 指数 (Weighted CVT Index)。j 国某一年份的出口或进口贸易技术结构高度化指数计算公式如下：

$$TSS_j = \sum_{i=1}^{n} CVT_i \cdot w_{ij} \tag{4-1}$$

其中，i 表示贸易商品种类，i = 1, …, m；j 表示国别，j = 1, …, n；w_{ij} 为 j 国 i 商品当年出口或进口占当年总出口或进口额的比重。

上文计算 CVT 指数时，采用的是 2000 年不变价格人均 GNI，排除了各国家不同年份 GNI 中价格波动的因素；w_{ij} 是比率形式，已剔除价格影响。所以文中 TSS 指数值也是以不变价格计算的。TSS 指数能够综合体现商品自身技术含量变化以及商品贸易比重变化两方面信息。当一国出（进）口商品技术含量上升时，TSS 值趋向于上升；当一国出（进）口更多高技术水平商品时，TSS 值也趋向于上升。以 CVT 指数为编制基础的另一个优势在于保留指数值的国际可比较性，同一年份下不同国家 TSS 值的高低取决于高技术商品占比的高低，当高技术商品在一国出（进）口总额中占比更高时，该国 TSS 值倾向于升高。

（二）出口 TSS 值变迁

TSS 指数提供了关于中国贸易技术结构变化的直观认识。如图 4-1 所示，1992 年以来中国出口贸易技术结构整体呈上升态势。根据考察期内 TSS 曲线波动形态可将中国出口贸易发展划分为四个阶段：第一阶段（1992~1996 年）为平稳发展期，表现为 TSS 值虽有波动但相对平稳。第二阶段（1997~2004 年）为提升期，TSS 值快速走高。第三阶段（2005~2007 年）为回调期，图中 TSS 值连续下滑。第四阶段（2008 年至今）为高位波动期，TSS 值较之前第三阶段有大幅回升，但波动势头仍有待观察。

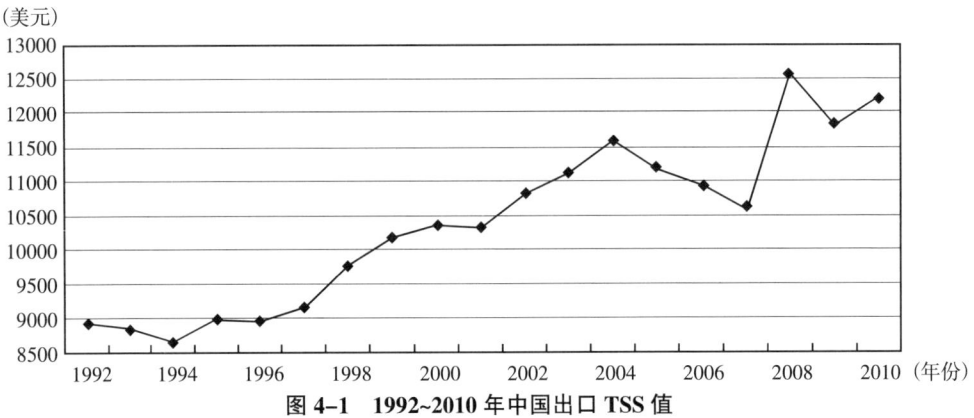

图 4-1　1992~2010 年中国出口 TSS 值

资料来源：根据联合国 Comtrade 商品贸易数据库等有关资料计算整理。

（三）商品结构变迁

图 4-2 显示了 1992~2010 年五种不同技术类型商品占中国出口总额比重的变化。从掌握的统计数据来看：

（1）经过近 20 年的发展，中国贸易出口技术结构变得接近橄榄形。中等技术商品占中国出口比重显著扩大，这一趋势在 2001 年中国加入世界贸易组织之后更为明显。当国际市场的大门更加向中国开放时，中国在劳动密集制造业商品上的比较优势很快就发挥了出来。目前（近五年平均，下同），中等技术商品占中国贸易出口比重平均约为 46%，为历史发展的最好时期。

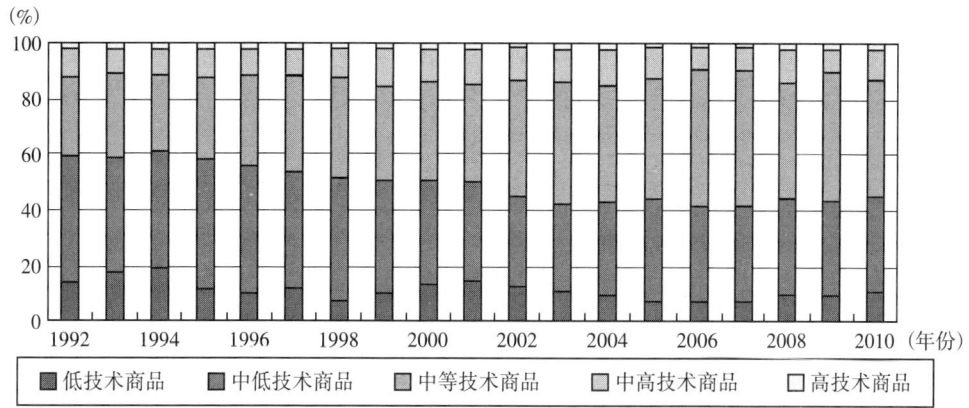

图 4-2　1992~2010 年中国出口贸易技术结构变迁

资料来源：根据联合国 Comtrade 商品贸易数据库等有关资料计算整理。

（2）在橄榄形较低一端，低技术和中低技术商品占中国出口比重大幅下降。早期（首五年平均）二者之和曾经一度约占中国出口 60% 的比重。到 2001 年，这一比例已下降至 50%。目前，低和中低技术商品在中国贸易出口中的比重进一步降至 43%，几乎以平均每年 1 个百分点的速度下降。

（3）在橄榄形较高一端，高技术和中高技术商品占中国出口比重没有大的变化，早期平均约占 11.7%，目前平均约占 11.0%。这是一种遗憾，也说明要想全面突破出口技术结构高度化发展中的障碍，难点主要在于橄榄形较高一端。

概括而言，中低和低技术商品占中国出口比重显著下降，中等技术商品占中国出口比重显著上升，中国贸易出口技术结构已经朝着高端结构优化转变，但高技术商品以及中高技术商品占中国贸易出口比重并未显著上升，成为中国出口技术结构提升的瓶颈。

近 20 年来，中国出口技术结构的优化主要表现在中等技术商品出口比重提升而不是中高技术商品与高技术商品比重提升上。中等技术商品出口比重的提升空间（合计从 30% 发展到 46%，提高了 16 个百分点）几乎全部是通过中低与低技术商品出口比重的下降（合计从 59% 到 43%，下降了 17 个百分点）置换得到的，前者上升与后者下降的速度几乎都是平均每年 1 个百分点。中等技术商品替代中低技术商品成为最主要出口商品是近 20 年来中国出口贸易技术结构变动中最显著的特征，反映出中国对资源、能源型初级产品出口更加珍重和审慎，也是中国制造业禀赋优势发挥的结果。

（四）中国与美国等经济体变迁的比较

衡量中国贸易技术结构是否有进步既可以与自身初始发展水平比较，也应该与其他国家发展状况进行比较，观察中国贸易技术结构发展是落后还是跟得上其他国家贸易技术结构的进步，观察中国与其他国家尤其是发达国家变化轨迹的不同。如果其他国家技术结构高度化提升速度更快，那么即使中国自身技术水平进步了，但相对于其他国家而言仍然是落后了。美国、德国和日本是在贸易额数量级方面与中国最为接近的三个国家，也是发达国家集团中的佼佼者，其参考意义大于与中国贸易额相差过于悬殊的其他发达国家或是其他发展中国家。下文将重点选择美、德、日三个国家作为参照国。中国出口贸易技术结构变动图上文已经给出（见图4-2），美国、德国和日本的出口贸易技术结构变动图分别如图4-3、图4-4和图4-5所示，具体数值参见附录表A4-1~A4-4。

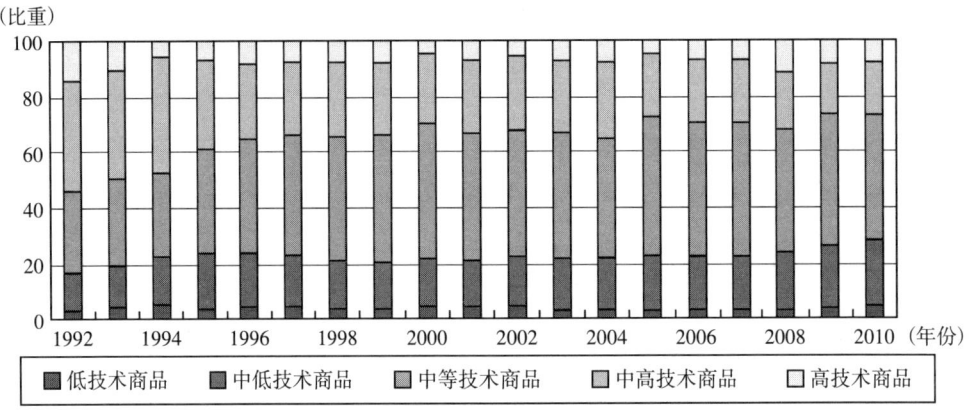

图4-3　1992~2010年美国出口贸易技术结构变迁

资料来源：根据联合国Comtrade商品贸易数据库等有关资料计算整理。

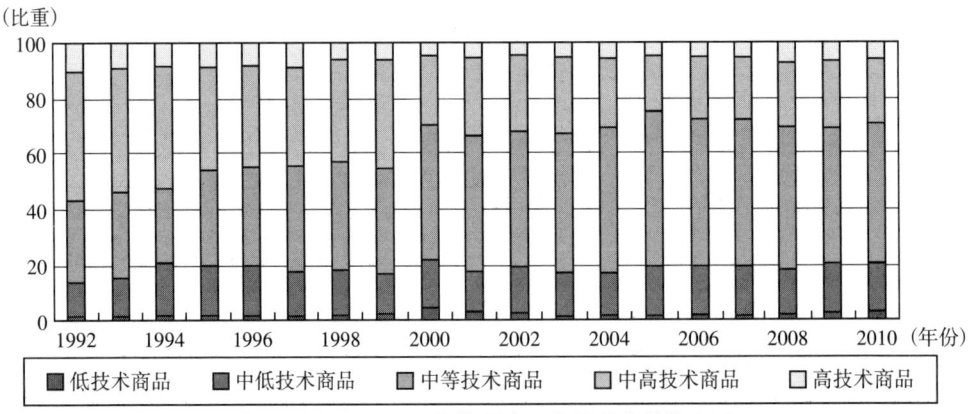

图4-4　1992~2010年德国出口贸易技术结构变迁

资料来源：根据联合国Comtrade商品贸易数据库等有关资料计算整理。

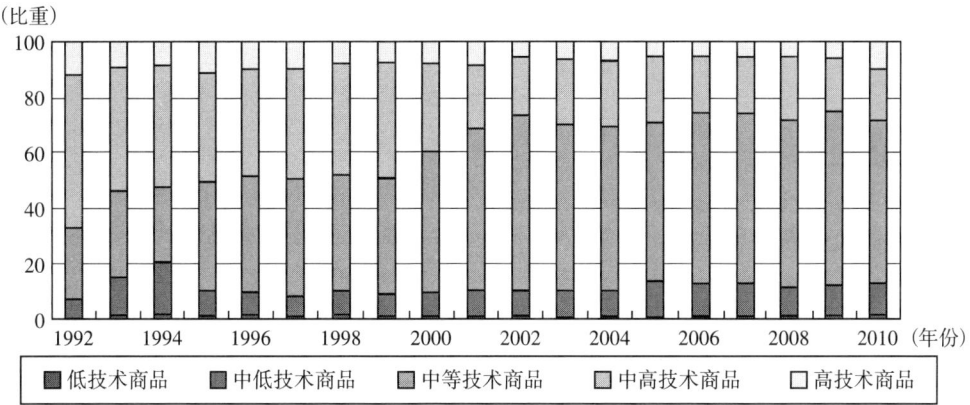

图 4-5　1992~2010 年日本出口贸易技术结构变迁
资料来源：根据联合国 Comtrade 商品贸易数据库等有关资料计算整理。

近 20 年来，美、德、日三国出口贸易技术结构的最显著变动是中高技术商品比重全面下滑，中等技术商品比重全面大幅上升。不论是全球整体（见图 3-5）还是这几个代表性发达国家，中高技术商品出口比重下滑和中等技术商品出口比重上升之间的互补关系非常普遍。发达国家中等技术商品出口比重的提升是通过中高技术商品出口比重下降置换得到的。原始统计数据显示，高技术和中高技术区间商品入选资格竞争非常激烈。在 20 世纪 90 年代初期，全球贸易商品中有较多商品落在高技术和中高技术区间，如今，只有少数商品落在高技术和中高技术区间。高和中高技术商品出口贸易比重下滑主要是受入选商品种类数下降的影响。与此同时，原来居于高技术和中高技术区间的商品滑落至中等技术商品区间导致中等技术区间入选商品种类增多，是中等技术商品贸易比重上升的主要原因，正所谓"彼之所失，吾之所得"。另外，从全球贸易商品 CVT 值统计量来看，过去近 20 年中，全球 SITC 四位码商品 CVT 值的变异系数和离散程度①在逐渐加大，表明商品间 CVT 值的差异越来越大，这种变化与贸易商品技术竞争程度增强的事实是相符的。

尽管中国出口贸易中的高技术和中高技术商品比重没有大的起色，但鉴于全球高技术和中高技术商品领域激烈的竞争性和入选难度的增大，中国能够维持中

---

① 变异系数（Coefficient of Variation）表示一个变量变异程度大小的统计量，为标准差（Standard Deviation）与平均数（Mean）的比值的百分数，也被称为方差系数；离散程度通常用标准差表示。

高和高技术商品的出口比重就已经是一种进步。中国中等技术商品出口比重的上升与美、德、日以及全球中等技术商品出口比重上升的发展趋势是一致的，区别在于，中国是靠不断降低中低技术商品出口比重而实现中等技术商品出口比重上升的，上述三个国家是靠中高技术商品出口比重下滑[①]进入中等技术商品区间而实现中等技术商品比重上升的。

目前，中国是全球仅次于德国的中等技术商品出口大国。2010年，德国占全球中等技术商品出口的份额为13.4%，中国为13.3%。中国在全球中高技术商品和高技术商品中也占有重要份额，2010年数据分别为8%和6%。中国也是全球最大的低技术商品出口国和中低技术商品出口国，2010年数据分别为17%和13%[②]。未来，中国出口技术结构仍有很大待改进空间。首当其冲的是，继续提高中等技术商品出口比重及其占全球中等技术商品出口的份额。

二、出口商品变迁特点

（一）出口商品比重的变迁

中国出口贸易中SITC0~8各大类商品比重（见图4-6）变动特征主要有四点：

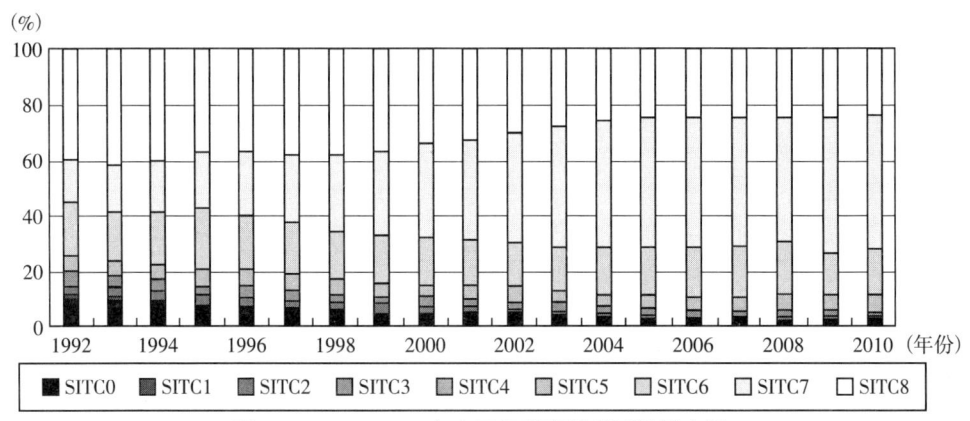

图4-6　1992~2010年中国各类商品出口比重变迁

资料来源：根据联合国Comtrade商品贸易数据库等有关资料计算整理。

[①] 当然，这种下滑并非意味着这些国家技术水平的下降，合适的理解是商品之间技术水平的角逐更加激烈。少部分商品CVT值领先别的商品CVT值很多，拉大了不同商品技术水平的差距。

[②] 2010年中国低和中低技术商品出口分别占全球低和中低技术商品出口17%和13%的份额，见第三章表3-9。

(1) 初级品出口比重不断下降。由 1992 年的 20.2%下降至 2010 年的 5.3%。初级品内部 SITC0~4 各类商品出口比重都大幅下降。

(2) 制成品中 SITC5 "化学品及有关产品"和 SITC6 "按材料分类的制成品"出口比重近 20 年来没有大的变化，期间波动也十分平稳。

(3) 制成品中 SITC8 "杂项制成品"出口比重自 2000 年以来开始大幅下降。2010 年，SITC8 占中国出口比重约为 24%，仍然是重要的出口商品类型。

(4) 制成品中 SITC7 "机械及运输设备"出口比重上升较快。从 1992 年的 15.7%升至 2010 年的 48.7%。2001 年，SITC7 开始取代 SITC8 "杂项制成品"成为中国最主要出口商品类型。SITC7 出口比重的上升填补了 SITC8 和初级品出口比重的下降。

相较于中国出口贸易结构的大幅变动，全球贸易整体结构（见图 4-7）非常稳定。近 20 年来，全球初级品和制成品的出口比例基本维持在 2:8 的水平。中国出口结构变动与全球整体贸易结构变动有三点大的反差：

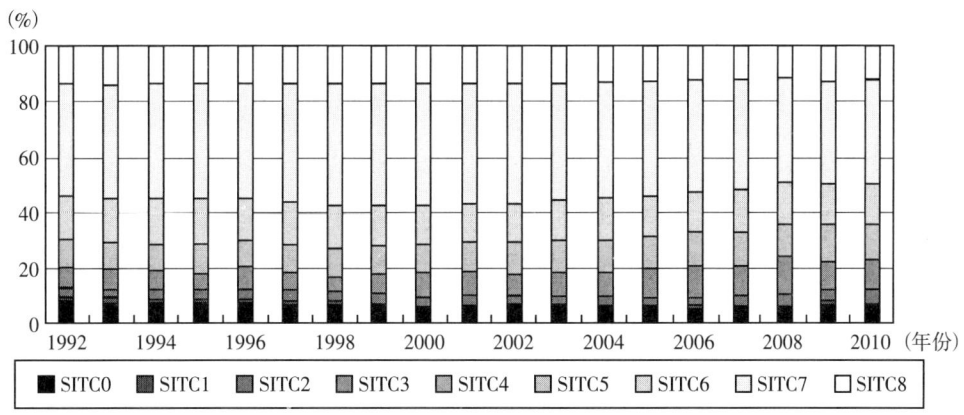

图 4-7　1992~2010 年全球各类商品出口比重变迁

资料来源：根据联合国 Comtrade 商品贸易数据库等有关资料计算整理。

(1) 中国 SITC3 "矿物燃料、润滑油及有关原料"出口比重大幅下滑（从 5.6%到 1.7%）与全球 SITC3 出口比重上升（从 6.8%到 10.1%）形成反差。

(2) 中国 SITC7 出口比重大幅上升（从 15.7%到 48.7%）与全球 SITC7 出口比重平稳波动（2010 年为 38%）形成反差。

(3) 中国 SITC8 一直是主要出口商品（2010 年占 24%）与全球出口中 SITC8 只占较小比重（2010 年为 12%）形成反差。

作为一个制造业大国，中国制成品出口比重显著超出全球整体水平。在考察期内，中国制成品出口比重稳步提高。SITC7 和 SITC8 的出口比重均比全球整体水平高于约 10 个百分点。在制成品中，中国竞争力水平较低的是 SITC5 "化学品及有关产品"，出口比重（5.7%）尚不及全球水平（12.7%）的一半。

（二）出口商品的变迁

本节将以 1992 年、2001 年与 2010 年三个年份为例，展示中国主要出口商品的变动。1992 年，出口额占中国出口总额比重超过 1% 的商品有 16 种，合计占出口比重达 24.5%；2001 年，共有 15 种，合计占 24.0%；2010 年，共有 15 种，合计占 31.5%。入选商品种类数没有大的变化，但 1992 年的前 16 种商品继续留存到 2001 年前 16 名中的只剩 5 种，继续留存到 2010 年前 15 名中的只剩下 1 种，参见表 4-1。1992 年，玉米、原油等初级品在中国出口创汇中占重要比重，出口制成品以 S3-84 类"服装及衣服配件"和 S3-85 类"鞋履"等轻工产品为主。到 2001 年，倚赖初级品出口创汇的局面已不复存在，2001 年前出口前 16 名商品中已不见初级品踪迹。当年的另一个重要变化是，SITC7 类商品出口比重稳步超过 SITC8 类商品[①]，此后一直是中国最主要的出口商品类型。在表 4-1 中 1992 年前 16 名商品以 SITC8 为主，2001 年变为以 SITC7 为主，2010 年 SITC7 的出口比重进一步提升。

第二节　中国进口贸易技术结构变迁——兼与出口比较

一、进口贸易技术结构当前的特征

（一）不同技术商品的进口比重

与中国出口贸易结构较全球整体水平较逊色、存在两头不足的缺陷明显不

---

① 2000 年及以前，中国商品出口 SITC8 的比重一直超过 SITC7 的比重。2000 年，SITC7 的出口比重为 33%，SITC8 的比重为 35%；2001 年，SITC7 的出口比重为 36%，SITC8 的出口比重为 33%。2001 年之后，SITC7 的比重一直超过 SITC8 的比重。到 2010 年，SITC7 的出口比重为 49%，SITC8 的出口比重为 24%。

第四章 中国对外贸易技术结构变迁：1992~2010年

表4-1 1992年、2001年和2010年中国出口比重排名前16名商品比较

1992年			2001年			2010年		
商品编码	商品名称	出口比重(%)	商品编码	商品名称	出口比重(%)	商品编码	商品名称	出口比重(%)
S3-0449	未碾磨的其他玉蜀黍（不包括甜栗米）	1.43	S3-7526	自动资料处理机输入或输出部件	2.61	S3-7513	影印设备	1.04
S3-3330	原油	3.34	S3-7527	自动资料处理机储存部件	1.22	S3-7522	数字式自动资料处理机	6.62
S3-6584	针织或钩织的织物制品	1.34	S3-7599	只适宜或主要用于第751及第752组机器的零件及附件（盖套、提箱及类似物除外）	3.12	S3-7523	数字式处理部件；储存部件、输入及输出部件	1.13
S3-7628	其他无线电广播接收机	1.40	S3-7638	影像收录或重播器具、听写机、声音收录及重播器具	1.57	S3-7599	只适宜或主要用于第751及第752组机器的零件及附件（盖套、提箱及类似物除外）	2.06
S3-8312	表面用塑胶片或纺织原料制成的手袋	1.09	S3-7641	电话机、传真机、电报转换器具	1.00	S3-7611	彩色电视接收机	1.46
S3-8414	男士长裤、工人裤、膝裤及短裤	1.55	S3-7643	无线电话、无线电报、无线广播或电视传输器具	1.75	S3-7638	影像收录或重播器具、听写机、声音收录	1.38
S3-8415	棉制男T恤衫	1.24	S3-7649	只适宜或主要用于第761~763组、第7641~76426条目内器具的零件及附件	2.52	S3-7643	无线电话、无线电报、无线广播或电视传输器具	3.10
S3-8426	女士长裤、工人裤、膝裤及短裤	1.05	S3-7712	静电式变流器、电感器、放电灯或放电管用镇流器、电热器具、电热阻器零件	1.03	S3-7649	只适宜或主要用于第761~763组、第7641~76426条目内器具的零件及附件	3.10
S3-8427	女士松身T恤衫、T恤衫及T恤衫上衣	1.07	S3-7758	电热水器、电热器、微波炉、家用电热器具、电热阻器及其零件	1.09	S3-7712	静电式变流器、电感器、放电灯或放电管用镇流器及第771组电力机械零件	1.16

续表

1992年			2001年			2010年		
商品编码	商品名称	出口比重(%)	商品编码	商品名称	出口比重(%)	商品编码	商品名称	出口比重(%)
S3-8453	针织或钩织紧身衣、套头衫、开襟衫、背心及类似制品	1.90	S3-8453	针织或钩织紧身衣、套头衫、开襟衫、背心及类似制品	1.83	S3-7763	二极管、晶体管、半导体开关元件、二端双向可控硅开关元件、三端双向可控硅开关元件、光敏半导体器件、发光二极管及其他半导体器件	1.99
S3-8454	针织或钩织T恤、汗衫及其他背心内衣	1.33	S3-8481	皮革或合成皮制服装、腰带、手套	1.06	S3-7764	单片集成部件、混合式集成电路、其他电子集成电路及微型电子组件	1.98
S3-8481	皮革或合成皮制服装、腰带、手套	1.10	S3-8512	滑雪靴、越野滑雪鞋履及其他运动鞋履	1.00	S3-7843	供第722、第781、第782及第783组内汽车用零部件	1.09
S3-8512	滑雪靴、越野滑雪鞋履及其他运动鞋履	1.05	S3-8513	外底及鞋面用橡胶或塑胶制其他鞋履及其他防水鞋	1.06	S3-7932	游船、渔船、冷藏船、巡航船及其他供货品运输的船舶	2.40
S3-8513	外底及鞋面用橡胶或塑胶制其他鞋履及其他防水鞋	1.17	S3-8514	皮革制鞋履	1.15	S3-8211	飞机、车辆用座椅及其他材料制座椅	0.98
S3-8514	皮革制鞋履	1.63	S3-8939	塑料制家具、办公用品及其他塑料制品	1.07	S3-8453	针织或钩织紧身衣、套头衫、开襟衫、背心及类似制品	1.12
S3-8942	婴儿车及玩具	2.85	S3-8942	婴儿车及玩具	1.97	S3-8719	潜望镜、望远瞄准器、激光器及第871项下第1~第93条目内制品的零件及附件	1.83

资料来源：根据联合国Comtrade商品贸易数据库等有关资料计算整理。

同，当前中国进口贸易技术结构接近全球整体水平，个别技术类型上中国进口商品技术水平甚至高于全球整体水平。中国进口贸易技术结构优于出口贸易技术结构，进口的高 CVT 值商品所占比重高于出口，进口商品的平均技术含量也高于出口商品。进出口贸易结构的比较如表 4-2 所示。

表 4-2 2010 年中国不同技术商品进出口比重及与全球整体水平的比较

单位：%

项目/技术类别	低技术商品比重	中低技术商品比重	中等技术商品比重	中高技术商品比重	高技术商品比重
2010 年中国进口	6.4	24.3	49.2	15.7	4.4
2010 年中国出口	11.4	33.8	42.1	10.3	2.4
2010 年全球进口	8	31	40	16	5

资料来源：根据联合国 Comtrade 商品贸易数据库等有关资料计算整理。

2010 年，中等以下技术商品在进口中的比重大幅度低于其在出口中的比重，前者约为 31%，后者约为 45%；中等以上技术商品在进口中的比重大幅度高于其在出口中的比重，前者约为 20%，后者约为 12%；中等技术商品占进口比重约为 50%，比其在出口中的比重高出约 7 个百分点。

（二）SITC 各类商品的进口份额

进一步细分比较，SITC0~8 九大类商品在进口和出口中的技术分布（见表 4-3）具有如下几点较大区别：

（1）中等技术商品是当前中国最主要的进口商品类型，占进口总额的比重约为 50%。其中，近六成属于 SITC7 项下"机械及运输设备"类商品。中等技术类的 SITC7 类商品占进口的比重（30.6%）显著高于占出口的比重（10.5%）；相反的是，中等技术的 SITC6 和 SITC8 类商品占进口的比重（分别为 2.5% 和 1.3%）显著低于占其占出口的比重（分别为 10.1% 和 8.3%）。SITC7 整体技术水平较高，进口中 SITC7 独占约 30% 的比重，这是中国进口贸易技术结构高于出口贸易技术结构的原因之一。

（2）在中高和高技术商品类别中，SITC5 和 SITC7 的进口份额比它们在出口中的份额平均高出 2 个百分点。上一章的分析中曾指出 SITC5 和 SITC7 的整体技术水平高于 SITC6 和 SITC8，这也是造成中国进口贸易技术结构高于出口贸易技术结构的原因之一。

（3）在中低和低技术商品类别中，进口的主要是 SITC2 "非食用原材料"和

表 4-3 2010 年中国 SITC 各类商品占进出口份额的比较

单位：%

中国进口	SITC0	SITC1	SITC2	SITC3	SITC4	SITC5	SITC6	SITC7	SITC8	小计
低技术	0.3	0.1	2.4	0.3	0.5	0.1	2.5	0.0	0.2	6.4
中低技术	0.6	0.1	5.4	12.1	0.0	1.1	2.7	1.7	0.5	24.2
中等技术	0.7	0	8.0	0.1	0.1	6.0	2.5	30.6	1.3	49.3
中高技术	0.0	0	0.0	0	0.0	3.4	1.4	5.3	5.6	15.7
高技术	0.0	0	0.0	0	0	0.6	0.5	2.7	0.5	4.4
占进口总额的份额	1.6	0.3	15.9	12.5	0.7	11.2	9.7	40.3	8.1	100.0
中国出口	SITC0	SITC1	SITC2	SITC3	SITC4	SITC5	SITC6	SITC7	SITC8	小计
低技术	0.9	0.0	0.2	0.1	0	0.4	1.9	0.2	7.6	11.4
中低技术	1.1	0.1	0.5	0.4	0	0.8	7.3	15.8	7.9	33.8
中等技术	2.6	0	2.7	0.3	0.0	7.7	10.1	10.5	8.3	42.1
中高技术	0.1	0	0.0	0	0.0	1.5	1.5	3.5	3.7	10.3
高技术	0.3	0	0.1	0	0	0.7	0.2	0.6	0.5	2.4
占出口总额的份额	5.0	0.1	3.5	0.8	0.1	11.2	20.9	30.5	28.0	100.0

资料来源：根据联合国 Comtrade 商品贸易数据库等有关资料计算整理。

SITC23"矿物燃料、润滑剂等"商品。中低和低技术商品在中国出口贸易中也占有较大份额，但主要是 SITC6、SITC7 和 SITC8 类商品。这是中国进口格局与出口格局的区别之一。

（4）SITC0~4 类商品占中国进口比重较大（32%），但占中国出口比重较小（5%）。SITC5~8 类商品占中国进口比重较小（68%），但占中国出口比重较大（95%）。这是中国进口格局与出口格局的另一点显著区别。

初级品在中国进口贸易中的比重高于其在出口中的比重，制成品在中国进口中的比重低于其在出口中的比重。通常认为初级品技术含量偏低，制成品技术含量高。一些文献仅根据初级品和制成品占中国进出口贸易比重大小情况的不同，就认为中国进口贸易技术水平低于出口贸易技术水平。这种认识是站不住脚的。尽管进口中的 SITC0~4 类商品比重较高，但由于进口中的 SITC5~8 类商品平均技术含量高于出口商品，进口中的中等以上技术商品比重高于出口，中等以下低技术商品比重低于出口，从而进口贸易技术结构仍较出口贸易技术结构更优。在下文关于进口贸易技术结构历史演变的分析中还可以继续发现有关进口贸易技术结构高于出口贸易技术结构的例证。

(三）主要进口商品

对中国主要进口商品的考察将分为初级品和制成品两个板块进行。中国初级品进口集中度很高。2010年，进口比重排名前5名的初级品合计占进口20%的份额，余下302种初级品合计占进口11%的份额。进口比重排名前20名的初级品合计占进口25%的份额，余下297种初级品合计占进口总额的5.8%。

进口比重名列第一的初级品为S3-3330"原油"，独占中国进口10%的份额（见表4-4）；第二名为S3-2815"铁矿砂及其精矿，未黏结"，占比5.7%；第三、第四和第五名分别为S3-2222"大豆油"、S3-2882"非亚铁贱金属废料及碎料"和S3-3212"烟煤及其他未黏结煤"。表明中国在原油、煤、矿石和大豆油等资源能源和大宗原料商品方面对国际市场的巨大需求和依赖。位列进口前6~20名

表4-4 2010年中国进口比重排名前20名的初级品

单位：美元、%

商品编码	商品名称	进口金额	占进口比重
S3-3330	原油	1.35E+11	10.13
S3-2815	铁矿砂及其精矿，未黏结	7.60E+10	5.69
S3-2222	大豆油	2.51E+10	1.88
S3-2882	非亚铁贱金属废料及碎料	1.66E+10	1.24
S3-3212	烟煤及其他未黏结煤	1.47E+10	1.10
S3-2831	铜矿砂及其精矿	1.30E+10	0.98
S3-2515	化学木浆，碳酸钠或硫酸盐，经半漂白或漂白	6.25E+09	0.47
S3-2631	棉，未粗梳或精梳	5.65E+09	0.42
S3-2511	纸、纸板及其废料和碎料	5.35E+09	0.40
S3-2312	天然橡胶	5.14E+09	0.39
S3-4222	棕榈油	4.71E+09	0.35
S3-2321	合成橡胶	4.27E+09	0.32
S3-2816	铁矿砂黏结物	3.71E+09	0.28
S3-3354	石油沥青、石油焦煤及石油沥青混合物	3.42E+09	0.26
S3-2879	铬、钨、钴矿砂及其精矿，未列明在其他编号的贱金属矿砂及其精矿	3.38E+09	0.25
S3-2474	原木针叶树木材	3.24E+09	0.24
S3-0342	鱼、鱼肝及鱼卵，冷藏	3.13E+09	0.23
S3-3431	液化天然气	3.02E+09	0.23
S3-2475	热带木材，其他非针叶木材	2.83E+09	0.21
S3-2877	锰矿砂及其精矿	2.81E+09	0.21

资料来源：笔者整理。

的其他15种商品主要集中于SITC2"除燃料外的非食用原材料"项下S3-23"未加工橡胶"、S3-24"软木及木"、S3-25"纸浆及纸废料"、S3-26"纺织纤维"、S3-28"含金属矿砂及废料"等资源型商品以及SITC3"矿物燃料、润滑剂等物质"项下"煤"、"石油"以及"天然气"等类型上。

中国制成品进口集中度也很高。2010年,进口比重排名前5名的制成品合计占进口22%的份额,余下712种制成品合计占进口48%的份额。进口比重排名前20名的制成品合计占进口总额的36%,余下697种制成品只合计占进口总额的33%。前20种制成品中有14种属于SITC7"机械及运输设备"商品。项下商品在排名前20名的制成品中有突出表现,这与前文的分析内容吻合。

进口比重名列第一的制成品为S3-7764"集成电路",独占中国进口11.78%的份额(见表4-5)。第二名为S3-8719"光学装置、用具及仪器",占比3.86%。第三、第四和第五名分别为S3-7812"载客汽车"、S3-7649"电信设备及器具的零件及附件"和S3-6821"铜,精炼或未精炼"。参照SNA[①]核算体系分类标准,前5名进口商品中第一、第四和第五名的商品属于中间货物[②],第二名的商品属于资本货物。中间货物和资本货物的大量进口既是中国在工业化中后期发展过程中对工业原材料、半成品和中间产品存在巨大需求的体现,也是中国积极发展加工贸易、深入参与国际分工的结果。

表4-5 2010年中国进口比重排名前20名的制成品

单位:美元、%

商品编码	商品名称	进口金额	占进口[③]比重
S3-7764	集成电路	1.57E+11	11.78
S3-8719	望远瞄准镜;潜望镜,激光器及其他光学装置、用具及仪器	5.15E+10	3.86
S3-7812	载客汽车	2.89E+10	2.16
S3-7649	电信设备及器具的零件及附件	2.67E+10	2.00
S3-6821	铜,精炼或未精炼	2.53E+10	1.89

---

① 即System of National Accounts,简称SNA。SNA国民核算体系以国民收入的生产、分配和使用的核算为主要内容,反映社会总产品的运行全貌。
② 将货物商品分为资本货物、中间货物和消费品三个类别是国际通用的国际贸易商品分类方法。根据SNA的划分,S3-6821属于中间货物;S3-7649属于中间货物;S3-7764属于中间货物;S3-7812类型不定,它在工业和居民消费中都有广泛使用;S3-8719主要归为资本货物。
③ 指SITC0~8类商品,不包括SITC9。

续表

商品编码	商品名称	进口金额	占进口比重
S3-7284	其他特种工业专用机器及设备,及其零件	2.21E+10	1.66
S3-7527	自动资料存储机的存储部件	2.08E+10	1.56
S3-7599	办公室及其及自动资料处理机零件及附件	1.93E+10	1.44
S3-7843	除底盘和车身外的其他汽车零件及附件	1.8E+10	1.35
S3-7763	二极管、晶体管等半导体零件	1.61E+10	1.20
S3-7722	印刷电路	1.21E+10	0.91
S3-7725	电路保护器具等电力机械	1.2E+10	0.90
S3-7712	变流器等电力机械	1.07E+10	0.80
S3-7924	飞机及其他航空器	1.04E+10	0.78
S3-5112	环乙烷、纯苯、纯甲苯等有机化学品	9.96E+09	0.75
S3-7786	电容器及其零件	8.05E+09	0.60
S3-8841	眼镜片、光学纤维及其他光学元件	7.52E+09	0.56
S3-5138	多元羧酸,多元羧酸的酐、卤化物、过氧化物及过氧酸等	7.36E+09	0.55
S3-7768	压电晶体,晶体管、集成电路的零件	7.25E+09	0.54
S3-5751	聚缩醛及其他聚醚	6.88E+09	0.52

资料来源：笔者整理。

位列进口前 20 名中属于 SITC7 的制成品有 14 种，除了 S3-7786 "电容器及其零件"属于中低技术类型外，余下有 10 种属于中等技术类型，有 2 种属于中高技术类型，还有一种 S3-7284 "其他特种工业专用机器及设备，及其零件"属于高技术类型。位列进口前 20 名的 SITC8 项下商品也是以中高技术商品为主。进口制成品较同期出口制成品技术水平高是中国进口贸易技术结构高于出口贸易技术结构的重要原因。

二、进口贸易技术结构变迁特点

（一）进出口 TSS 值比较

1992~2010 年中国进口 TSS 曲线和出口 TSS 曲线的对比如图 4-8 所示，同期进口和出口 TSS 指数值参见附录表 A4-5。从中可以发现：

（1）1992 年以来，中国进口贸易技术结构经历了三次大的波动。第一阶段为 1992~1997 年，进口 TSS 值先小幅上升后小幅下降。第二阶段为 1998~2007 年，进口 TSS 值先持续稳定上升后明显下滑。第三阶段为 2008 年至今，TSS 值恢复增长。除第一阶段外，后两个阶段进口 TSS 曲线走势与出口 TSS 曲线走势非常

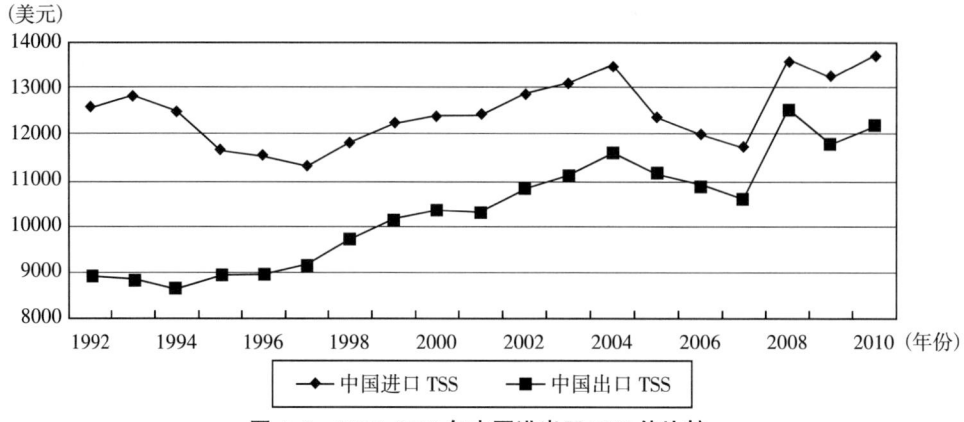

图 4-8　1992~2010 年中国进出口 TSS 值比较

资料来源：根据联合国 Comtrade 商品贸易数据库等有关资料计算整理。

一致。

（2）2010 年进口 TSS 值与 1992 年相比虽有进步，但与出口技术结构提高幅度相比进口贸易技术结构提高幅度较小。2010 年出口 TSS 值比 1992 年高出约 3000 美元，2010 年进口 TSS 值比 1992 年高出约 1000 美元。

（3）各年进口 TSS 值均高于当年出口 TSS 值。这与上文的中国进口贸易技术结构优于出口贸易技术结构的结论一致。

下面将继续考察 SITC 项下各类商品进口贸易技术结构的变动。为达到研究目的，首先，本书分别计算了 SITC0~8 九大类商品的进口 TSS 值，计算选取的权重为该四位码商品占中国进口总额的比重。由于 SITC0~8 各项所含商品种类差异很大，致使九类 SITC 类别各自 TSS 值数值差异很大。为了消除九类 TSS 值量级上的差异，本书将九类 SITC 类别的 TSS 值转化为以 1992 年为基期的定基比形式，利于表达 TSS 值的波动关系。该比率表示的是"贸易技术结构高度化率"（Technological Structure Supererogation Ratio，TSSR）。1992~2010 年 SITC0~8 的进口 TSSR 计算结果详见附录表 A4-6，其图形表示分示为初级品（见图 4-9）和制成品（见图 4-10）两个部分。

1992~2010 年中国进口初级品中有三类初级品，即 SITC0、SITC1 和 SITC4 的 TSSR 曲线基本上是在 1 以下平缓波动，这三类商品的进口技术结构没有向高级化方面发展。不过，这三类商品在中国进口总额中的比重非常低，对中国进口整体技术结构影响很小，这类商品进口技术结构优化对经济发展的影响力也较为

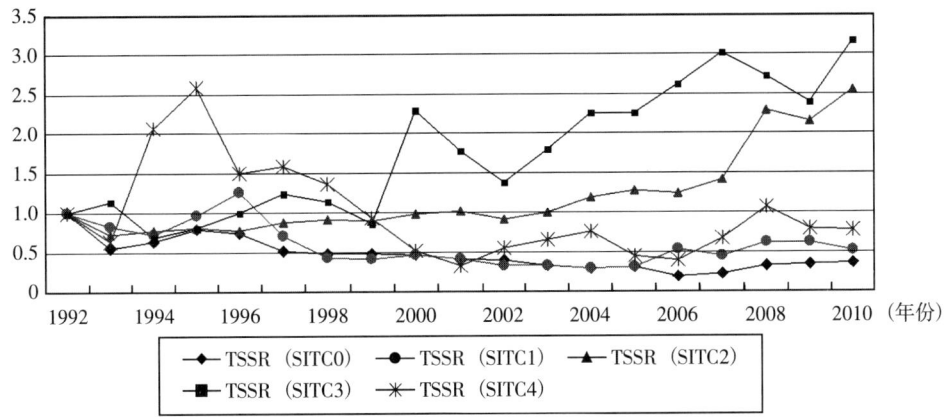

图 4-9 1992~2010 年中国初级品进口贸易技术结构高度化率

资料来源：根据联合国 Comtrade 商品贸易数据库等有关资料计算整理。

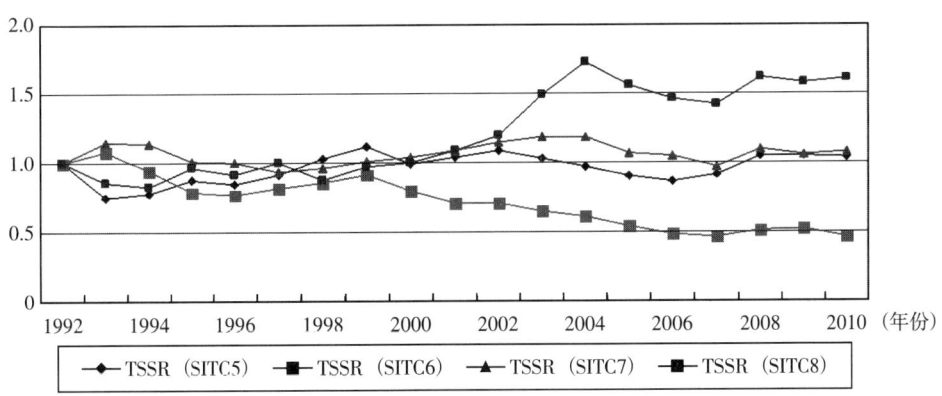

图 4-10 1992~2010 年中国制成品进口贸易技术结构高度化率（TSSR）

资料来源：根据联合国 Comtrade 商品贸易数据库等有关资料计算整理。

有限。

占中国初级品进口比重较大的是 SITC2"除燃料外非食用未加工原料"和 SITC3"矿物燃料、润滑剂及有关物质"，两者 TSSR 曲线都在 1 以上波动，但技术结构变动情况有所不同。

SITC3 主要是能源、燃料类商品，这类商品的国际市场定价模式与服装鞋帽等普通商品有很大的区别。SITC3 的 TSSR 值较高，与石油、天然气、煤等资源能源类商品经济价值高、CVT 值高的情况密切关联；但又由于这类商品国际市场行情具有较高的波动性，导致以贸易数据计算得到的 TSSR 值也具有较高的易波动性，从图形上看其 TSSR 曲线也是所有 TSSR 曲线中波动性最强的。

在 SITC0~4 五项初级品中，只有 SITC2 的进口贸易技术结构实现了平稳优化。SITC2 是"除燃料外的非食用未加工原料"，是中国进口初级品中占比最大的一类。其 TSSR 值在 1992~2007 年平缓上升，2007 年之后快速上升。SITC2 类商品进口关乎中国制造业的健康发展和国民经济的稳定运行。像 S3-22"油料"、S3-23"橡胶"、S3-24"软木及木"、S3-25"纸浆及纸废料"、S3-28"含金属的矿砂及金属废料"等均为非常重要的资源类商品，无论从国内对这类物资有限的供给能力还是从国内制造业行业发展对这类物资的巨大需求而言，这类商品进口量的扩张都具有重要的积极意义。

1992~2010 年中国进口制成品中 SITC6"以材料分类的制成品"的 TSSR 曲线基本呈一路下滑态势，表明这类商品进口技术结构在逐渐恶化，具体表现在哪些商品类型上有待后续考察。SITC5"化学品"和 SITC7"机械及运输设备"的 TSSR 比率波动比较平缓，在整个样本期间没有大的变化。在制成品中，进口贸易技术结构实现平稳优化的是 SITC8"杂项制品"。

（二）制成品进出口变迁比较

单独考察制成品贸易进口技术结构的高度化发展就需要剔除初级品贸易有关数据。中国进口贸易中制成品只占到约 70%，出口贸易中制成品占到 95%。两者的权重差别很大，意味着制成品贸易对进口和出口整体贸易技术结构变动的贡献程度是不一样的。若剔除初级品单独考察制成品贸易，就需要根据各制成品商品占全部 SITC5~8 类制成品贸易总额的比重[①]重新计算制成品进口 TSS 和制成品出口 TSS 值。中国 1992~2010 年制成品进口和制成品出口 TSS 指数值参见附录表 A4-7，图形显示如图 4-11 所示，主要可见以下五点：

（1）制成品进口贸易技术结构高于整体进口贸易技术结构，制成品出口贸易技术结构高于整体出口贸易技术结构。制成品平均技术含量高于初级品平均技术含量，单独考察制成品使得这一特征更加突出。

（2）制成品进口 TSS 曲线高于制成品出口 TSS 曲线，整体进口 TSS 曲线也高于整体出口 TSS 曲线。近 20 年来，中国出口以及制成品出口贸易技术结构有了较大的改善，但中国进口以及制成品进口贸易技术结构水平更高，在利用进口贸

---

① 在上文的分析中各制成品商品的贸易比重是以其占全部 SITC0~8 类商品进（出）口比重来计算的。两种计算方式本质上没有区别。因为各制成品占全部制成品贸易总额的比重与占全部商品贸易总额的比重两者之间存在稳定的比例关系。

第四章 中国对外贸易技术结构变迁：1992~2010年

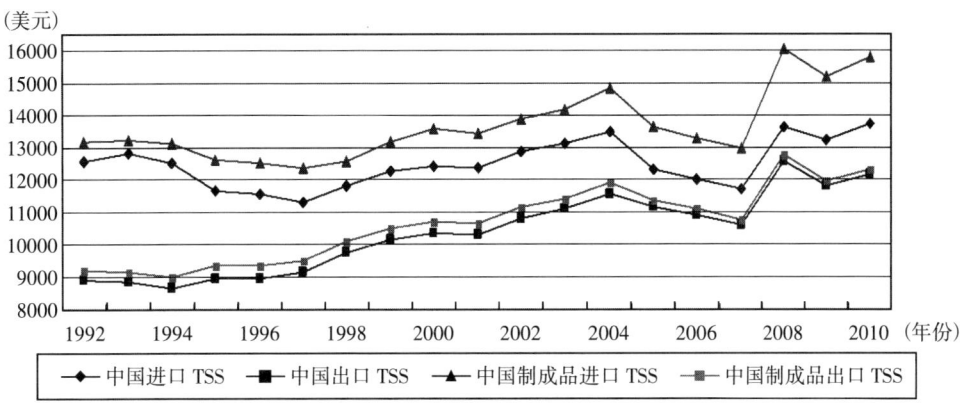

图4-11 1992~2010年中国制成品进出口TSS值与整体进出口TSS值对比
资料来源：根据联合国Comtrade商品贸易数据库等有关资料计算整理。

易获取国外先进技术商品方面中国付诸了积极的实践。

（3）四条TSS曲线均呈上升趋势。近20年来，中国进口以及制成品进口贸易技术结构在进一步上升的同时，出口以及制成品出口贸易技术结构也在快速提升。在扩大对外开放、积极融入全球化的过程中，中国的对外贸易活动取得了贸易金额和贸易比重等"量"扩大的成绩的同时，也同步实现了贸易技术结构等"质"的方面的改善。

（4）制成品进口TSS与进口TSS曲线波动形态高度吻合，制成品出口TSS也与出口TSS曲线波动形态高度吻合。而且自1997年之后，四条TSS曲线波动形态具有非常一致的走势。这些情况表明进出口贸易以及制成品的进出口贸易之间关联性很强。

（5）制成品出口TSS曲线与制成品进口TSS曲线之间的差距逐渐缩小。出口TSS曲线与进口TSS曲线之间的差距也逐渐缩小，二者之间的收敛非常明显。

（三）不同技术商品进口比重变迁

参照第三章五类技术商品划分方法，对1992~2010年中国进口贸易统计数据进行处理，得到中国进口贸易商品技术结构变迁的信息，参见表4-6，主要可见以下五点：

（1）中国进口贸易技术结构一直都比出口贸易技术结构更接近橄榄形。1992~2010年，中高及高技术商品占进口的比重均高于其在出口中的比重，中低及低技术商品占进口的比重均低于其在出口中的比重。进口贸易技术结构高于出

表 4-6　1992~2010 年中国进口商品技术结构变迁

单位：%

年份 项目	1992	1993	1994	1995	1996	1997	1998	1999	2000	2001
低技术商品	5.0	3.8	5.1	7.9	6.8	8.3	7.3	6.4	8.1	5.8
中低技术商品	20.5	20.2	23.6	24.2	27.0	26.9	25.7	24.3	25.5	25.6
中等技术商品	33.5	36.4	31.8	34.8	32.8	29.7	35.0	37.7	43.8	43.5
中高技术商品	32.9	31.6	33.4	23.2	23.7	27.9	27.5	27.1	19.9	21.8
高技术商品	8.1	8.1	6.1	9.9	9.6	7.2	4.5	4.6	2.7	3.3

年份 项目	2002	2003	2004	2005	2006	2007	2008	2009	2010	
低技术商品	5.1	4.7	5.1	4.8	5.3	6.5	5.5	6.0	6.4	
中低技术商品	25.0	23.3	24.2	26.5	26.2	28.4	27.1	22.7	24.3	
中等技术商品	45.0	46.1	44.9	52.6	52.2	49.2	49.6	55.0	49.2	
中高技术商品	22.4	22.7	22.3	14.0	13.7	12.3	14.3	12.9	15.7	
高技术商品	2.5	3.2	3.6	2.1	2.6	3.6	3.5	3.3	4.4	

资料来源：根据联合国 Comtrade 商品贸易数据库等有关资料计算整理。

口贸易技术结构，再次得到印证。

（2）中等及以上技术商品占进口比重在过去的近 20 年中平均为 70%，大大高出其占出口的比重，后者平均为 50%。这是图 4-8 和图 4-11 中进口 TSS 值高于出口 TSS 值的重要原因。这表明在进口贸易实践过程中，中国一直是有选择性地增加与外国先进技术和技术化商品的接触，保证了进口贸易商品维持在较高技术水平上。至于溢出效果如何，进口贸易技术溢出对国内生产率提高和技术进步有多大的影响，本书将在后续章节对此专门进行分析。

（3）在中等及以上技术商品中，高技术商品进口比重稍有下滑，由首五年平均的 8.4% 下降到末五年平均的 3.5%。同期全球高技术商品贸易比例没有大的变化（参见第三章图 3-5 和附录表 A3-5）。至于其原因，目前还难以下定论。

（4）在中等及以上技术商品中，中高技术商品进口比例下降最严重，由首五年平均的 28.9% 下降到末五年平均的 13.8%。考虑到同期全球中高技术商品贸易比例也有大幅下降（参见第三章图 3-5 和附录表 A3-5），中国中高技术商品进口比例下降可能主要受全球中高技术商品贸易比例下降影响。

（5）综合五类技术商品占中国进口比重的变化以及全球同期变化（参见第三章图 3-5 和附录表 A3-5）相关数据，可以发现中国进口贸易技术结构优于全球贸易技术结构。

（四）SITC 各类商品进口比重变迁

如图 4-12 所示，1992~2010 年中国初级品进口贸易比重不断上升，由 1992 年的 16.6%上升至 2010 年的 31.9%。其中，SITC0、SITC1 与 SITC4 的进口比重几乎没有变化，增长较快的是 SITC2"除燃料外的非食用未加工材料"和 SITC3"矿物燃料、润滑剂及有关原料"，这两类商品关乎能源、资源和工业原料事宜，既与国内经济的快速发展有关，也与外向型产业和加工贸易的发展有关，体现了中国作为世界制造业大国和出口大国所扮演的角色。

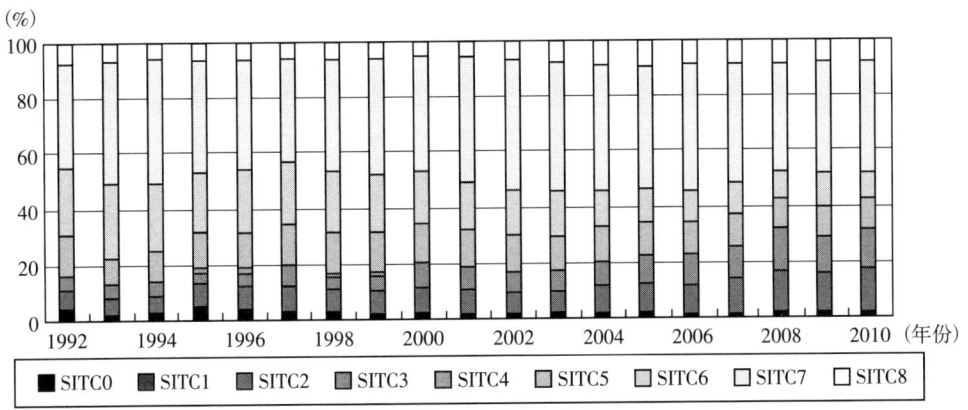

图 4-12 1992~2010 年中国 SITC 各类商品进口比重变迁
资料来源：根据联合国 Comtrade 商品贸易数据库等有关资料计算整理。

初级品进口比重上升的同时，制成品进口比重下降，由 1992 年的 83.4%下降至 2010 年的 68.1%。降幅较大的要数 SITC6"按材料分类的制成品"，由 1992 年的 24.2%降至 2010 年的 9.6%。考虑到 SITC6 主要包括 S3-65"纺织制成品"、S3-69"金属制品"等商品，随着中国这类商品出口竞争力的提升，对其进口的需求自然大幅下降。SITC7 和 SITC8 两项合计约占进口 50%的比重，占比一直比较稳定。

中国 SITC2"除燃料外的非食用未加工材料"进口比重不断上升、SITC6"按材料分类的制成品"进口比重逐渐下降，与全球水平中 SITC2 和 SITC6 的走势形成反差（见附录表 A4-8 和 A4-9）。中国 SITC8"杂项制成品"的进口比重普遍低于全球贸易 SITC8 的比重。应该说这两点内容印证并吻合了中国是加工贸易大国和制造业出口大国的特征。

第三节 中国对外贸易技术结构调整目标

一、出口贸易调整目标

本章第一节是对中国出口贸易技术结构的分析,介绍了中国出口贸易技术结构的当前状态,估计了中国出口商品技术水平目前在全球梯队中的位置,借助"贸易技术结构高度化"概念计算了1992~2010年中国出口技术结构高度化指数值,观察了1992~2010年近20年来中国出口商品技术结构的演进,并将中国的情况与美国、德国、日本及全球整体的情况进行了比较。

近20年来,中国出口贸易技术结构及其演进的主要特征是:①低技术和中低技术商品出口比重显著减少。②中等技术商品出口比重明显增加,已经是中国最主要的出口商品。③实现了以中低和低技术商品出口为主向以中等技术商品出口为主的转变。④出口贸易技术结构已经朝着高端化方向发展,但高技术及中高技术商品出口比重并未有显著提升。⑤出口贸易技术结构与发达国家相比差距仍然较大,也尚未达到全球整体水平。

对未来中国出口贸易技术结构的高度化发展应该持谨慎乐观态度。近20年来,中国出口贸易技术结构的提升主要表现在中低技术商品比重下降和中等技术商品比重上升方面,而不是发生在中高和高技术商品出口比重提升方面。目前,出口的橄榄形特征还不明显,与技术发达国家相比,出口技术结构上的差距仍然十分显著,也还未达到全球整体水平。提高中高和高技术商品出口比重,降低中低和低技术商品出口比重,稳定中等技术商品出口比重是未来中国出口贸易技术结构优化的方向。

从近年来全球整体水平看,全球高和中高技术商品合计出口比重约为21%,比中国当前水平高出将近10个百分点;全球低和中低技术商品合计出口比重约为38%,比中国当前水平低将近5个百分点。不妨把高和中高技术商品合计出口比重提高5个百分点,把低和中低技术商品合计出口比重降低5个百分点,作为中国出口贸易结构调整的近期目标。大约相当于把低和中低、中等、高和中高技术商品这三大块的出口贸易比重设定在 35∶50∶15 的水平。

从美国、德国和日本的情况来看，目前这三国高和中高技术商品合计出口比重约为 30%，比中国当前水平高出将近 20 个百分点；低和中低技术商品合计出口比重约为 20%，比中国当前水平低 20 多个百分点。据此，可在上述近期目标基础上，将高和中高技术商品合计出口比重继续分别提高 5 个百分点和 10 个百分点，把低和中低技术商品合计出口比重继续分别降低 5 个百分点和 10 个百分点作为未来较长一段时期中国出口贸易技术结构调整的中期和远期目标。大约分别相当于把低和中低、中等、高和中高技术商品这三大块的出口贸易比重设定在 30∶50∶20 的水平，以及 25∶50∶25 的水平。

二、进口贸易调整目标

本章第二节是对中国进口贸易技术结构变迁的分析，分析了当前中国五类技术商品的进口贸易比重，比较了 SITC 各大类商品占中国进口贸易的份额，计算了 1992~2010 年中国进口贸易 TSS 指数值，并与出口 TSS 指数值进行了比较，借助"贸易技术结构高度化率"（TSSR）剖析了近 20 年来中国进口贸易 SITC 项下各大类商品 TSSR 值的变动，比较了中国制成品进口和制成品出口贸易技术结构的变动，分析了中国五类技术商品进口比重的变迁以及 SITC 各大类商品占中国进口比重的变化。

近 20 年来，中国进口贸易技术结构及其演进的主要特征是：①贸易技术结构橄榄形特征比较显著，高于出口贸易技术结构和全球整体水平。②中等技术商品进口比重明显增多，已经是中国最主要的进口商品，目前约占进口额的 50%。③中等以上技术商品进口比重有所下滑。④中等以下技术商品进口比重十分稳定，以资源、能源、原材料型初级品为主。

中国进口贸易技术结构和出口贸易技术结构的主要区别在于：①中等、中高与高技术商品在进口中的比重均高于其在出口中的比重，前三项合计约为 70%，后三项合计约为 50%。②中等技术制成品商品进口贸易中，SITC7 独占较大份额，推高了进口贸易 TSS 值，而中等技术商品制成品出口贸易中，SITC5~8 四类商品各自份额比例较为均衡。③中低技术商品在进口中主要表现为初级品商品，尤其以 SITC2 "非食用原材料" 和 SITC3 "矿物燃料、润滑剂等" 为主，在出口中则表现为以制成品为主。④SITC7 和 SITC8 类商品在进口和出口贸易中同样都占有较大比重，不过，进口中的 SITC7 和 SITC8 的整体技术水平高于出口中的 SITC7 和 SITC8 的整体技术水平。

本章分析表明中国出口贸易技术结构尚存在很大提升空间，但进口贸易技术结构未来进一步提高的空间不是很大，这一点在后续研究中还会继续阐述。中国未来进口贸易技术结构调整的重点在于稳定而不是继续追求数量化提高。应该继续稳定中低和低技术水平的资源、能源、工业原料类商品的进口以保障国民经济平稳运行。继续稳定高技术和中高技术商品的进口，把调节重点放在提高对这类商品技术溢出的吸收能力上来。既要重视引进也要重视吸收，积极利用进口贸易技术溢出效应促进国内技术进步和生产率提高。既要重视进口技术溢出，也不能忽视进口竞争效应。对于中国自身劣势比较明显的产业，如机械设备产业等，进口商品对国内同类商品的竞争冲击过大则不利于国内相关产业成长。应深入评估高技术和中高技术商品进口对国内市场竞争和技术创新的影响，研究高技术和中高技术商品进口的方式方法，引导进口贸易技术溢出积极效应的发挥，配合进口战略的调整优化，调整相关贸易政策和产业政策，促进国内自主创新发展。

第五章
进口溢出、进口竞争与出口商品竞争力协整分析

第四章对中国对外贸易技术结构及其历史演进进行了统计分析,揭示出了很多典型事实,得出了一些有意义的结论,但也留下了一些统计性分析难以解答的问题,如:中国出口贸易技术结构提升多大程度上与进口贸易技术溢出有关?中国出口商品竞争力变迁与进口贸易之间有怎样的互动关系?只有正确评估一段时期以来进出口贸易发展战略和政策的执行效果,才能为下一阶段科学有效地进行政策调整提供支撑和参考。为了刻画中国进口贸易技术结构和商品技术水平变动与出口商品竞争力之间的关系,本章将通过计量分析对相关变量进行检验。本章主要包括三节内容:第一节概述中国贸易格局变动与进出口战略更迭,介绍进出口贸易协整分析的现实背景。第二节对进口贸易技术溢出效应、进口竞争效应与出口商品竞争力之间的关系进行计量检验。第三节是对第二节误差修正模型有关结论的拓展。

第一节 中国进出口战略概述

近20年来,中国对外贸易格局和技术结构发生了巨大变化,最显著的两点特征是:①中国出口占全球贸易的份额不断攀升,从1992年的2.5%上升到2010

年的12%，由一个贸易小国发展成为世界第一出口大国①；②实现了以中低和低技术商品出口为主向以中等技术商品出口为主的全面转型，其中，SITC7"机械及运输设备"稳步取代SITC8"杂项制成品"成为中国最主要的出口商品。但是，也不能忽视：中高技术商品占中国出口比重尚未有大的提升，中国出口贸易技术结构的橄榄形特征还不明显，尚未达到全球整体水平。在进口方面，也发生了显著变化，表现为：①中国进口占全球贸易的份额不断攀升，从1992年的2.3%上升到2010年的10.6%，成为仅次于美国的世界第二进口大国；②进口贸易技术结构快速朝橄榄形结构靠近，进口贸易整体技术水平高于全球整体水平。

中国贸易格局和贸易技术结构的变化是在特定的贸易战略和贸易政策背景下实现的。改革开放后的较长一段时期内，对于如何发展对外贸易，虽然没有出台一个明确的战略方针，但这并不意味着中国在这个时期没有隐含的贸易战略。姚枝仲（2009）认为，改革开放以来中国的对外贸易战略很难用出口导向或进口替代这样的标准来划分，中国既鼓励发展出口，同时也鼓励进口替代。实际上，中国从改革开放初期到"八五"（1991~1995年）时期末，表面上看是一种向出口倾斜的贸易战略，但实质却是以进口为重心，表现为出口创汇与技术引进交替进行。要想引进更多的技术促进国内生产能力提高就需要更多的外汇，但当时外汇极度短缺，所以出口创汇就自然成为重中之重的贸易发展方针，但创汇是为通过引进技术促进国内技术水平提升和生产能力提高而服务的。②

"八五"时期末，中国已经克服了外汇不足问题，出口创汇不再是中国外贸发展的首要目标。1996年中国提出"科技兴贸战略"③，出口贸易发展的重心转移到大力提高出口行业技术水平、增加出口商品技术附加值方面上来。"九五"时期之后，中国贸易发展和国民经济发展的关系定位于通过扩大开放"促进中国经济增长和提高质量效益"④。与出口相比，进口对经济增长的拉动作用是非显性化的，在实际发展过程中，贸易发展的重心开始转向出口贸易。但是，科技兴贸战略并

---

① 与此同时，中国人均GNI从1992年的363美元上升至2010年的4393美元。资料来源：世界银行数据库。
② 姚枝仲主笔：《中国的进口战略》，载宋泓主编：《中国进口：战略与管理》，社会科学文献出版社2009年版，第39~43页。
③ 摘自1996年《对外贸易经济合作部关于印发〈对外经贸"九五"科技进步计划纲要〉的通知》。
④ 摘自1995年《中共中央关于制定国民经济和社会发展"九五"计划和2010年远景目标的建议》。

没有收到改变出口贸易粗放型发展方式的良好效果，出口活动没有完全告别和超越低档次、低价格、低收益、高消耗"三低一高"型发展阶段。而在进口方面，不管是"九五"时期之前还是之后，中国一直实行的是较为保守的进口政策。"九五"时期以前，对出口和进口两者关系的认识非常清晰，即出口创汇真正的目的是为了技术引进。"九五"时期之后，由于战略重心向出口转移，对于如何利用进口贸易更好地促进国内技术进步和经济增长失去了像以前一样的明确指导。不过，从第四章对中国进口贸易技术结构发展的分析来看，20世纪90年代中后期以来，中国进口贸易并没有因为发展战略不明晰而停滞，而是一直在有选择性地增加对外国先进技术和技术化商品的进口接触，保证了进口贸易商品维持在较高技术水平上。

第二节　协整分析过程与结果

一、研究背景

线性协整建模理论是从实际数据生成过程出发，在非平稳序列中寻找可能存在的长期线性均衡关系，建立结构模型，从而反映序列的运行机制（Engle & Granger，1987）[1]。协整分析的特点在于事后假定，即先判断是否单整，只有变量间单整阶数相同，或不同阶数的变量经过某种组合后理论上可能存在长期稳定关系才可以假定方程式。而多元回归方法则是事前假定，即先假定变量间存在关系，而后进行验证。

在国际经济学研究领域，进出口贸易协整分析是非常活跃的板块。进出口贸易能够提供经济增长、产业结构变动、汇率波动、FDI等多方面的关联信息，在上述几个方面均各自积累了许多研究文献，尤其以讨论进口对于经济增长的影响（如李兵，2008）[2]或出口对于经济增长的影响（如闫荣国和王文博，

---

[1] Engle, R. and Granger, C., "Co-integration and Error Correction: Representation, Estimation, and Testing", *Econometrica*, 1987, 55 (2), pp. 251-276.

[2] 李兵：《进口贸易结构与中国经济增长的实证研究》，《国际贸易问题》，2008年第6期，第27-32页。

2006)① 的文献为多。目前，国内关于贸易活动的商品层面协整检验研究仍是空白，苏振东（2009）②、李荣林和姜茜（2010）③等在 SITC 二位码或者是行业口径上进行了贸易协整分析。本章拟对出口商品竞争力、进口商品技术溢出和进口竞争效应之间的关系进行协整分析。第三章中测算得到的贸易商品 CVT 指数值，为进行商品层面 SITC 四位码的贸易协整分析提供了条件，该指数将作为重要的解释变量参与计量回归模型。

二、平稳性检验

（一）变量选择

1. 进口溢出与进口竞争

进口贸易促进国内技术进步的机制既表现为通过物化在进口商品上的新知识、新思想增加国内知识库存量，直接促进国内研发和技术创新发展，即知识溢出效应；也间接表现为进口商品对国内同类商品构成竞争压力，通过市场竞争机制促使国内厂商重视技术改进和创新，即进口竞争效应。

本书拟采用各商品各年 CVT 值代表进口商品的知识溢出，采用中国各商品各年进口金额（IMV）代表进口竞争效应。IMV 原始数据是美元计价，利用《中国统计年鉴》上各年人民币兑美元年均汇率将其转化为人民币计价形式。

2. 出口商品竞争力

本书拟采用中国各年各 SITC 四位码商品的巴拉萨比较优势 RCA 指数代表出口商品技术竞争力。全部数据样本期为 1992~2010 年。样本期内，个别年份、个别商品进出口金额为零，剔除值为零的商品之后，样本面板中保留的四位码商品种类数是 946 种。

（二）检验结果

1. 面板单位根检验

非平稳经济时间序列也会表现出共同的变化趋势，这些序列之间不一定有直

---

① 闫荣国、王文博：《中国贸易出口与实际产出关系的季节单整与协整分析》，《当代经济科学》，2006 年第 7 期，第 15-19 页。

② 苏振东：《进出口贸易与中国经济增长：1997Q1~2008Q4——基于异质面板季节单整、协整检验和面板季节误差修正模型的动态分析》，《世界经济文汇》，2009 年第 6 期，第 35-47 页。

③ 李荣林、姜茜：《进出口贸易结构对产业结构的影响分析——基于产品技术附加值的研究》，《经济与管理研究》，2010 年第 4 期，第 83-91 页。

接的关联，对这些数据进行回归其结果是没有实际意义的，这一问题在面板数据回归中同样存在。为了避免虚假回归问题的出现，在检验变量关系之前要首先进行平稳性检验，适当选取带或不带截距项及趋势项的检验模型。莱文和林（Levin & Lin，1993）[①] 率先建立了对面板单位根进行检验的早期版本，后来经过莱文等（Levin et al.，2002）[②] 的改进，提出了检验面板单位根的 LLC 法。该方法支持不同截距和时间趋势、异方差和高阶序列相关等，适合时间序列介于 25~250、截面数介于 10~250 的中等维度面板单位根检验。因姆等（Im et al.，1997）[③]后又提出了检验面板单位根的 IPS 法。布雷顿（Breitung，2000）[④] 发现 IPS 法对限定性趋势的设定极为敏感，提出了面板单位根检验的布雷顿法。马黛拉和吴（Maddala & Wu，1999）[⑤] 提出了组合 P 值检验方法，即 ADF-Fisher 面板单位根检验法。本书将采用以上四种方法，对上述变量即中国 1992~2010 年 19 个年份、946 种进出口商品的 CVT、IMV 和 RCA 分别进行检验。检验结果如表 5-1 所示。在 1%显著性水平下，均不能拒绝原假设，表明三个变量都是平稳的。

表 5-1　CVT、IMV、RCA 面板单位根检验结果

变量/项目	LLC t 值	IPS W 值	ADF-Fisher X^2	PP-Fisher X^2	截面数	样本数
CVT	−73.4788*** (0.0000)	−58.1725*** (0.0000)	−33.7861*** (0.0000)	2398.31*** (0.0000)	19	17936
IMV	−123.641*** (0.0000)	−80.9058*** (0.0000)	−67.9897*** (0.0000)	3770.44*** (0.0000)	19	17936
RCA	−87.5032*** (0.0000)	−68.6478*** (0.0000)	−17.9248*** (0.0000)	3035.64*** (0.0000)	19	17936

注：*** 表示在 1%的显著性水平下拒绝单位根。在不包含截距和趋势、只包含截距、既包含截距又包含趋势三种情况下均进行检验，结果显示均拒绝单位根，此处列出的是第三种情况下的结果。

---

① Levin, A. and Lin, F. "Unit Root Tests in Panel Data: New Results", Discussion Paper No. 93-56, 1993, Department of Economics, University of California at San Diego.

② Levin, A., Lin, F. and Chu, C., "Unit Root Tests in Panel Data: Asymptotic and Finite-Sample Properties", *Journal of Econometrics*, 2002, 108 (1), pp. 1–24.

③ Im, K.S., Pesaran, M.H. and Shin, Y., "Testing for Unit Roots in Heterogeneous Panels", Substantially Revised Version of Department of Applied Economics (DAE) Working Paper No. 9526, 1997, Cambridge University.

④ Breitung, J., "The Local Power of Some Unit Root Tests for Panel Data", in: Baltagi, B. eds. Nonstationary Panels, Panel Cointegration, and Dynamic Panels, Advances in Econometrics, JAI: Amsterdam, 2000 (15), pp. 161–178.

⑤ Maddala, G. S. and Wu. S. "A Comparative Study of Unit Root Tests with Panel Data and a New Simple Test", *Oxford Bulletin of Economics and Statistics*, 1999, 61 (1), pp. 631–652.

2. 面板协整检验

协整检验的目的是确定变量之间是否存在长期稳定关系。采用英格尔和格兰杰（1987）提出的基于协整方程残差的检验思路，考（Kao，1999）[①]利用各截面的回归残差构造出两种类型且渐进服从标准正态分布的协整检验统计量，即 DF 和 ADF 统计量。佩德罗尼（Pedroni，1999）[②]将组内和组间残差联合起来，分别构造了四个面板均值统计量和三个群均值统计量，即 Panel v-Statistic、Panel rho-Statistic、Panel PP-Statistic、Panel ADF-Statistic、Group rho-Statistic、Group PP-Statistic 和 Group ADF-Statistic，适当变换后均渐进服从标准正态分布。表 5-2 提供了 Pedroni 面板协整检验结果，在 1% 水平下均拒绝原假设，说明在不同设定条件下变量间存在协整关系。

表 5-2 Pedroni 面板协整检验结果

检验项目/检验值	不加权的		加权的	
	统计值	概率	统计值	概率
Panel v-Statistic	4.423901***	0.0000	3.280387***	0.0005
Panel rho-Statistic	−649.769***	0.0000	−614.357***	0.0000
Panel PP-Statistic	−93.9661***	0.0000	−90.1991***	0.0000
Panel ADF-Statistic	−56.3349***	0.0000	−54.3633***	0.0000
检验项目/检验值	统计值		概率	
Group rho-Statistic	−750.1720		0.0000	
Group PP-Statistic	−136.9854		0.0000	
Group ADF-Statistic	−81.74971		0.0000	

注：所列为在不包含截距不包含趋势情况下的检验。* 表示 $p<0.1$，** 表示 $p<0.05$，*** 表示 $p<0.01$。Kao 检验和 Fisher 面板协整检验也均通过。

三、实证模型结果分析

根据格兰杰定理，协整序列一定存在描述由短期波动向长期均衡调整的向量误差修正（ECM）模型。事实上，ECM 模型是包含了协整约束条件的向量自回归模型（Vector Autoregression，VAR），适合用于具有协整关系的非平稳序列，

[①] Kao, C., "Spurious Regression and Residual-based Tests for Cointegration in Panel Data", *Journal of Econometrics*, 1999, 90 (1), pp. 1–44.

[②] Pedroni, P., "Critical Values for Cointegration Tests in Heterogeneous Panels with Multiple Regressors", *Oxford Bulletin of Economics and Statistics*, Special Issue, 1999 (61), pp. 653–670.

描述的是这些变量偏离它们共同趋势时的调整速度,反映的是短期动态均衡关系。

VAR 模型形式为:

$$\Delta y_t = \alpha \beta' y_{t-1} + \sum_{i=1}^{p-1} \Gamma_i \Delta y_{t-i} + \varepsilon_t, \ t=1,\ 2,\ \cdots,\ T \tag{5-1}$$

于是 ECM 模型表示为:$\Delta y_t = \alpha ecm_{t-1} + \sum_{i=1}^{p-1} \Gamma_i \Delta y_{t-i} + \varepsilon_t$ (5-2)

其中,$ecm_{t-1} = \beta' y_t$ 是误差修正项,系数向量 α 反映变量之间的均衡关系偏离长期均衡状态时将其调整到均衡状态的调整速度。Eviews6.0 运行结果见表 5-3。其中,D(RCA)表示变量 RCA 的一阶差分,RCA(-1)表示变量 RCA 的一阶滞后项,RCA(-2)表示变量 RCA 的二阶滞后项,其他变量同此表示。

表 5-3　向量修正误差模型回归结果

Cointegrating Eq:	CointEq1		
RCA (-1)	1		
CVT (-1)	-1.143114		
	-0.0847		
	[-13.4958]		
IMV (-1)	4.24E-09		
	-7.5E-11		
	[56.2548]		
C	1.642956		
Error Correction:	D (RCA)	D (CVT)	D (IMV)
CointEq1	-0.002494	0.012276	-1.4E+08
	-0.0007	-0.00164	-2445485
	[-3.56810]	[7.47565]	[-55.3104]
D (RCA (-1))	-0.590998	0.047343	87210281
	-0.00737	-0.01732	-2.6E+07
	[-80.1536]	[2.73361]	[3.38127]
D (RCA (-2))	-0.291592	0.037969	46022982
	-0.00738	-0.01732	-2.6E+07
	[-39.5351]	[2.19168]	[1.78384]
D (CVT (-1))	-0.004296	-0.52906	-1E+08
	-0.00321	-0.00753	-1.1E+07
	[-1.33998]	[-70.2504]	[-9.03482]
D (CVT (-2))	-0.009918	-0.23244	11448314
	-0.00318	-0.00746	-1.1E+07

续表

Cointegrating Eq:	CointEq1		
	[−3.12281]	[−31.1578]	[1.03047]
D (IMV (−1))	2.78E−12	−2.2E−11	−0.24501
	−2.7E−12	−6.3E−12	−0.00945
	[1.02690]	[−3.49888]	[−25.9144]
D (IMV (−2))	5.01E−13	2.32E−12	−0.12819
	−2.1E−12	−5E−12	−0.00742
	[0.23630]	[0.46463]	[−17.2726]
C	0.007576	−0.00875	1365951
	−0.01439	−0.0338	−5E+07
	[0.52651]	[−0.25874]	[0.02714]
Sum sq.resids	66433.85	366529.1	8.13E+23
S.E.equation	1.926012	4.523958	6.74E+09
Log likelihood	−37162.85	−52462.8	−430897
Mean dependent	0.004228	−0.01046	719739.8
S.D.dependent	2.263904	5.200343	8.74E+09

ECM 模型的最终形式为：

$$D(RCA) = 0.00757 - 0.00249 \times (RCA(-1) - 1.143CVT(-1) + 4.236e-09 \times IMV(-1) + 1.64) - 0.59 \times D(RCA(-1)) - 0.29 \times D(RCA(-2)) - 0.004 \times D(CVT(-1)) - 0.0099 \times D(CVT(-2)) + 2.775e-12 \times D(IMV(-1)) + 5.01e-13 \times D(IMV(-2)) \tag{5-3}$$

需要对模型残差项进行检验以确认 ECM 模型是否能够成立，检验结果如表 5-4 所示。结果显示非常理想，表明 ECM 模型是成立的。

表 5-4 向量误差修正模型分析与 ECM 方程残差检验结果

相关指标	D (RCA)	D (CVT)	D (IMV)
R^2	0.276510	0.243509	0.406679
调整的 R^2	0.276228	0.243214	0.406447
F 统计量	977.8053	823.5413	1753.618
AIC 准则	4.149227	5.857098	48.10017
SC 准则	4.152707	5.860578	48.10365
ECM 模型集体评价量			
AIC 准则	58.04418		
SC 准则	58.05592		
正态性检验	JB 统计量 P 值 = 0.0000		
异方差检验	White 检验 P 值 = 0.0000		
自相关检验	LM 检验 P 值 = 0.0000		

ECM 模型中误差修正项的第一项系数（-0.002494）为负，符合反向修正原则。比较优势指数 RCA 变动受进口商品 CVT 值和进口金额的调节作用，长期来看呈收敛趋势。第四章分析中曾指出，中国进口贸易技术结构和进口商品技术含量普遍高于同期出口贸易技术结构和出口商品技术含量，近年来出口与进口贸易之间的技术差距在缩小。结合这一背景，以及误差修正项回归系数为负和各滞后变量回归系数的符号，可知中国国内商品技术水平和技术竞争力提升与进口贸易技术溢出之间存在循环反馈关系。进口技术溢出的作用机制具体表现在：

（1）进口知识溢出效应对国内技术进步的影响。进口贸易是知识溢出的重要渠道，进口贸易活动有益于获得更多有关国际技术前沿推进的信息。进口商品 CVT 值较高，这一信息表明国内技术与国际前沿之间存在差距，此时国内同类商品出口竞争力相对不足，表现为高 CVT 值、低 RCA 值。RCA 和 CVT 呈反向变动关系，表明中国正不断努力朝国际技术前沿追赶。经过一段时间的学习、模仿、干中学、国内 R&D 等活动之后，国内该种商品的技术含量和出口竞争力倾向于提高，国内该类商品出口 RCA 指数可能会上升。但相比之下，国际技术前沿在以更快的速度往前推进。

滞后一期的回归系数（取绝对值后为 0.0043）小于滞后二期的回归系数（取绝对值后为 0.0099），表明从国外进口商品的知识溢出传导到国内技术进步，其间需要时间去消化，在消化掌握有关进口商品的技术信息后，进口知识溢出对国内技术进步产生了更积极的影响，所以滞后一期的系数更高。

（2）进口竞争效应对国内技术进步的影响。回归结果显示，进口竞争与出口商品竞争力提升之间正相关，表明进口竞争对国内技术进步的影响是积极的。进口贸易的发展和规模的扩大，把国内厂商推向了一个更广阔的竞争舞台。国内厂商面临更大的竞争压力时，就会不断自我激励，努力提高生产率和技术水平。回归结果还显示，滞后一期的影响力（2.78E-12）大于滞后二期（5.01E-13）的影响力，这一点也与经验吻合，经过时间的消化，竞争冲击会减弱。

第三节　竞争效应、淘汰机制与战略性贸易政策

一、竞争效应与淘汰机制

进口贸易是会促进还是会阻碍出口贸易发展，这是一个既古老又现代的话题，但经济学并没有对这个问题给出直接的解释。要论证这个问题首先得从进口贸易对国内经济增长、产业结构调整、技术进步等方面的影响着手研究。[①] 理论分析表明，进口贸易活动既可能促进也可能阻碍出口贸易技术水平提高，对此问题，更需要结合实证分析结果具体看待。

上文 ECM 模型结果显示，近 20 年来，中国进口贸易活动促进了出口贸易技术水平的提高。进口竞争效应对出口商品 RCA 呈正影响，表明进口竞争发挥出了积极效应。但一个容易忽略的事实是，能够从事出口业务的企业无疑是在市场竞争中胜出的佼佼者，这些在竞争压力下能够存活的企业本身就理所当然地体现了竞争的有效性。而那些在竞争压力下没能存活的企业、那些被进口竞争淘汰的企业，自然不可能从事出口活动，也就不会被计入样本范畴。也就是说，与实证模型中所使用的数据信息相对应的样本企业应该代表的是全体企业集合中比较优秀的那部分。若分析样本扩大到更广泛的竞争力良莠不齐的国内制造业企业时，进口竞争效应的显著性可能就会发生改变，结果未必有 ECM 模型中看到的那么乐观。

实证分析只能回答是什么的问题。第二章 ECM 模型结构表明，在过去近 20 年中，进口金额（IMV）与商品出口比较优势指数（RCA）之间具有正向影响关系。但如果就此认为应该进一步扩大进口规模，让竞争效应发挥得越大越好，可能会犯逻辑错误。"是否应该进一步扩大进口规模，让竞争效应发挥得越大越好"

[①] 国内最近的研究综述可以参考：许和连、赖明勇：《出口导向经济增长的经验研究：综述与评论》，《世界经济》，2002 年第 2 期，第 143-149 页；张冰和金戈：《进口贸易与经济增长的研究综述》，《国际商务》，2007 年第 2 期，第 28-32 页。

第五章　进口溢出、进口竞争与出口商品竞争力协整分析

是一个典型的规范经济学问题。对于在竞争中被淘汰的企业，应该认同优胜劣汰、物竞天择，还是认同夭折过早、实为可惜的观点？如何看待这一结果取决于研究的立场、主张和倾向。引入竞争者的初衷是促进竞争、反垄断，但如果在各方实力悬殊情况下引入外国竞争者就很可能带来如同放入池塘的大鱼把小鱼都吃光一样的负面后果。与国内贸易相比，国际贸易活动涉及的有关国家利益的方面更加复杂。不过，一国究竟在多大程度上需要借助他国贸易品竞争之力来反对本国市场上的垄断，并不是一个难以回答的问题。

进口还是不进口与多进口还是少进口是两个问题。布兰德和斯宾塞（Brander & Spencer，1984，1985）[1] 开创了战略性贸易政策研究，认为贸易政策不仅具有反垄断效应（Antitrust Effect），而且具有利润转移效应（Profit-Shifting Effect）。追求反垄断效应，虽然能够最大限度地创造消费者剩余，但也会使本国企业利润最大限度地下降；追求利润转移效应，虽然有利于本国企业利润最大化，但也将使得本国消费者剩余最小化。执行怎样的贸易政策体现了政府在两种效应之间的权衡。"听其言，观其行"是后进国家谋求进步和发展，奋起追赶过程中的信条，发达国家一直都在积极利用贸易手段保护本国产业发展，过去是、现在也是[2]，发展中国家有什么理由不做同样的努力。

二、进口竞争与企业吸收能力

贸易技术溢出理论指出技术的外部性能够通过商品贸易渠道溢出，这种技术溢出对进口国提高技术水平能够起到积极作用。"理论是灰色的，生活之树常青"。面对同样一个命题，既可以做"如何提高出口商品的竞争性和排他性，减少本国对外国的技术溢出"这一思考，也可以做"如何提高对外国进口商品技术溢出的吸收利用，加快本国技术进步"的思考。尽管这两方面的出发点不同，但学术研

---

[1] Brander, J. and Spencer, B., "Tariff Protection and Imperfect Competition", in Kierzkowski, H., ed., *Monopolistic Competition and International Trade*. Oxfort: Oxford University Press, 1984, pp. 194-207.
Brander, J. and Spencer, B., "Export Subsidies and International Market Share Rivalry", *Journal of International Economics*, 1985, 18 (1/2), pp. 83-100.
[2] 2012年3月20日（美国当地时间3月19日），美国商务部对原产于中国的光伏产品做出反补贴初裁决定，决定对进口自中国的光伏产品征收2.9%~4.73%的反补贴税。此前不久，即3月5日，美国参议院投票通过了《1930年关税法》（即美国历史上最臭名昭著的《斯穆特—霍利关税法》）的修订案，以便对中国、越南等"非市场经济国家"征收反补贴税。该修订案的通过是提前为3月20日美国商务部对中国光伏产品的反补贴裁决扫清法律障碍。显然，美国视中国的光伏产品为本国相关产业的威胁。

究不存在这种禁忌。当前,国内有关技术溢出的文献十分重视对吸收能力和门槛效应的研究,代表了技术溢出理论中国化的发展方向。但在两个方面还有待进行更深入的探讨:一是与对贸易技术溢出中知识溢出效应的研究相比,对进口竞争效应的研究有待加强;二是与对国家层面吸收能力和能力建设的研究相比,对企业层面的吸收能力和能力建设的研究相对不足。知识溢出效应和进口竞争效应掺杂于进口贸易活动之中,是同一个问题的两种不同表现形式。竞争效应有其积极的一面,但过度的话也会对国内有关产业发展造成负面影响。当前,在贸易技术溢出框架下分析进口竞争的文献并不多见,深化对贸易技术溢出的进口竞争效应的研究有必要多借鉴国际政治经济学等其他领域的分析工具和理论。

在谈到吸收能力时,习惯性地指教育水平、人力资本存量、研发投入、产业集聚情况、工业化发展程度等宏观要件,国内有关文献在政策建议环节提议的也多是与上述方面有关的宏观和产业政策。反观国外文献,对微观层面吸收能力的研究较多。[①] 企业是运用和整合资源的市场主体,提高整个国民经济的技术溢出吸收水平和创新水平归根到底要靠提高企业的技术溢出吸收能力和技术创新能力。对吸收能力的研究也应该继续向企业和微观的方向深入。

当前中国出口贸易技术结构高度化指数 TSS 相较于 20 世纪 90 年代初期已有大幅上升,但出口中的中高技术商品和高技术商品比例没有得到显著改善。目前,中国仍然是全球最大的低技术商品出口国和中低技术商品出口国,出口技术结构仍有待继续改进。由于制造业禀赋优势突出,中国在过去的一段时期比较容易取得一些成绩,在全球各国商品技术竞争的 S 形爬坡过程中的前半程进展得比较顺利;随着 S 形曲线中程爬坡难度增大,中国追求进步和发展所面临的挑战也在加大,更应该重视加强自主创新的发展,科学评估进口竞争中的正面效应和负面效应,通过更好地协调进出口贸易活动发展促进国内技术进步和经济发展。

---

① 详见第二章第三节第四部分内容。一个明显的信息是这些研究成果都刊登在管理学类期刊上,如《管理科学季刊》(Administrative Science Quarterly)、《产业和企业的变化》(Industrial and Corporate Change)、《管理学会评论》(Academy of Management Review) 等。

第六章
进口贸易技术溢出与中国制造业全要素生产率

国际贸易技术溢出对国内技术进步的影响既可以通过本国出口商品结构和出口商品比较优势指数变动表现出来,也可以通过本国全要素生产率变动表现出来。第五章从商品层面计量检验了进口贸易技术溢出与出口商品竞争力之间的关系,本章将从行业层面分析进口贸易技术溢出与制造业全要素生产率变动之间的关系。本章包括两节内容:第一节是关于中国 22 个制造业行业全要素生产率的测算和分析。第二节是对进口贸易技术溢出与制造业行业全要素生产率变动关系的计量检验。

第一节 制造业全要素生产率测算

一、文献回顾

全要素生产率(TFP)是衡量一国经济发展质量的通行指标。TFP 提高意味着在相同数量的资源投入下能够获得更多的产出,对 TFP 进行测算是准确评价一个国家经济发展绩效的依据。克鲁格曼(1994)[1]的"东亚无奇迹"论曾谈到执

---

[1] Krugman, P., "Myth of East Asia's Miracle", *Foreign Affairs*, 1994, 73 (6), pp. 62-78.

行出口导向战略的东亚国家（日本除外）其经济增长的成分中没有技术创新和技术进步的作用，TFP 对经济增长没有贡献。国内专门测度全要素生产率的文献非常多，早期主要是基于不同年度的宏观面板或省际面板数据的测度，如郭庆旺和贾俊雪（2005）[1]、颜鹏飞和王兵（2004）[2]、郑京海和胡鞍钢（2005）[3]。近年来，利用行业面板数据和企业面板数据的测度研究逐渐多了起来，如刘小玄和李双杰（2008）[4]、张杰等（2011）[5]。研究表明，基于企业层面的全要素生产率测算与行业层面的测算结果有较大差异。基于企业层面数据测算得到的 TFP 变动率值普遍高于基于行业层面的 TFP 变动率值。这种差异可能是由于微观数据在汇集成行业数据的过程中，变量的波动性大大减少导致信息损失造成的。能够进行企业层面的生产率分析和贸易技术溢出分析固然是好，但企业层面的既反映其进出口贸易活动又反映其投入—产出活动的面板数据难以获得，而行业层面的面板数据可得。故本书将研究对象锁定于行业层面。下面将首先回顾一下有关中国制造业或工业行业全要素生产率测度的文献。

涂正革和肖耿（2005）[6]研究了两位码工业行业 1995~2002 年 TFP 增长趋势，利用随机前沿生产函数法（Stochastic Frontier Analysis，SFA）测算得到中国工业行业加权年均 TFP 增长率为 6.8%，TFP 在考察期内呈现逐年上升的趋势。该文测算得到的 TFP 增长率高于其他同类研究，可能与该研究调查数据选取的是大中型工业企业中的佼佼者[7]有关。通过 TFP 分解发现，TFP 提高的主要源泉是前沿技术进步，年增长率约为 14%，技术效率对 TFP 的贡献为-7%。张海洋

---

[1] 郭庆旺、贾俊雪：《中国全要素生产率的估算：1979~2004》，《经济研究》，2005 年第 6 期，第 51-60 页。

[2] 颜鹏飞、王兵：《技术效率、技术进步与生产率增长：基于 DEA 的实证分析》，《经济研究》，2004 年第 12 期，第 55-65 页。

[3] 郑京海、胡鞍钢：《中国改革时期省际生产率增长变化的实证分析（1979~2001 年）》，《经济学》（季刊），2005 年第 2 期，第 263-296 页。

[4] 刘小玄、李双杰：《制造业企业相对效率的度量和比较及其外生决定因素（2000~2004）》，《经济学》（季刊），2008 年第 3 期，第 843-868 页。

[5] 张杰、李克、刘志彪：《市场化转型与企业生产效率——中国的经验研究》，《经济学》（季刊），2011 年第 2 期，第 571-602 页。

[6] 涂正革、肖耿：《中国的工业生产力革命——用随机前沿生产模型对中国大中型工业企业全要素生产率增长的分解及分析》，《经济研究》，2005 年第 3 期，第 4~15 页。

[7] 该文指出其选取的原始数据的统计对象每年约为 21000 家企业，占中国全部国有企业及产值规模在 500 万元人民币以上的非国有企业总数的 12%，占整个工业从业人数的 16.7%，但却占全部工业增加值的 40%以上，占国家总 GDP 的 15%~19%。

(2005)① 对1999~2002年中国工业行业面板数据进行分析发现，行业TFP年均增长率为10.58%，技术效率年均增长率为3.8%，技术进步年均增长率为9.17%。李小平和朱钟棣（2006）对1998~2003年中国工业行业TFP及其分解进行了测算，发现技术进步的提高速度和技术效率的下降速度都很大，前者年增长率为18%，后者年增长率为-5%，行业平均TFP年增长速度为10%。上述文章都显示工业行业TFP有着非常理想的增长率，且技术进步速度很快。这些数据显著地高于后续陈勇和李小平、姚战琪等的研究结果。

后续大多数文献对20世纪90年代以来的工业行业TFP和技术进步持较为保守的认识。陈勇和李小平（2007）②利用数据包络分析法（Data Envelopment Analysis，DEA）分析了1985~2003年中国全部工业行业TFP变动情况，认为1990~1993年中国工业行业技术效率有较大的改善，此后，技术效率逐渐下降，1999~2003年前沿技术进步曾有过迅速提高，技术效率退化，年均增长率为-0.2%。姚战琪（2009）③使用跨产业面板数据，对1985~2007年中国工业部门生产率增长进行了分析和评估，分别利用DEA和SFA两种方法得出，中国工业部门TFP在1985~1993年经历了剧烈波动，在1993~2007年整体呈现下降趋势，不过TFP的下降在1998年以后得到缓解，这一结论与宏观层面郭庆旺和贾俊雪（2005）的研究结论以及省际面板层面郑京海和胡鞍钢（2005）的研究结论相似。

郭庆旺和贾俊雪（2005）利用宏观数据测算了中国1979~2004年TFP的变动，发现1993年之前TFP增长总体呈现出涨跌互现的波动情形，波动较为剧烈；1993年之后TFP增长率呈现下降趋势，直到2000年才得以缓解。郑京海和胡鞍钢（2005）认为中国经济增长在1978~1995年经历了一个TFP高增长期（其值为4.6%），而在1996~2001年出现低增长期（其值为0.6%），其变化的具体特征为：技术进步速度减慢，技术效率有所下降。姚战琪（2009）还指出在1993~2007年技术进步是TFP增长的主要贡献因素，技术效率对TFP年平均贡献为负（-1.32%），这与陈勇和李小平（2007）的结论具有一致性。

---

① 张海洋：《R&D两面性、外资活动与中国工业生产率增长》，《经济研究》，2005年第5期，第107-117页。
② 陈勇、李小平：《中国工业行业的技术进步与工业经济转型——对工业行业技术进步的DEA法衡量及转型特征分析》，《管理世界》，2007年第6期，第56-63页。
③ 姚战琪：《生产率增长与要素再配置效应：中国的经验研究》，《经济研究》，2009年第11期，第130~143页。

持不同观点的有，高凌云和王洛林（2010）支持中国工业行业技术效率有较快进步、技术进步为负的观点，对2003~2007年中国三位码工业行业的月度面板数据进行测算，结果显示，考察期内中国工业行业TFP有接近9%的增长，技术效率增长率接近10%，而技术进步变化率略为负值。

综合来看，改革开放之后直到20世纪90年代早期，中国工业行业全要素生产率的增长都是令人满意的，但1993年之后全要素生产率的增长率出现了非常明显的降低，对于这一点大部分文献都赞同，如杰弗逊等（Jefferson et al., 2000）[1]、郑京海和胡鞍钢等（2005, 2008[2]）、郭庆旺和贾俊雪（2005）、陈勇和李小平（2007）、姚战琪（2009）等。但是，是技术进步对TFP增长贡献大，还是技术效率的贡献大，对于这个问题各文献之间仍存在争议。刘小玄和吴延兵（2009）[3]通过对2000~2004年中国1022户工业企业[4]的微观调研发现，企业的技术进步率对TFP只有较小的贡献，而较多的TFP增长来源于效率改进，这种效率改进主要是由市场景气和需求增长拉动而不是来自创新引致的技术进步。作为微观层面的抽样调查结果，这一结论非常有参考意义。结合上述内容，可以认为20世纪90年代中后期以来，技术进步对TFP的贡献很小，甚至为负，TFP增长主要源于技术效率的改善。

作为发展中国家，中国各工业行业大多处于追随而非引领技术前沿的状态，其产品主要处于模仿而不是原创阶段，各行业对专业知识库的边际贡献较小，而且中国知识产权保护程度较发达国家低，客观上便利了技术的溢出；另外，居民对模仿类产品的容忍程度较高，为各种山寨产品提供了市场，刺激了技术模仿活动。从现实情况出发，有必要重点关注技术效率。有关研究也表明，中国工业行业全要素生产率的增长主要体现在技术效率提高上（高凌云和王洛林，2010）。

---

[1] Jefferson, G., Rawski, T., Wang, L., and Zheng, Y. "Ownership, Productivity Change, and Financial Performance in Chinese Industry", *Journal of Comparative Economics*, 2000, 28（4）, pp. 786-813.

[2] 郑京海、胡鞍钢、Arne Bigsten：《中国的经济增长能否持续？——一个生产率视角》，《经济学》（季刊），2008年第3期，第777-808页。

[3] 刘小玄、吴延兵：《企业生产率增长及来源：创新还是需求拉动》，《经济研究》，2009年第7期，第45-54页。

[4] 样本范围涉及江苏、四川、河南、辽宁和广东五个省份，以及纺织、服装、机械、化工、电子和电器六个工业行业。

二、测算方法

早期测算 TFP 的方法大致可分为增长核算法和经济计量法两大类。增长核算法是用要素收入占总产出的比例来确定系数项,隐含了要素边际产出等于要素服务价格的假设;而经济计量法是用产出增长率对资本增长率、劳动增长率做回归,或者用劳均产出的增长率对劳均资本的增长率做回归,估计得出系数项的值,隐含了系数项为常数的假设(郭庆旺和贾俊雪,2005)。李宾和曾志雄(2009)[①]认为系数项为常数的假设较为适用于成熟市场经济体,对于像中国这样的转型经济体,允许系数项随时间可变将更易于接受。

近年来,越来越多的研究采用非参数类数据包络分析法、参数类随机前沿分析法或半参数法(Half Parameters Analysis,HPA)对中国工业行业全要素生产率进行分析。DEA 方法对数据质量要求高,微观企业调研或普查数据更适合用于 DEA 分析。但由于该方法无须先设定投入产出函数形式和有关参数,无须先验地假设生产技术具有规模报酬不变的特征(如柯布—道格拉斯函数),能最大限度上避免主观估计偏差,故成为目前国内采用最多的 TFP 测算方法。本章也将选用 DEA 方法对中国制造业行业 1992~2010 年全要素生产率变动进行测算。

数据包络分析法是用数学规划方法估计生产前沿面的一种分析方法,于 1978 年由著名运筹学家查恩斯、库珀和罗兹(Charnes,Cooper & Rhodes,简称 C-C-R 模型)[②]首先提出,用以判断决策单元对应的点是否位于有效生产前沿面,从而评价部门(企业)间的相对有效性。DEA 是使用数学规划模型评价具有多个投入和产出的"决策单元"(Decision Making Unit,DMU)间的相对有效性的非参数统计估计方法。根据对各 DMU 观察数据判断 DMU 是否为 DEA 有效,从而在 DMU 之间进行比较(魏权龄,2000)[③]。DEA 方法可以分为基于产出和基于投入两种,前者为在给定产出水平下使投入最小化,后者为在给定投入要素下追求产出最大化。根据规模报酬是否可变,DEA 模型还可以区分为基于规模报酬

[①] 李宾、曾志雄:《中国全要素生产率变动的再测算:1978~2007 年》,《数量经济技术经济研究》,2009 年第 3 期,第 3-15 页。

[②] Charnes, A., Cooper, W. and Rhodes, E., "Measuring the Efficiency of Decision Making Units", *European Journal of Operational Research*, 1978, 2 (6), pp. 429-444.

[③] 魏权龄:《数据包络分析(DEA)》,《科学通报》,2000 年第 17 期,第 1793-1807 页。

不变(CRS)的 DEA 模型和基于规模报酬可变(VRS)的 DEA 模型,前者的代表是 C-C-R 模型,后者的代表是班科、查恩斯和库珀(Banker, Charnes & Cooper)[①] 1994 年提出的 B-C-C 模型。

(一)基于 CRS 的 DEA 模型[②]

设有 I 个企业,对每个企业有 N 个投入、M 个产出数据,对第 i 个企业,用列向量 x_i 和 q_i 分别代表它的投入和产出。也就是说,N×I 的投入矩阵 X 和 M×I 的产出矩阵 Q 代表了 I 个企业所有的投入产出数据。对于每个企业,产出对投入的比率测度为 $u'q_i/v'x_i$。其中,u 是一个 M×1 的向量,表示产出权重;v 是一个 N×1 的向量,表示投入权重。最优权重值可以通过解下列数学规划问题得到:

$$
\begin{aligned}
&\max_{u,v} \ (u'q_i/v'x_i) \\
&\text{s.t.} \ \ u'q_j/v'x_j \leq 1, \quad j=1,2,\cdots,I \\
&u, v \geq 0
\end{aligned} \quad (6-1)
$$

模型(6-1)表示在全部效率测度必须小于或等于 1 的限制条件下,找出 u 和 v 的值使得对企业 i 的效率测度最大化。对于这种特殊比例建模,存在一个问题就是它可能有无数个解,为了避免这种情况,可以添加一个约束条件 $v'x_i=1$,则有:

$$
\begin{aligned}
&\max_{u,v} \ (u'q_i) \\
&\text{s.t.} \ \ v'x_i=1 \\
&\quad\quad u'q_j/v'x_j \leq 1, \quad j=1,2,\cdots,I \\
&u, v \geq 0
\end{aligned} \quad (6-2)
$$

模型(6-2)被称为 DEA 模型线性规划的乘子形式。用线性规划的对偶性,可以推出一个等价的包络形式:

$$
\begin{aligned}
&\min_{\theta,\lambda} \theta \\
&\text{s.t.} \ \ -q_i + Q\lambda \geq 0 \\
&\quad\quad \theta x_i - X\lambda \geq 0 \\
&\quad\quad \lambda \geq 0
\end{aligned} \quad (6-3)
$$

模型(6-3)中,θ 是一个标量,λ 是一个 N×1 的常数向量。根据法拉尔

[①] Banker, R., Charnes, A. and Cooper, W., "Some Models for Estimating Technical and Scale Inefficiencies in Data Envelopment Analysis", *Management Science*, 1984, 30(9), pp. 1078–1092.

[②] [澳]科埃利、拉奥、奥唐纳和巴蒂斯:《效率与生产率分析导论(第二版)》,刘大成译,清华大学出版社 2009 年版,第 115 页。

(Farrell，1957)[1] 的研究，获得的 θ 值就是第 i 个企业的绩效，满足 θ≤1。如果值为 1，表明该点位于生产前沿面上，即为技术有效企业；否则就说明其位于生产前沿面之下，存在着 1-θ 的技术效率损失。

（二）基于 VRS 的 DEA 模型[2]

当所有企业都以最优规模运作时，规模报酬不变的假设是合理的。但不完全竞争、政府法规和财政约束等可能会导致企业不能以最优规模运作。当不是所有企业都以最优规模运作时，使用 CRS 条件会导致技术效率的测度受到规模效率的影响。这就需要再在模型（6-3）中加入一个凸集限制：$I'_{I\times 1}\lambda=1$，即：

$$\begin{aligned}&\min_{\theta,\lambda}\theta\\&\text{s.t.}\quad -q_i+Q\lambda\geq 0\\&\quad\quad \theta x_i-X\lambda\geq 0\\&\quad\quad I'_{I\times 1}\lambda=1\\&\quad\quad \lambda\geq 0\end{aligned} \quad\quad (6-4)$$

其中，$I_{I\times 1}$ 是一个 $I\times 1$ 的向量。

VRS 的 DEA 方法可以将 CRS 的 DEA 得到的技术效率值（TE_{CRS}）分为"纯"技术效率（TEVRS）和规模效率（SE）两部分，即 $TE_{CRS}=TE_{VRS}\times SE$。B-C-C 模型延伸了 C-C-R 模型的思想，剔除了 C-C-R 模型中规模报酬不变的假设，以规模报酬变动取代。B-C-C 模型将纯粹技术效率和规模效率区分开来，衡量受评估单位在既定生产技术情况下是否处于最适生产规模状态。C-C-R 模型计算的技术效率值除以 B-C-C 模型计算的纯技术效率值得到的是单个决策单元的规模效率值。如果对于同一个企业，CRS 和 VRS 的技术效率值不同就说明该企业存在规模无效率。

三、马姆奎斯特生产率指数

马姆奎斯特（Malmquist）生产率指数衡量的就是全要素生产率。DEA 法衡量 TFP 变化时将其分解为技术效率（Technical Efficiency）和技术变化（Techni-

---

[1] Farrell, M., "The Measurement of Productive Efficiency", *Journal of the Royal Statistical Society*, Series A (General), 1957, 120 (3), pp. 253-290.
[2] [澳] 科埃利、拉奥、奥唐纳和巴蒂斯：《效率与生产率分析导论（第二版）》，刘大成译，清华大学出版社 2009 年版，第 123-124 页。

cal Change）两部分。技术变化专指技术前沿的外推；技术效率专指向技术前沿的逼近。技术效率反映的是在一个给定的集合中获得最大产出的能力，由库普曼斯（Koopmans，1951）[①]引入经济学。技术效率可以用距离函数[②]描述（见图6-1），用公式表示为：

$$TE = OA/OB = d_o(x, q) \qquad (6-5)$$

其中，$d_o(x, q)$ 为在客观投入向量 x 和客观产出向量 q 处的产出距离函数。技术效率也可以理解为经济体实际所处的生产可能性曲线与技术前沿之间的距离，越接近技术前沿，技术效率就越高。在图6-1中，AB之间的距离表示技术非效率部分，即在不增加额外投入量的情况下产出量可以增加的部分。

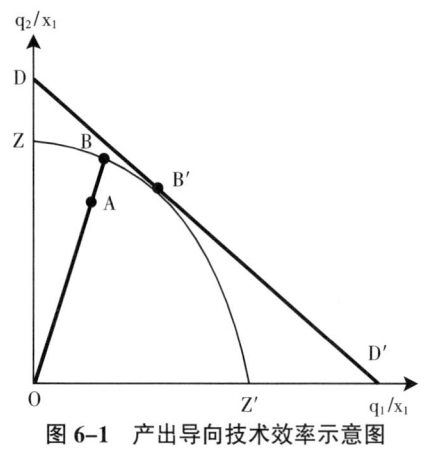

图6-1　产出导向技术效率示意图

假设只有一种投入 x 和一种产出 q，并且生产是规模报酬不变的（Constant Returns to Scale，CRS）。在图6-2中，点 D 和 E 分别表示在时期 s 和 t 时的投入—产出组合。在这两种情况下，实际产出都位于技术前沿下面。从时期 s 到时期 t 的技术效率变化可以表示为 $(q_t/q_c)(q_s/q_a)$。生产率变化可以由产出增长中不是由投入增长贡献的那部分表示，即 $(q_t/q_s)/(q_b/q_a)$，其中 (q_t/q_s) 表示产出增长，(q_b/q_a) 表示沿生产前沿在时期 s 的移动。这也可以写作 $(q_t/q_b)/(q_s/q_a)$，

[①] Koopmans, T. C., *An Analysis of Production as an Efficient Combination of Activities*, in T. C. Koopmans eds., *Activity Analysis of Production and Allocation*, New York: Wiley, 1951, pp. 33-97.

[②] 距离函数是测量效率和生产率的常用方法，无须指定行为对象就可以描述一种多投入、多产出的生产技术。马姆奎斯特（Malmquist，1953）和谢珀德（Shephard，1953）各自引入了距离函数概念，这一概念在最近三四十年获得了广泛应用。

分子（q_t/q_b）表示在时期 t 时产出的距离函数，分母（q_s/q_a）是时期 s 时表示技术效率的距离函数。

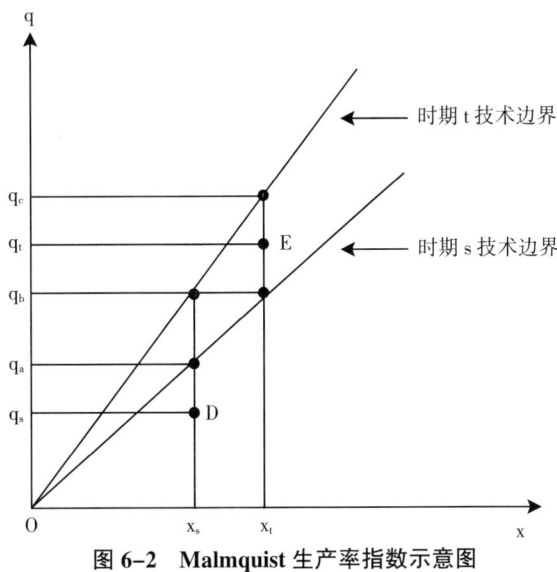

图 6-2　Malmquist 生产率指数示意图

根据卡夫斯、克里斯滕森和迪沃特（Caves，Christensen & Diewert，1982a，1982b)[①]的研究，以时期 s 作为参考标准，从时期 s 到时期 t 的 Malmquist 生产率指数变化可以定义为：

$$m^s = \frac{d^s(q_t, x_t)}{d^s(q_s, x_s)} \tag{6-6}$$

同时，以时期 t 作为参考标准，Malmquist 生产率指数变化可以定义为：

$$m^t = \frac{d^t(q_t, x_t)}{d^t(q_s, x_s)} \tag{6-7}$$

这两个指数在一种产出、一种投入的情况下是相同的，但是在多种投入和可变规模收益的情况下是不同的，为了避免这种不一致性，法拉等（Färe et al.，

---

① Caves, D., Christensen, L. and Diewert, W., "Multilateral Comparisons of Output, Input, and Productivity Using Superlative Index Numbers", *Economic Journal*, 1982a, 92 (365), pp. 73–86.
　Caves, D., Christensen, L. and Diewert, W., "The Economic Theory of Index Numbers and the Measurement of Input, Output, and Productivity", *Econometrica*, 1982b, 50 (6), pp. 1393–1414.

1994)① 根据上面两种指数的几何平均值推导出产出导向的生产率指数变化公式：

$$m(x^t, y^t, x^s, y^s) = \left[\frac{d^s(q_t, x_t)}{d^s(q_s, x_s)} \times \frac{d^t(q_t, x_t)}{d^t(q_s, x_s)}\right]^{1/2}$$

$$= \frac{d^t(q_t, x_t)}{d^s(q_s, x_s)} \times \left[\frac{d^s(q_t, x_t)}{d^t(q_t, x_t)} \times \frac{d^s(q_t, x_t)}{d^t(q_s, x_s)}\right]^{1/2} \tag{6-8}$$

其中，等式右边第一项 $\frac{d^t(q_t, x_t)}{d^s(q_s, x_s)}$ 衡量了从时期 s 到时期 t 的技术效率的变化；等式右边括号内的部分衡量了两个时期之间技术进步的变化。即：

$$技术效率变化 = \frac{d^t(q_t, x_t)}{d^s(q_s, x_s)} \tag{6-9}$$

$$技术进步 = \left[\frac{d^s(q_t, x_t)}{d^t(q_t, x_t)} \times \frac{d^s(q_t, x_t)}{d^t(q_s, x_s)}\right]^{1/2} \tag{6-10}$$

下文将用 DEA 方法对 1992~2010 年中国 22 个制造业行业有关数据进行分解。常用的 DEA 分析软件有 DEAP、Onfront 和 EMS 等，本书使用的是 DEAP 2.0 版本。

四、全要素生产率测算结果

（一）数据的匹配

中国工业行业分类目录（CICC）包括 39 个二位码工业行业和 188 个三位码工业行业。鉴于数据的可得性，本书选择二位码工业行业口径。贸易数据是基于 SITC 分类体系的，需要与工业行业口径进行匹配，盛斌（2002）②的匹配方法可以作为参考。全球贸易以制成品贸易为主。2010 年全球制成品贸易额占全球商品贸易总额的 73%；制成品出口额占中国当年商品出口总额的 95%，制成品进口额占当年商品进口总额的 69%，就制成品而不是全部贸易商品技术溢出效应进行分析意义更突出。③ 中国企业改革最集中的领域是制造业，这也是中国发展最快

---

① Färe, R., Grosskopf, S., Norris. M. and Zhang Z., "Productivity Growth, Technical Progress, and Efficiency Changes in Industrialized Countries", *American Economic Review*, 1994, 84 (1), pp. 66-83.

② 盛斌：《中国工业贸易保护结构政治经济学的实证分析》，《经济学》（季刊），2002 年第 3 期，第 603-624 页。

③ 盛斌（2002）分类法是将终端商品而不是中间品与各行业相匹配，例如，将煤炭类商品归入"煤炭采选业"。本书认为对采掘业而言，终端商品对其全要素生产率的影响不如采掘设备和机械等中间品的影响显著。但是，SITC3~5 位码中缺乏关于各行业采掘设备的详细信息，难以将这些专用设备一一分离。面对这种匹配难题，本书认为撇开采掘业单独考察制造业行业效果会更好一些。

和创新最活跃的领域（刘小玄和李双杰，2008）。与农副食品加工业、食品制造业、饮料制造业、烟草加工业、石油加工及炼焦业五个行业对应的主要产品SITC0~4类，属于初级品贸易商品。与印刷业相对应的是印刷品制成品，考察这类商品的进口贸易技术溢出意义不大。基于上述理由，相继剔除采掘业行业、公用事业行业、与初级品贸易商品对应的工业行业、印刷业行业之后，剩余22个制造业行业。这22个制造业行业与717种SITC四位码制成品商品相对应。

《中国统计年鉴》和《中国工业经济统计年鉴》刊载的1997年及之前的统计数据口径是"乡及乡以上独立核算工业企业"，1998年及之后数据口径改为"全部国有及规模以上非国有工业企业"。本书默认为口径变动前后统计数据具有连续性。在样本数据收集期内，工业行业分类目录和企业统计口径曾于1998年和2003年两度调整，但调整内容不涉及上述22个制造业行业，样本数据不受其影响。

（二）指标选择及数据处理

1. 产出量（Output）

理论上，投入产出分析关注的是产出增长与投入增长之间的关系，这里的产出是基于数量的量而不是基于产值的量。但基于数量的产出数据难以获取，通常使用基于产值的量代替，该方法已经成为国内惯例。本书使用"工业增加值"指标（Y1）代表产出量。原始数据使用以2000年为基期的历年工业行业不变价格指数进行平减，消除价格波动的影响。

2. 投入量（Input）

本书选择两投入、一产出的经典形式。用"固定资产净值年平均余额"指标（X1）代表资本投入量，用"从业人员年平均人数"指标（X2）代表劳动投入量。固定资产净值年平均余额原始数据使用以2000年为基期的历年固定资产价格指数进行平减。

（三）分解结果

本书采用DEAP 2.0软件对1992~2010年中国22个制造业行业全要素生产率进行测算和分解，原始数据统计特征如表6-1所示。Malmquist TFP指数是跨年变动率形式，最终得到了1993~2010年18个年份全要素生产率变动（记为tfpch）、技术变化（记为techch）和技术效率（记为effch）数据，分解结果如表6-2所示。

表 6-1　DEA 分解原始数据统计特征

项目 变量	观察值个数	均值	标准差	最小值	最大值
Y1	418	1035.31	904.89	72.83	4143.12
X1	418	1643.9	1949.34	52.47	13512.3
X2	418	226.77	161.56	19	964

注：Y_1（单位：1亿元人民币）；X_1（单位：1亿元人民币）；X_2（单位：万人）。

表 6-2　中国制造业全要素生产率 DEA 分解结果

年份 变量	1993	1994	1995	1996	1997	1998	1999	2000	2001	2002	2003	2004	2005	2006	2007	2008	2009	2010
tfpch	1.498	0.854	0.761	0.999	0.938	0.991	0.884	1.044	1.023	1.005	1.046	1.124	0.958	1.013	1.015	0.914	0.93	0.932
techch	1.524	0.798	0.834	0.995	1.02	1.092	0.933	1.075	0.905	0.965	1.018	1.026	0.942	1.019	1.013	0.895	0.91	0.896
effch	0.983	1.069	0.913	1.004	0.92	0.907	0.947	0.971	1.129	1.042	1.027	1.095	1.017	0.994	1.002	1.022	1.022	1.04

之前有文献反映 1993 年之后中国工业行业全要素生产率增长率出现非常明显的降低（如郑京海和胡鞍钢等，2005，2008；郭庆旺和贾俊雪，2005；陈勇和李小平，2007；姚战琪，2009）。本书的分解结果支持这一观点，1994~1999 年中国制造业整体 TFP 变动经历了一次低潮。虽然本书测算显示 2000 年之后，TFP 下降态势得到缓解，开始掉头上升，但上升幅度并没有其他文章显示的那样高，整体而言，中国经济增长仍主要依赖要素投入。2008 年 TFP 又开始下降，最近这一轮的下降可能与国际金融危机冲击有关。

第二节　进口贸易对制造业全要素生产率的影响

一、文献回顾

本书第二章第三节进口贸易技术溢出文献综述部分曾对中国进口贸易技术溢出效应相关研究有过比较详尽的综述，在此仅略作介绍。基于进口贸易渠道的实证研究表明，发达国家对发展中国家的技术溢出弹性甚至高于发展中国家国内研发对生产率的弹性（Coe & Helpman，1995；Lichtenberg & Van Pottelsberghe，1998）。进口贸易品带来的技术示范效应和竞争效应是像中国这样的发展中大国融入全球分工和扩大贸易开放能获得的重要贸易利益之一。国内关于进口贸易技术溢出的实证研究主要采用的是C-H模型，其主要特征是以进口贸易加权的R&D资本存量作为技术溢出的代理变量。C-H模型是有缺陷的，尽管国内相关研究如李小平等（2006）、高凌云等（2008，2009）[①]也注意到了C-H模型的缺陷并进行了改进，但仍然存在一些没有解决的问题：

（1）C-H模型中R&D资本存量指标存在缺陷。R&D资本存量代表的是技术活动投入方面的特征，而不能反映产出方面的特征。在衡量来自国外的贸易技术溢出时，人们实际感兴趣的是研发活动的绩效性特征而不是投入性特征。直接采用R&D资本存量数据容易忽视创新的复杂本质。

（2）C-H模型在向中观和微观方向拓展时遭遇数据可得性难题。OECD数据库提供了关于R&D投入的国别数据，但不同国家内分行业R&D数据难以全面获得。当进行分行业的技术溢出研究时，为了解决数据口径不匹配问题，常常利用不同行业产出占该国总产出的比重对以国别为统计口径的R&D额进行分拆，借此将国家层面数据转化为行业层面数据。但是处理得到的数据与真实数据存在本质差异，以此进行行业层面的研究是有风险的。当研究需要深入至商品层面时，基于R&D投入的研究方法难以为继。

（3）C-H模型不能识别贸易品技术含量与技术水平的差异。由此导致该模型无法细致地反映贸易活动的结构性特征，更无法清楚地解释贸易促进国内技术进步的机制。C-H模型虽然将进口贸易视为从技术先进国获取技术溢出利益的"通道"，但不关注通道内输送的技术溢出流量的分布特征。国际贸易技术溢出效应不仅表现在对全要素生产率的影响上，也体现在贸易技术结构变化上，而且与后者的联系更紧密。

有鉴于此，本书将利用之前计算得到的CVT值替代流行的国外R&D资本存量作为来自国外技术溢出的代理变量，在考虑技术溢出效应的同时也关注竞争效

[①] 高凌云、王永中：《R&D溢出渠道、异质性反应与生产率——基于178个国家面板数据的经验研究》，《世界经济》，2008年第2期，第65~73页。

高凌云、夏万军：《进口品属性、溢出与全要素生产率：文献综述》，《首都经济贸易大学学报》，2009年第1期，第105~110页。

应对国内各制造业行业全要素生产率的影响。第五章已经开展了商品层面的分析，本章将继续进行产业层面的分析。

二、模型设定

（一）模型形式

基本的进口贸易技术溢出方程为：

$$\ln TFP_i = \beta_{0,i} + \beta_{1,i} \ln S_i^f + \beta_{2,i} \ln S_i^d + \beta_{3,i} \ln C_i^f + \varepsilon_i \qquad (6\text{-}11)$$

其中，i 代表制造业行业，S^f 和 S^d 分别代表国外技术活动和国内技术活动对国内制造业行业 TFP 的影响，C^f 代表国外技术活动对国内行业产生的竞争效应。

拟采用固定效应模型，理由是：①分析对象是 22 个二位码制造业行业，行业划分口径是比较粗的，数量有限，而只有当个体数量足够多的时候，对样本进行研究才能视为对总体关系的一种判断，所以选择固定效应更为合适。②本书分析时间段是 1993~2010 年，跨度比较大，不论是从国内经济发展还是从外部环境来看，其间变动尤其是制度性变迁较大，预期每个截面的时间效应显著，更支持固定效应模型。③随机效应模型的一个重要假设是解释变量与扰动项不相关。本书的相关研究主要设定在进口贸易活动方面，将非进口贸易活动的因素都归入扰动项中，这样做当然是出于研究目的的需要，但扰动项中难免包含与解释变量相关的因素。固定效应模型无须设定这一假设。

（二）TSS 指数值

本书用作 S^f 的代理变量是进口加权 CVT 值，也即分行业 TSS 值，以 2000 年不变价格衡量，数据跨度为 1993~2010 年。与之前流行的 R&D 溢出模型中国外 R&D 资本这一代理变量不同的是，CVT 值以及加权 CVT 值是从交换和产出的角度来衡量技术溢出，国外 R&D 资本是从生产的角度衡量技术溢出。一个经受住国际贸易竞争考验的商品自身所蕴含的有关物化技术的信息比 R&D 投入数据蕴含的信息准确得多。在计量分析中除采用 TSS 值之外，还提供了 TSS 值的定基变动率（TSSR）作为替换，取对数变化形式，即为 lntss 和 lntssr。预期进口贸易技术溢出效益为正，lntss 以及 lntssr 与 lntfp 之间呈正向关系。

（三）R&D 指标（RDPR）

《中国科技统计年鉴》提供了按二位码行业分类的中国大中型工业企业科技投入和研发活动的相关数据。选取"R&D 经费内部支出"指标作为国内制造业各行业研发投入的代理变量。《中国统计年鉴》没有提供关于研发投入的价格指数,故采用与上文固定资产相同的价格指数进行处理,将其设定为2000年=1的不变价格形式。为与全要素生产率变动率形式保持一致,平减后的R&D支出也转变为变动率形式,记为RDPR,取对数变化形式后为lnrdpr,预期其对lntfp的影响为正。

(四)进口金额(IMV)

进口竞争代理变量设定可以有三种选择:进口总量变化、海关税率变化以及进口品价格变化(Acharya & Keller,2008[①])。高凌云等(2010)选取的是第三种方法,本书认为分行业进口贸易总额这一指标可以满足研究需要。根据《中国统计年鉴》上的年平均汇率将其转换为人民币计价形式并取对数变化,记为IMV。进口金额较高的行业面临较大的进口冲击,可能会对国内企业造成库存增加、开工不足、效益下降以及失业等经营困难(盛斌,2002),进口金额高也意味着政府目标函数中给予消费者剩余的权重大于给予生产者剩余的权重(Grossman & Helpman,1994[②])。另外,进口品竞争除带来冲击之外,也可能会促进国内企业加紧提高经营效率和生产率。进口贸易技术溢出的竞争效应对全要素生产率变动的影响是不确定的,可能与lntfp之间呈负向关系。

三、单位根与协整检验

高凌云和王永中(2008)、高凌云和王洛林(2010)在基于R&D研发存量的实证研究中都发现代表国外技术溢出的R&D存量的对数值存在非平稳性,为一阶单整过程,转而进行一阶差分,这样处理一定程度上会损失数据的经济学性质。本书采用五种方法对上述变量即lntfp、lntss、lntssr、lnrdpr、lnimv分别进行单位根检验,检验结果如表6-3所示。在1%显著性水平下,均不能拒绝原假设,表明五个变量都是平稳的。lntss作为替代传统C-H模型中的R&D资本存量、表达进口物化溢出效应的代理变量具有良好的统计性质,可以直接在水平序列条件下建模。表6-4提供了lntfp、lntssr、lnrdpr、lnimv变量的Pedroni面板协整检验

[①] Acharya, R. and Keller, W., "Estimating the Productivity Seletion and Technology Spillover Effects of Imports", NBER Working Paper No.14079, 2008.

[②] Grossman, G. and Helpman, E., "Protection for Sale", *American Economic Review*, 1994, 84(4), pp. 833–850.

结果，在1%水平下拒绝原假设，说明在不同设定条件下变量间存在协整关系。

表6-3 单位根检验结果

变量/项目	LLC t值	IPS W值	ADF-Fisher X^2	PP-Fisher X^2	截面数	样本数
lntfp	-3.74473*** (0.0001)	-4.04137*** (0.0000)	72.5533*** (0.0001)	158.389*** (0.0000)	17	357
lntss	-1.48124* (0.0693)※	-1.42064* (0.0777)	38.4219 (0.276)	143.422*** (0.0000)	17	357
lntssr	-11.399*** (0.0000)※	-3.22714*** (0.0006)	59.1479*** (0.0048)	186.597*** (0.0000)	17	357
lnrdpr	-3.52596*** (0.0002)	-5.32302*** (0.0000)	89.0323*** (0.0000)	198.374*** (0.0000)	17	357
lnimv	-0.73515 (0.2311)※	-1.93286** (0.0266)	43.1972 (0.1341)	139.36*** (0.0000)	17	357

注：表格内数值下方括号中是接受原假设的概率。※分别表示在10%、5%和1%情况下不包含截距不包含趋势的检验，其他为既包含截距又包含趋势情况下的检验。* 表示 $p<0.1$，** 表示 $p<0.05$，*** 表示 $p<0.01$。

表6-4 面板协整检验结果

检验项目/检验值	不加权的		加权的	
	统计值	概率	统计值	概率
Panel v-Statistic	-0.056	0.5223	-1.784	0.9628
Panel rho-Statistic	-4.708***	0.0000	-4.174***	0.0000
Panel PP-Statistic	-8.969***	0.0000	-8.611***	0.0000
Panel ADF-Statistic	-2.566***	0.0051	-4.534***	0.0000
检验项目/检验值	统计值		概率	
Group rho-Statistic	-4.177***		0.0000	
Group PP-Statistic	-12.79***		0.0000	
Group ADF-Statistic	-3.981***		0.0000	

注：所列为在不包含截距不包含趋势情况下的检验。* 表示 $p<0.1$，** 表示 $p<0.05$，*** 表示 $p<0.01$。

四、实证模型结果分析

首先进行的是全部22个行业17个年份的面板数据回归，然后根据22个行业TSS值的高低，将22个行业分为三组，一方面进行组间比较，另一方面与整体方程进行比较。全部固定效应模型检验结果如表6-5所示。

表 6-5 固定效应模型检验结果

被解释变量	整体		高		中		低	
	lntfp	lntfp	lntfp	lntfp	lntfp	lntfp	lntfp	lntfp
lntss	0.139***		0.239***		0.210***		0.0753	
t 值	(2.93)		(3.11)		(3.03)		(1.33)	
稳健标准差	0.0475595		0.0767434		0.0693219		0.0567398	
lnrdpr	0.0678***	0.0676***	0.217***	0.217***	0.127***	0.127***	0.0244	0.0242
t 值	(2.83)	(2.83)	(4.45)	(4.45)	(2.73)	(2.72)	(0.87)	(0.87)
稳健标准差	0.0239623	0.0239375	0.0488921	0.0488881	0.0465699	0.0465628	0.0278937	0.0278896
lnimv	−0.159***	−0.158***	−0.284***	−0.284***	−0.259***	−0.258***	−0.0769	−0.0748
t 值	(−3.47)	(−3.47)	(−4.19)	(−4.19)	(−3.58)	(−3.57)	(−1.44)	(−1.42)
稳健标准差	0.0459236	0.0454825	0.0677849	0.067777	0.0722858	0.0723172	0.0533996	0.0526445
lntssr		0.138***		0.239***		0.209***		0.0727
t 值		(2.92)		(3.11)		(3.01)		(1.30)
稳健标准差		0.0471005		0.0767324		0.0694182		0.0561386
常数项	−60.03***	−58.95***	−96.08***	−94.37***	−89.90***	−88.57***	−36.98**	−36.16**
t 值	(−4.47)	(−4.49)	(−4.43)	(−4.44)	(−4.09)	(−4.08)	(−2.29)	(−2.28)
调整的 R^2	0.162	0.1636	0.3066	0.2319	0.2424	0.2419	0.126	0.1249
时间固定效应	y	y	y	y	y	y	y	y
样本数	374	374	119	119	119	119	136	136
截面数	22	22	22	22	22	22	22	22

注：* 表示 $p<0.1$，** 表示 $p<0.05$，*** 表示 $p<0.01$。

（1）进口贸易知识溢出（lntss）对中国制造业行业全要素生产率提升有显著的正向影响。这个结论在所有的回归中都是一致的，与预期一致。进口商品技术含量较高的八个行业划入高组别，反之进口商品技术含量偏低的行业划入低组别，共有七个，还有七个行业居中而划入中等组别。在高、中、低三个组别中，知识溢出对组内制造业行业 TFP 的影响程度依次递减，且高组别和中等组别的系数和显著性均在整体回归结果水平之上。除回归系数外，t 值和稳健标准误都也依次递减，代表着进口商品技术含量高的行业接收的进口知识溢出更多，而知识溢出程度越高对行业 TFP 提高越有利。lntssr 替代 lntss 进行回归，其回归系数的符号并没有发生改变，表明进口贸易知识溢出对 TFP 的影响关系是稳定的。lntssr 的回归系数、t 值和稳健标准差与 lntss 的回归结果非常接近，其对不同组别的影响程度也与 lntss 回归结果类似，呈依次递减。与已有研究相比，徐圆（2009）认为高、中、低三个技术类型行业分组中，中等技术行业 R&D 知识产出弹性最高且最显著。高凌云和王洛林（2010）基于实证分析的结果认为进口贸易对中国工业行业 TFP 和技术效率提升产生了负溢出效应。本书持与前者不同的观点，证实了进口贸易正溢出效应的存在，且高技术行业分组的知识溢出弹性最高、最显著，低技术行业分组的知识溢出弹性最低、不显著。不同实证研究结论上的差异很可能是由于对行业进口知识溢出度量的不同而造成的。

（2）国内 R&D 投入（lnrdpa）对制造业行业全要素生产率提升也有显著的正向影响。这个结论在所有的回归中是一致的，与预期一致。在高、中、低三个组别中，研发活动对组内制造业行业 TFP 的影响程度依次递减，研发投入越高对该行业 TFP 提升越有利。高组别和中等组别的系数和显著性均在整体回归结果水平之上。这些情况与上述对进口贸易知识溢出效应的分析相仿。在之前的研究中，李小平和朱钟棣（2006）以及李小平等（2008）发现本国 R&D 资本回归系数为负，并将原因归结为 R&D 投资的低效率。本书认为国内 R&D 活动本质上是有效率的，R&D 投资强度的增大对技术进步和生产率提高是有益的，当前国内各行业的 R&D 水平普遍不高，应该继续加大 R&D 投入。

（3）进口竞争（lnimv）对制造业行业全要素生产率提升会产生负面影响。这个结论在所有的回归中都是一致的。在高、中、低三个组别中，进口竞争对组内制造业行业 TFP 的影响程度依次递减，行业进口金额越高，该行业受进口竞争额不利影响的程度越高。高组别和中等组别的系数和显著性均在整体回归结果水平之上，表明这些行业受到进口竞争的冲击更大。进口产品可能以直接被消费或进入终端产品采购领域等形式构成对国产产品的竞争性替代。上一章在分析进口贸易竞争效应对于出口商品竞争力提高的影响时曾假设过当分析样本扩大，进口竞争的积极作用有可能发生改变。表 6-5 的回归结果表明，进口竞争对国内厂商的挤出效应和替代性高于竞争的正面积极作用，从而净效应为负。在高组别，进口的负效应更加明显。

第七章
中国贸易技术溢出效应逆差及其收敛

在第五章和第六章利用计量模型检验了中国进口贸易技术溢出效应之后,本章将回到中国贸易技术结构分析的轨道上来,立足全球考察中国及世界主要国家贸易技术结构高度化发展的不同表现。"他山之石,可以攻玉",借用他国贸易技术结构高度化的表现,有利于更好地评价中国自身贸易技术结构提升的实绩。中国与世界其他国家相比,贸易技术结构的提升速度是快还是慢,在世界排名中的位次是升还是降?中国与同处发展中国家第一梯队的其他金砖国家相比,谁在利用全球化提升本国贸易技术结构方面有更好的成绩?中国与发达国家相比,贸易技术结构高度化发展各自呈现出怎样不同的特征?未来十年中国贸易技术结构高度化发展趋势如何?这些都是本章将要研究的问题,也将对其一一进行解答。

本章第一节将重点比较与中国有着密切竞争及合作关系的国家的贸易技术结构高度化发展状况,希望借助进、出口 TSS 差值演进趋势展示各国在商品贸易领域的不同表现。比较将分为两组进行:一组是中国与世界主要发达国家的比较;另一组是中国与其他金砖国家以及东盟主要国家的比较。一个重要发现是:中国进口 TSS 曲线高于出口 TSS 曲线,与样本发达国家的情况正好相反,与样本发展中国家的情况保持一致。本书将以中国为代表、出口 TSS 值低于进口 TSS 值的情况称为"贸易技术溢出效应逆差",把以样本发达国家为代表、出口 TSS 值高于进口 TSS 值的情况称为"贸易技术溢出效应顺差"。贸易技术溢出效应顺差或逆差是各国贸易技术结构高级化发展中的两种不同状态。在比较各国贸易技术高度化发展的情况之后,将有选择地介绍韩国和新加坡的成功案例。

第二节和第三节将分别对 1992 年、2001 年和 2010 三个年份世界各国及地区贸易进口和出口 TSS 值以及进出口 TSS 差值情况进行专门考察，结果证实贸易技术溢出效应逆差是发展中国家贸易技术结构高度化发展中的普遍特征，贸易技术溢出效应顺差是发达国家贸易技术结构高度化发展中的普遍特征。进出口贸易技术溢出效应呈逆差且逐渐收敛是中国近 20 年来贸易技术结构变迁中的最显著变化。第三节对未来中国进、出口 TSS 值的演变进行了预测，展望了未来中国贸易技术溢出效应从逆差逐渐收敛至平衡的发展趋势。

第一节 中国与世界主要国家贸易技术溢出效应逆、顺差初判

一、中国与主要发达国家贸易技术结构高度化发展比较

第四章以中国自身初始贸易结构为参照，利用贸易技术结构高度化发展指数分析了 1992~2010 年中国进口和出口贸易技术结构高度化的表现。不妨将参照系转换到一个更广阔的全球化视角，看看其他国家同期进、出口 TSS 值有怎样不同的走势。美、德、日、英、法、中六国贸易技术结构高度化发展情况比较如图 7-1 所示，可以发现两点特征。

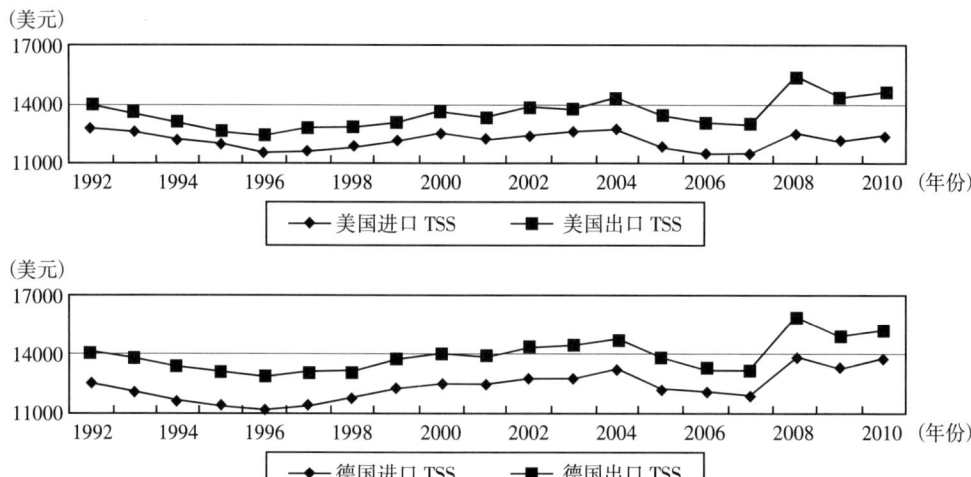

图 7-1 1992~2010 年美、德、日、英、法、中六国贸易技术结构高度化发展比较

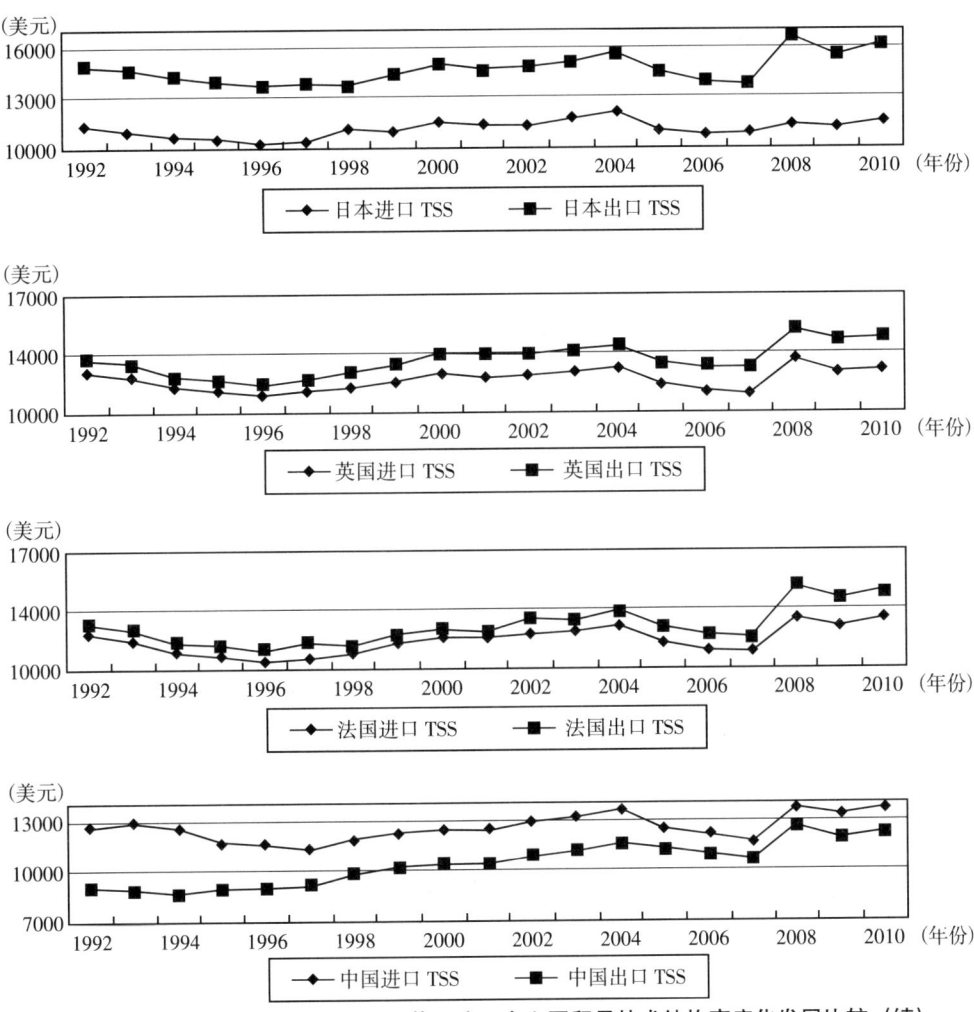

图 7-1 1992~2010 年美、德、日、英、法、中六国贸易技术结构高度化发展比较（续）
资料来源：根据联合国 Comtrade 商品贸易数据库等有关资料计算整理。

（一）中国与世界主要国家进出口 TSS 值比较

近 20 年来，中国的情况是进口 TSS 曲线高于出口 TSS 曲线，进口贸易技术结构高度化发展水平超过出口贸易技术结构高度化发展水平。以上其他五个发达国家的普遍特征是进口 TSS 曲线低于出口 TSS 曲线，进口贸易技术结构高度化发展水平低于出口贸易技术结构高度化发展水平。

如果把出口 TSS 减去进口 TSS 的差值为正还是为负作为评判一个国家是处于贸易技术溢出效应顺差还是逆差状态的标准，那么中国出口 TSS 减去进口 TSS 的差值为负，意味着中国通过进口得自国外的贸易技术溢出效应高于中国出口对外国的贸易技术溢出效应，即中国一直处于贸易技术溢出效应逆差阶段。相反，以上五个发达国家则是一直处于贸易技术溢出效应顺差阶段。

本书未能对 1992 年之前的全球贸易数据进行分析，但不难推断美国、德国、英国、法国、日本等老牌发达国家保持贸易技术溢出效应顺差已经有相当长时间了。而在更长一段时间之前，这些发达国家也应该经历过进口 TSS 曲线高于出口 TSS 曲线的阶段。熟悉近现代史的人都知道，英、美、德、日等国在成为现代技术强国和经济强国之前，都曾有过从外国引进先进技术以及先进技术商品的历史。第一章在分析技术的特征时曾着重指出技术优势具有累积性，一旦技术创新进入良性循环就容易积累起这种优势，并将这种优势"锁定"（Lock-in）。当前，这些发达国家普遍处于技术溢出效应顺差阶段，从图形上看，没有任何削弱的迹象。

（二）中国进出口 TSS 曲线的变动特征

近 20 年来，中国进口贸易技术结构高度化发展取得了显著的成绩，中国进口贸易 TSS 值一直高位运行，高于同期全球水平，甚至在大多数年份高于上述五个发达国家。由于统计年限的缘故，看不到更早期进口贸易的表现，但至少从 20 世纪 90 年代以来，中国在引进国外先进技术商品方面取得了良好的执行绩效。2001 年加入世界贸易组织后，中国在获取国外先进技术商品方面获得了更广阔的平台，高技术商品占中国进口的比重进一步增加。

中国正朝着贸易技术溢出平衡方向发展。从图形上来看，尽管中国出口 TSS 曲线一直低于进口 TSS 曲线，但两者之间的差距正逐渐收敛。如果能够保持这一势头，预期在不久的将来，中国能够实现贸易技术溢出效应的平衡。出口 TSS 正在向进口 TSS 靠近是中国贸易技术结构发展变迁中的一个重要特征。这也表明中国出口贸易技术水平和出口商品竞争力有较快提升。发达国家当前的出口 TSS 高于进口 TSS 曲线的状态是中国未来贸易技术结构的发展方向。

二、中国与主要发展中国家贸易技术结构高度化发展比较

下面将比较中国与巴西、印度、俄罗斯三个金砖国家以及印度尼西亚、马来西亚和泰国三个东盟主要国家贸易技术结构高度化的表现。这些国家要么具有与中国相匹敌的经济影响力，要么具有与中国相似的出口结构，是中国在国际贸易

领域的重要竞争对手。中国的情况图 7-1 已经给出，其他六个国家情况的比较如图 7-2 所示。

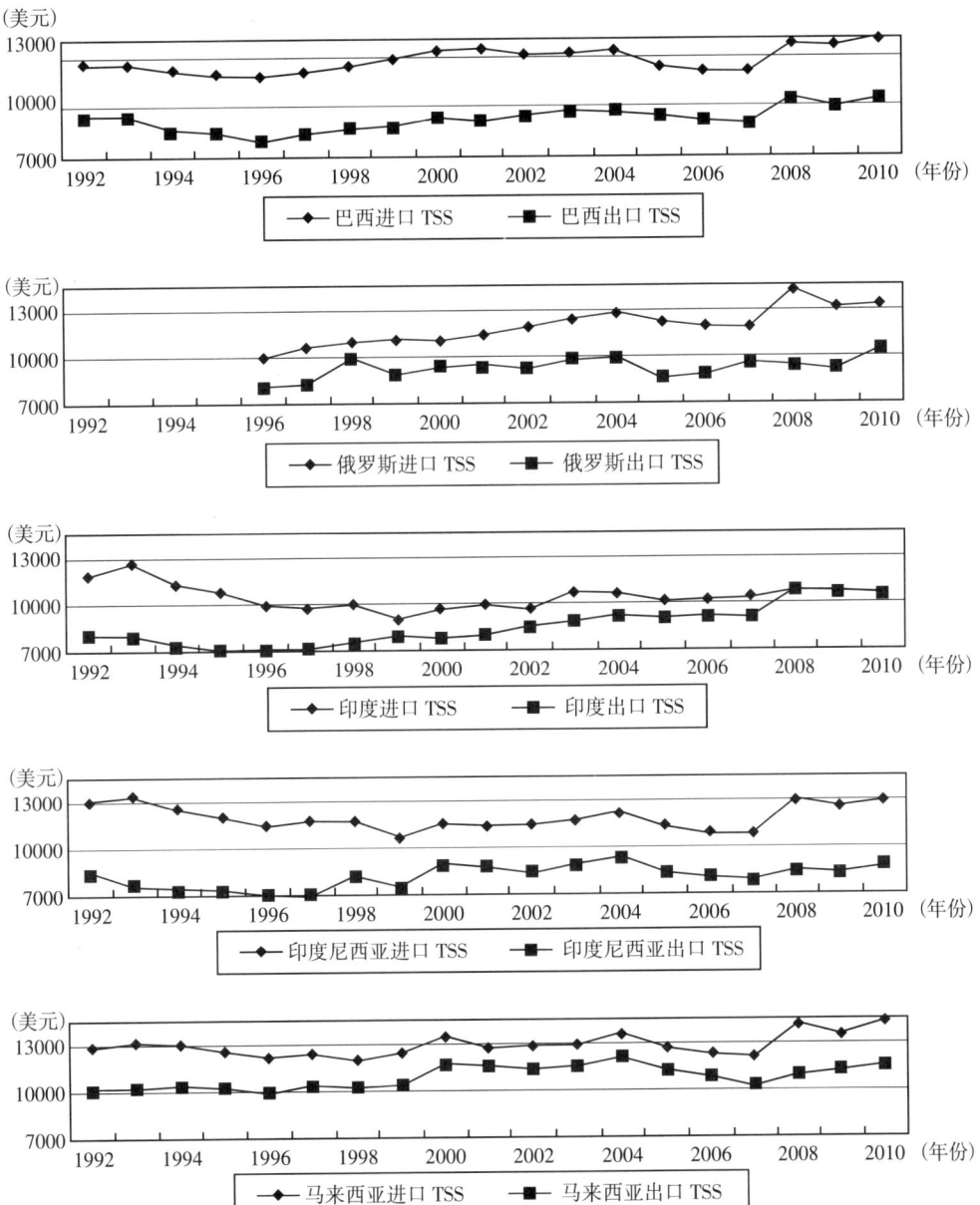

图 7-2　1992~2010 年巴西、俄罗斯、印度、印度尼西尼、马来西亚、泰国贸易技术结构高度化发展比较

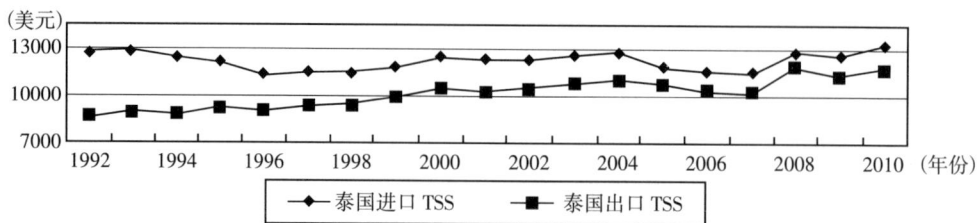

图 7-2 1992~2010 年巴西、俄罗斯、印度、印度尼西尼、马来西亚、泰国贸易技术结构高度化发展比较（续）

注：联合国 Comtrade 数据库未能提供俄罗斯 1992~1995 四个年份的数据，俄罗斯数据起始年份为 1996 年。其他国家数据起始年份均为 1992 年。

资料来源：根据联合国 Comtrade 商品贸易数据库等有关资料计算整理。

近 20 年来，中国与其他六国的进口 TSS 曲线基本都高于出口 TSS 曲线，只有印度个别年份除外。印度的特殊性表现在：①印度近年来进口 TSS 水平没有大的进步，与 20 世纪 90 年代初期相比下降了不少。②印度的进口 TSS 值显著低于其他六国，也是这七个国家中唯一一个进口贸易技术结构没有大的提升的国家。由此造成印度近年来个别年份出口 TSS 与进口 TSS 值之间差值为正，除此之外，中国与其他五国都一直处于贸易技术溢出效应逆差阶段。

考虑到这几个国家发展水平相仿，值得单独比较制成品贸易技术结构高度化发展状况，具体数值参见附录 3 表 A7-1。制成品进口方面，当前中国制成品进口贸易结构在这几个国家中是最高的。中国制成品进口贸易技术结构提升主要是近十年来的事情，特别是 2008 年之后。2008 年以前的大多数年份，巴西制成品进口 TSS 值高于中国，马来西亚和印度尼西亚的制成品进口 TSS 值在 20 世纪 90 年代也总是高于中国。鉴于目前中国制成品进口 TSS 值已经达到较高水平，未来进一步提升的空间相对有限。根据趋势判断，中国制成品进口 TSS 值较其他六国高的这种领先优势将继续保持。

制成品出口方面，20 世纪 90 年代以来，马来西亚、巴西和泰国三国制成品出口 TSS 值长期高于中国。2000 年以来，中国制成品出口 TSS 值提升速度较快，与这三国之间的差距显著缩小。中国、马来西亚、泰国都是东南亚地区加工贸易比重较高的国家。20 世纪 90 年代早期，马来西亚和泰国的制成品出口技术结构高于中国，可能与它们较中国更早地接受了来自美国和日本等国家的产业转移等因素有关。20 世纪 90 年代早期，中国和印度两国制成品出口 TSS 值相当。不久，中国制成品出口 TSS 值快速拉开了与印度的差距。中国在利用贸易进口引进国外先进技术商品方面取得的成绩超过了印度。从过去20年的发展来看，中国有着较高的制成品进口TSS值和较高的制成品出口TSS值，而印度的情况则是较低的制成品进口TSS值和较低的制成品出口TSS值。

三、韩国与新加坡的成功案例

本书在统计分析东亚国家贸易数据的过程中发现韩国和新加坡的情况值得借鉴。它们都是近期内顺利实现贸易技术溢出效应由逆差到平衡再到稳步顺差的典范。韩国在20世纪90年代中后期出口TSS值稳步超过进口TSS值，此后出口TSS值一路上升，2010年其出口TSS值大约在14600美元的水平。新加坡于20世纪90年代初期就已经实现了出口TSS值对进口TSS值的反超，此后也是出口TSS值一路上升，2010年其出口TSS指数值大约在15900美元的水平。2010年，韩国和新加坡的出口额占全球贸易额的份额分别为3.7%和2.8%，对于就地理面积而言的两个小国，这已经是相当不错的成绩。韩国、新加坡连同中国台湾、中国香港被并称为"亚洲四小龙"，自20世纪60年代开始推行出口导向型经济战略，从而实现了经济的腾飞。据此估算，韩国、新加坡两国在20世纪90年代初实现向贸易技术溢出效应顺差转型之前大约经历了长达30年的"起飞"阶段。①

20世纪60年代，韩国主要出口的是钨矿、鱼、海藻等原材料以及纺织品、成衣、假发等技术含量低的轻工业商品。②到20世纪90年代初期，初级品在韩国出口中已经几乎难觅踪迹，制成品占韩国出口的比重高达95%，这种高比例一直保持到现在。1992年，韩国出口比重最高的五类商品依次为集成电路、船舶、纺织品、汽车（整车）和鞋，合计占其出口24%的比重。2010年，其出口比重最高的五类商品依次为集成电路、船舶、汽车（整车）、武器和汽车零部件③，合

---

① 美国经济学家罗斯托（Rostov）把人类社会发展划分为五个阶段，即传统社会阶段、起飞准备阶段、向成熟推进或持续增长阶段、高额群众消费阶段和追求生活质量阶段。起飞阶段是指在工业化初期的较短时间内，突破经济不发达状态、实现工业化的过程。参见［美］罗斯托：《经济成长的阶段——非共产党宣言》，国际关系研究所编译室译，商务印书馆1962年版内部刊物。
② ［英］张夏准：《富国的伪善——自由贸易的迷失与资本主义秘史》，严荣译，社会科学出版社2009年版，第68页。
③ 对联合国Comtrade数据库数据分析后可知，1992年，韩国最大的五类出口商品编码和出口比重依次为：S3-7764（8.3%）、S3-7932（5.5%）、S3-6531（4.2%）、S3-7812（3.4%）和S3-8514（2.5%）。2010年，韩国最大的五类出口商品编码和出口比重依次为：S3-7764（8.8%）、S3-7932（8.7%）、S3-7812（7.4%）、S3-8719（7.0%）和S3-7843（4.2%）。

计占其出口 36% 以上的比重。近几十年间，出口中的纺织品和鞋类等加工程度低的商品逐渐被加工程度更高的重工业制造业商品所替代。下面的两个案例能够反映韩国 20 世纪 60 年代以来企业生产效率、技术水平和品牌影响力的提升。韩国政府在 20 世纪 60 年代初向世界银行申请贷款建立国内第一家钢铁厂时，世界银行拒绝了，认为该计划不可行甚至不可理喻，于是韩国自力更生建起了钢铁厂。自 1973 年投产开始，只用了十年时间，该公司就成为了世界上效率最高的钢铁企业之一，目前是世界第三大钢铁企业。这家钢铁厂就是浦项钢铁集团。韩国另一家著名企业——三星集团——在 20 世纪 70 年代，它的主要业务仍然是制糖和纺织。当它 1983 年宣布要设计自己的芯片并向美国和日本的半导体产业巨头发起挑战时被看作是痴人说梦。现在三星集团是全球营收规模最大的 IT 类公司。[①]韩国是近几十年来世界上技术变迁最快的国家之一，自主创新能力的强大为韩国顺利实现出口 TSS 值对进口 TSS 值的反超提供了可靠的支撑。

新加坡给人的第一印象是城市国家、花园城市、著名的贸易港口和东南亚地区重要的金融中心。但同时，它也是一个工业化程度相当高的国家，是世界电子类产品重要的制造中心。1992 年，制成品占新加坡出口的比重高达 90%，近 20 年来，该比重一直维持在高水平并进一步提升至目前的 95%。1992 年，新加坡出口比重最高的五类商品依次为储存器、集成电路、办公机器零件、数字式资料处理机和电信设备零件及附件，合计占出口 30% 以上的比重。2010 年，其出口比重最高的五类商品依次为集成电路、压电晶体及集成电路零件、办公机器零件、储存器和晶体管及半导体器件，合计占出口 40% 以上的比重[②]，上述商品从类别上属于 S3-75 "电子类"、S3-76 "电信类" 和 S3-77 "电动类"。联合国工业发展组织编写的《工业发展报告 2009》显示，2005 年新加坡人均制造业增加值为 6874 美元，全球排名第二，是中国（496 美元）的 14 倍。2012 年 1 月最新发布的《工业发展报告 2011》列出的全球调整的工业绩效指数（Revised Competitive Industrial Performance Index）排名是：新加坡列第一，其次是美国、日本、德国、

[①] 这两个案例摘自 [英] 张夏准：《富国的伪善——自由贸易的迷失与资本主义秘史》，严荣译，社会科学出版社 2009 年版，第 99 页和第 3 页。
[②] 对联合国 Comtrade 数据库数据分析后可知，1992 年，新加坡最大的五类出口商品编码和出口比重依次为：S3-7527（11.5%）、S3-7764（7.8%）、S3-7599（5.1%）、S3-7522（3.1%）和 S3-7649（3.1%）。2010 年，新加坡最大的五类出口商品编码和出口比重依次为：S3-7764（27.3%）、S3-7768（4.6%）、S3-7599（4.5%）、S3-7527（2.2%）和 S3-7763（2.1%）。

中国、瑞士和韩国。[①]

第二节　全球 TSS 值排名与中国的位次
——1992 年、2001 年与 2010 年的比较

一、CVT 指数与 TSS 指数的缺陷

第三章分析时已经指出，技术商业化价值指数（CVT 指数）在测度贸易商品技术含量时是存在缺陷的。该指数倾向于高估具有高经济价值的资源、能源类商品的技术含量值，如原油和天然气。以 CVT 指数为计算基础的 TSS 指数一定程度上受 CVT 指数上述缺陷的影响。一些油、气类商品出口大国或气类商品占出口比重较高的国家，如中东的阿拉伯联合酋长国、阿曼、科威特、沙特阿拉伯，南美洲的委内瑞拉，东南亚的文莱，北非的阿尔及利亚等国，计算得到的 TSS 值偏高。读者在查看全球 TSS 排名时需留意这一情况。另外，TSS 指数是对整体贸易技术结构的一种抽象表达，不是针对单个贸易商品而言的，TSS 值高并不代表单个贸易品的技术水平一定高。一国比另一国的 TSS 值高，代表的是该国贸易技术结构高度化发展水平较高，进口或出口中的高技术商品比重比另一国高。

在比较不同国家 TSS 值的时候，如果该国的进出口商品结构是比较全面的，也即一千多种 SITC 四位码贸易商品中的绝大部分商品都有进口或出口，那么计算得到的 TSS 值的经济学意义是显著的。如果该国进出口商品结构很不全面，贸易结构非常扭曲，一千多种 SITC 四位码贸易商品中有好几百种商品的进出口金额为零，计算得到的 TSS 值的可比较性就变得很差。实际计算过程中，有一些岛国，如法属波利尼西亚、特立尼达和多巴哥等，出现了高 TSS 值的情况，但基于前面介绍的情况，不足以认定这些国家的贸易和技术发展水平就是高的。

一国进口或出口 TSS 值受全球整体贸易 TSS 值波动的影响，全球绝大部分经

[①] 联合国工业发展组织编（UNIDO）：《工业发展报告 2009》（World Industrial Report 2009），2010 年，第 129 页；联合国工业发展组织（UNIDO）编：《工业发展报告 2011（概览）》（World Industrial Report Overview 2011），2012 年，第 18 页。

济体的进出口 TSS 值波动趋势都与全球整体贸易 TSS 值波动趋势贴近。这样就出现了当全球贸易 TSS 值较低时，各经济体的 TSS 值也相对较低的状况。本节以下内容将介绍不同年份下不同经济体 TSS 值的全球排序情况，排序中剔除了个别岛国 TSS 值畸高的情况。

二、1992 年全球排名与中国的位次

（一）进口情况

1. 整体贸易

1992 年进口贸易 TSS 值超过全球整体水平的国家有 27 个，发达国家和发展中国家约各占一半。中国当年进口贸易 TSS 值全球排名为第 26 位。详见表 7-1。

表 7-1 1992 年全球 TSS 值排名（前 40 名）

	进口				出口		
	整体		制成品		整体		制成品
1	南非	1	巴基斯坦	1	阿联酋	1	阿联酋
2	加拿大	2	南非	2	瑞士	2	瑞士
3	澳大利亚	3	巴西	3	日本	3	冰岛
4	阿根廷	4	土耳其	4	瑞典	4	日本
5	委内瑞拉	5	委内瑞拉	5	芬兰	5	瑞典
6	新西兰	6	加拿大	6	德国	6	美国
7	玻利维亚	7	韩国	7	英国	7	加拿大
8	哥伦比亚	8	印度尼西亚	8	美国	8	芬兰
9	英国	9	哥伦比亚	9	丹麦	9	德国
10	印度尼西亚	10	澳大利亚	10	法国	10	英国
11	瑞士	11	新西兰	11	加拿大	11	爱尔兰
12	新加坡	12	英国	12	冰岛	12	法国
13	智利	13	西班牙	13	新加坡	13	荷兰
14	土耳其	14	阿根廷	14	爱尔兰	14	挪威
15	意大利	15	意大利	15	奥地利	15	阿曼
16	马来西亚	16	玻利维亚	16	比利时—卢森堡	16	丹麦
17	奥地利	17	波兰	17	荷兰	17	新加坡
18	美国	18	智利	18	西班牙	18	西班牙
19	西班牙	19	新加坡	19	文莱	19	比利时—卢森堡
20	法国	20	芬兰	20	以色列	20	奥地利
21	泰国	21	法国	21	意大利	21	澳大利亚
22	瑞典	22	秘鲁	22	挪威	22	新西兰

续表

	进口				出口		
	整体		制成品		整体		制成品
23	墨西哥	23	荷兰	23	墨西哥	23	以色列
24	韩国	24	泰国	24	阿曼	24	墨西哥
25	以色列	25	瑞士	25	斯洛文尼亚	25	意大利
26	中国	26	美国	26	科威特	26	科威特
27	挪威	27	马来西亚	27	委内瑞拉	27	阿根廷
28	爱尔兰	28	奥地利	28	新西兰	28	斯洛文尼亚
29	德国	29	葡萄牙	29	阿尔及利亚	29	马来西亚
30	丹麦	30	德国	30	中国香港	30	巴西
31	葡萄牙	31	瑞典	31	沙特阿拉伯	31	中国香港
32	波兰	32	阿曼	32	韩国	32	南非
33	巴西	33	墨西哥	33	澳大利亚	33	韩国
34	芬兰	34	以色列	34	马来西亚	34	沙特阿拉伯
35	巴基斯坦	35	爱尔兰	35	克罗地亚	35	匈牙利
36	荷兰	36	丹麦	36	塞浦路斯	36	克罗地亚
37	希腊	37	挪威	37	匈牙利	37	波兰
38	塞浦路斯	38	塞浦路斯	38	南非	38	泰国
39	比利时—卢森堡	39	希腊	39	罗马尼亚	39	塞浦路斯
40	沙特阿拉伯	40	中国	40	波兰	40	阿尔及利亚

资料来源：笔者计算整理。

2. 制成品贸易

1992年制成品进口贸易TSS值超过全球整体水平的国家有20个，发达国家和发展中国家也大约各占一半，排前五名的都是发展中国家。中国当年制成品进口贸易TSS值全球排名为第40位。

(二) 出口情况

1. 整体贸易

1992年出口贸易TSS值超过全球整体水平的国家有18个，主要是七国集团以及其他欧洲主要国家。中国当年出口贸易TSS值全球排名为第45位。

2. 制成品贸易

1992年制成品出口贸易TSS值超过全球整体水平的国家有17个，几乎[①]全

[①] 阿拉伯联合酋长国从收入上论属发达国家行列，但更准确地讲应属特别富裕国家，其经济实力和经济结构与发达国家有较大差距。1992年时，新加坡还未划入发达国家行列。

部都是发达国家。中国当年制成品出口贸易 TSS 值全球排名为第 48 位。

三、2001 年全球排名与中国的位次

(一) 进口情况

1. 整体贸易

2001 年进口贸易 TSS 值超过全球整体水平的国家和地区有 23 个，发达国家和发展中国家及地区几乎各占一半。中国当年进口贸易 TSS 值全球排名为第 18 位，较 1992 年排名上升了 8 位。详见表 7-2。

2. 制成品贸易

2001 年制成品进口贸易 TSS 值超过全球整体水平的国家有 32 个，排前四名的都是发展中国家。中国当年制成品进口贸易 TSS 值全球排名为第 18 位，较 1992 年排名上升了 22 位，上升速度很快。

(二) 出口情况

1. 整体贸易

2001 年出口贸易 TSS 值超过全球整体水平的国家有 16 个，全部都属于发达国家。中国当年出口贸易 TSS 值全球排名为第 38 位，较 1992 年上升了 7 位。

2. 制成品贸易

2001 年制成品出口贸易 TSS 值超过全球整体水平的国家有 14 个，也全都属于发达国家。中国当年制成品出口贸易 TSS 值全球排名为第 55 位，较 1992 年下降了 7 位。

表 7-2 2001 年全球 TSS 值排名（前 40 名）

	进口				出口		
	整体		制成品		整体		制成品
1	瑞士	1	巴西	1	瑞士	1	瑞士
2	巴西	2	伊朗	2	爱尔兰	2	爱尔兰
3	爱尔兰	3	瑞士	3	卢森堡	3	卢森堡
4	澳大利亚	4	南非	4	日本	4	芬兰
5	阿根廷	5	澳大利亚	5	芬兰	5	日本
6	新加坡	6	荷兰	6	瑞典	6	英国
7	加拿大	7	阿根廷	7	英国	7	瑞典
8	墨西哥	8	加拿大	8	德国	8	荷兰
9	英国	9	爱尔兰	9	新加坡	9	德国

续表

进口				出口			
整体		制成品		整体		制成品	
10	马来西亚	10	韩国	10	丹麦	10	美国
11	卢森堡	11	埃及	11	美国	11	丹麦
12	瑞典	12	卢森堡	12	荷兰	12	新加坡
13	匈牙利	13	英国	13	奥地利	13	法国
14	法国	14	土耳其	14	法国	14	奥地利
15	南非	15	瑞典	15	韩国	15	挪威
16	德国	16	法国	16	比利时	16	加拿大
17	捷克	17	马来西亚	17	意大利	17	澳大利亚
18	中国	18	中国	18	捷克	18	冰岛
19	奥地利	19	西班牙	19	西班牙	19	比利时
20	伊朗	20	德国	20	匈牙利	20	西班牙
21	哥伦比亚	21	新加坡	21	加拿大	21	韩国
22	荷兰	22	巴基斯坦	22	斯洛文尼亚	22	卡塔尔
23	委内瑞拉	23	意大利	23	冰岛	23	捷克
24	泰国	24	俄罗斯	24	墨西哥	24	马来西亚
25	意大利	25	哥伦比亚	25	中国香港	25	匈牙利
26	美国	26	芬兰	26	马来西亚	26	意大利
27	西班牙	27	泰国	27	马耳他	27	墨西哥
28	新西兰	28	印度尼西亚	28	菲律宾	28	斯洛文尼亚
29	马耳他	29	阿尔及利亚	29	斯洛伐克	29	阿塞拜疆
30	波兰	30	墨西哥	30	以色列	30	新西兰
31	芬兰	31	委内瑞拉	31	塞浦路斯	31	塞浦路斯
32	丹麦	32	捷克	32	爱沙尼亚	32	阿联酋
33	斯洛文尼亚	33	沙特阿拉伯	33	南非	33	南非
34	菲律宾	34	新西兰	34	葡萄牙	34	菲律宾
35	比利时	35	波兰	35	卡塔尔	35	阿根廷
36	沙特阿拉伯	36	秘鲁	36	文莱	36	中国香港
37	挪威	37	菲律宾	37	挪威	37	爱沙尼亚
38	中国香港	38	奥地利	38	中国	38	阿曼
39	斯洛伐克	39	斯洛伐克	39	波兰	39	马尔他
40	土耳其	40	匈牙利	40	泰国	40	斯洛伐克

资料来源：笔者计算整理。

四、2010 年全球排名与中国的位次

(一) 进口情况

1. 整体贸易

2010 年进口贸易 TSS 值超过全球整体水平的经济体① 有 31 个,发达国家和发展中国家及地区大约各占一半。中国当年进口贸易 TSS 值全球排名为第 12 位,较 2001 年进一步上升了 6 位。详见表 7-3。

2. 制成品贸易

2010 年制成品进口贸易 TSS 值超过全球整体水平的国家和地区有 22 个。中国当年制成品进口贸易 TSS 值全球排名为第 3 位,较 2001 年排名上升了 15 位。

(二) 出口情况

1. 整体贸易

2010 年出口贸易 TSS 值超过全球整体水平的国家及地区有 24 个,全部都属于发达经济体。中国当年出口贸易 TSS 值全球排名为第 31 位,较 2001 年上升了 7 位。

2. 制成品贸易

2010 年制成品出口贸易 TSS 值超过全球整体水平的国家及地区有 24 个,也几乎全都属于发达经济体。中国当年制成品出口贸易 TSS 值全球排名第 50 位,较 2001 年上升了 5 位。

表 7-3　2010 年全球 TSS 值排名 (前 40 名)

	进口				出口		
	整体		制成品		整体		制成品
1	瑞士	1	新加坡	1	冰岛	1	冰岛
2	新加坡	2	菲律宾	2	卢森堡	2	卢森堡
3	马耳他	3	中国	3	爱尔兰	3	爱尔兰
4	中国香港	4	马来西亚	4	瑞士	4	瑞士
5	马来西亚	5	韩国	5	日本	5	挪威
6	阿根廷	6	伊朗	6	新加坡	6	新加坡
7	爱尔兰	7	爱尔兰	7	芬兰	7	日本

---

① 包括中国香港。

续表

进口				出口			
整体		制成品		整体		制成品	
8	墨西哥	8	瑞士	8	德国	8	芬兰
9	匈牙利	9	巴西	9	瑞典	9	英国
10	巴西	10	比利时	10	法国	10	塞浦路斯
11	比利时	11	墨西哥	11	英国	11	澳大利亚
12	中国	12	匈牙利	12	韩国	12	法国
13	德国	13	泰国	13	美国	13	瑞典
14	哥伦比亚	14	德国	14	比利时	14	美国
15	奥地利	15	阿根廷	15	奥地利	15	德国
16	卢森堡	16	卢森堡	16	中国香港	16	新西兰
17	捷克	17	法国	17	丹麦	17	比利时
18	斯洛文尼亚	18	委内瑞拉	18	塞浦路斯	18	荷兰
19	法国	19	中国香港	19	斯洛文尼亚	19	加拿大
20	委内瑞拉	20	哥伦比亚	20	荷兰	20	奥地利
21	伊朗	21	奥地利	21	意大利	21	丹麦
22	菲律宾	22	荷兰	22	马耳他	22	韩国
23	挪威	23	日本	23	以色列	23	阿根廷
24	哥斯达黎加	24	印度尼西亚	24	捷克	24	斯洛文尼亚
25	斯洛伐克	25	南非	25	西班牙	25	中国香港
26	波兰	26	瑞典	26	加拿大	26	哥斯达黎加
27	瑞典	27	土耳其	27	挪威	27	意大利
28	加拿大	28	波兰	28	匈牙利	28	西班牙
29	泰国	29	阿尔及利亚	29	斯洛伐克	29	马来西亚
30	玻利维亚	30	挪威	30	菲律宾	30	以色列
31	俄罗斯	31	冰岛	31	中国	31	巴西
32	英国	32	芬兰	32	波兰	32	捷克
33	冰岛	33	意大利	33	新西兰	33	马耳他
34	澳大利亚	34	加拿大	34	爱沙尼亚	34	委内瑞拉
35	阿尔及利亚	35	英国	35	澳大利亚	35	匈牙利
36	中国澳门	36	斯洛文尼亚	36	泰国	36	沙特阿拉伯
37	土耳其	37	巴基斯坦	37	墨西哥	37	泰国
38	意大利	38	希腊	38	葡萄牙	38	俄罗斯
39	乌克兰	39	俄罗斯	39	马来西亚	39	阿塞拜疆
40	印度尼西亚	40	阿塞拜疆	40	希腊	40	菲律宾

资料来源：笔者计算整理。

第三节　技术溢出效应逆、顺差诊断与对中国的预测

一、世界各经济体贸易技术溢出效应逆、顺差诊断

（一）1992 年情况

1992 年全球样本经济体为 78 个，其中贸易技术溢出效应的顺差国——出口贸易 TSS 值超过进口贸易 TSS 值——有 15 个。除美国、日本和新加坡外，其余 12 个国家都是西北欧国家，它们是瑞士、芬兰、瑞典、德国、冰岛、丹麦、英国、比利时—卢森堡[①]、法国、爱尔兰、荷兰和奥地利。这个西北欧国家阵容在后续近 20 年几乎一直保持着贸易技术溢出效应顺差的状态。剩余 62 个经济体属于贸易技术溢出效应逆差国，其中不乏像西班牙、意大利、澳大利亚这样的传统上被视为发达国家的经济体。中国在所有 62 个贸易技术溢出效应逆差国中排名第 38 位。

1992 年制成品贸易技术溢出效应顺差国有 16 个。与上述 15 个国家相比，加拿大和挪威入选，奥地利退出。剩余还有 61 个经济体属于制成品贸易技术溢出效应逆差国，西班牙、意大利、澳大利亚没有成功晋级顺差国。中国在所有 61 个制成品贸易技术溢出效应逆差国中排名第 38 位。

（二）2001 年情况

2001 年全球样本经济体为 120 个，其中贸易技术溢出效应顺差国有 17 个。与 1992 年的 15 个国家相比，增加的两个名额一个是韩国，另外一个因为比利时—卢森堡被分拆成两个国家多占了一个名额。韩国成功晋级，这一点在本章第一节已经分析过。剩余 103 个经济体属于贸易技术溢出效应逆差国。中国在所有 103 个贸易技术溢出效应逆差国中排名第 36 位。

2001 年制成品贸易技术溢出效应顺差国有 17 个。与整体贸易技术溢出效

[①] 联合国 Comtrade 数据库所提供的关于 1992 年比利时和卢森堡的数据是合并统计的。本书亦遵循此例。

顺差国的17个国家相比，挪威入选、韩国退出。剩余103个经济体属于制成品贸易技术溢出效应逆差国，中国排名第49位。

（三）2010年情况

2010年全球样本经济体为97个，其中贸易技术溢出效应顺差国有22个。剩余75个经济体属于贸易技术溢出效应逆差国，中国在所有75个贸易技术溢出效应逆差国中排名第22位。

在2010年的22个贸易技术溢出效应顺差国中，除包括2001年的17个国家外，增选的五个国家分别是以色列、西班牙、意大利、斯洛文尼亚[①]和印度。除印度外，其他四国的2010年全球出口TSS排名均靠前。这四个国家依靠自身出口TSS值的快速上升成功晋级为贸易技术溢出效应顺差国，表7-3中较高的排名是对这四个增选国家自身技术水平提升的印证。

印度虽然增选，但并不代表其已经具有等同于西北欧发达国家的技术实力。印度在所有22个顺差国中排名第22位，印度作为最末一名入选的原因在于其近年来进口TSS值显著下滑而不是出口TSS值和出口技术水平显著提升。2010年印度进口TSS在全球97个国家排名第90位，属于相当低的成绩；而出口TSS排名为第50位，处于中游，由此造成其出口TSS高于进口TSS的结果。2010年印度出口TSS排名第50位，比中国当年出口TSS值排名第31位低出很多。

2010年制成品贸易技术溢出效应顺差国有23个。除包括2001年的17个制成品技术溢出效应顺差国之外，增选的国家有以色列、西班牙、斯洛文尼亚、澳大利亚、新西兰和塞浦路斯。剩余74个经济体属于制成品贸易技术溢出效应逆差国，其中中国排名第45位。韩国在2010年仍未能成功晋级为制成品贸易技术溢出效应顺差国。

一些国家是整体贸易技术效应的逆差国，却是制成品贸易技术溢出效应的顺差国，如加拿大和挪威。还有一些国家情况正好相反，是整体贸易技术效应的顺差国，却是制成品贸易技术溢出效应的逆差国，如韩国。其原因在于各国进出口中初级品和制成品的份额不同。若一国整体出口中的初级品比重较高，相对别的

[①] 斯洛文尼亚的整体出口和制成品出口贸易技术结构提升速度很快。在《工业发展报告2011》2005年和2009年调整的工业绩效指数排名中该国分别为第26名和第21名，高于以色列、卢森堡、丹麦等许多西北欧国家。参见联合国工业发展组织编：《工业发展报告2011（概览）》，第18页。

出口中初级品比重低的国家,前者的整体出口 TSS 指数值将偏低。若一国整体进口中初级品比重过高,相对于别的进口中初级品比重低的国家,前者的整体进口 TSS 值将偏低。所以单独考虑制成品贸易能够清楚地体现该国制造业的实力。各国在整体贸易中排名和在制成品贸易中排名的落差也可以体现一个国家制成品贸易技术结构相对于整体贸易技术结构是强还是弱。据此考察,中国制成品贸易各年的排名都落后于整体贸易的排名,而且中国制成品贸易技术溢出效应排名的提升情况(从第 38 位到第 49 位再到第 45 位)也要次于制成品贸易的情况(从第 38 位到第 36 位再到第 22 位)。显然,中国制成品贸易技术结构弱于整体贸易技术结构。

二、中国贸易技术溢出效应逆差收敛预测

近 20 年来,就整体贸易而言,中国出口 TSS 与进口 TSS 之间差距的收敛是比较显著的。如果外部条件不变,按现在的发展速度,中国整体贸易的出口 TSS 值在不久的将来将会接近并超过进口 TSS 值。但对于制成品贸易,不宜下类似结论,本章第二节和第三节的分析内容都显示中国制成品的全球排名不像整体贸易排名那样有显著的提升。

本书首先对中国整体贸易的技术溢出效应逆差收敛情况进行了预测,分析过程见附录四表 A7-2,预测结果如表 7-4 所示。根据预测,在 2021 年前后,中国整体贸易的进出口 TSS 值将达到平衡。

表 7-4 中国整体贸易技术溢出效应逆差收敛预测

年份 项目	2011	2012	2013	2014	2015	2016	2017	2018	2019	2020	2021	2022	2023	2024
进口 TSS 预测值	13480	13509	13580	13667	13760	13856	13953	14051	14148	14246	14343	14441	14539	14636
出口 TSS 预测值	12343	12550	12767	12981	13191	13398	13603	13807	14011	14214	14417	14621	14824	15027
出口 TSS-进口 TSS	-1137	-959	-813	-686	-569	-458	-350	-244	-137	-32	74	180	285	391

资料来源:笔者整理。

中国制成品贸易各年排名都落后于整体贸易排名,中国制成品贸易技术溢出效应排名的提升情况也滞后于整体贸易的情况。本书对制成品贸易进出口 TSS 值未来变动情况也进行了预测,预测结果如表 7-5 所示,分析过程与整体贸易的分

析过程一致，不再赘述。根据预测，在 2021 年中国整体贸易进出口 TSS 达到平衡时，制成品贸易技术溢出效应逆差值仍然约为 2163 美元，但与 2010 年逆差值 3457 美元（见附录表 A4-7）的逆差值相比有很大的进步。总之制成品贸易技术溢出效应从逆差实现平衡任重而道远。

表 7-5 中国制成品贸易技术溢出效应逆差收敛预测

项目\年份	2011	2012	2013	2014	2015	2016	2017	2018	2019	2020	2021	2022	2023	2024
制成品进口 TSS 预测值	15439	15408	15503	15642	15794	15949	16107	16264	16422	16579	16737	16894	17052	17209
制成品出口 TSS 预测值	12598	12800	12997	13194	13391	13588	13785	13983	14180	14377	14574	14771	14968	15165
出口 TSS-进口 TSS	-2842	-2608	-2506	-2448	-2402	-2361	-2321	-2281	-2242	-2202	-2163	-2123	-2084	-2044

资料来源：笔者整理。

按照现在的发展速度，再过十年左右，中国整体贸易技术溢出效应大约能够收敛至平衡状态。本书第四章第三节曾展望了中国未来出口贸易技术结构的改善，提出了出口贸易技术结构调整的近期目标、中期目标和远期目标。顺利的话，再过十年左右，中国出口贸易技术结构很有可能实现近期目标并向中期目标迈进。出口贸易技术结构近期调整目标的实现将有力地支撑中国整体贸易技术溢出效应由逆差向平衡的收敛。

当前老牌发达国家出口贸易技术结构高度化发展指数 TSS 值处于 15000~16000 美元。当中国整体贸易技术溢出效应逆差预测达到平衡时，出口 TSS 指数值大约是 14500 美元。随着发达国家出口 TSS 值的进一步提升，十年之后，中国与发达国家出口 TSS 值之间仍有一段很长的距离。

中国实现整体贸易技术溢出效应的平衡意味着中国外贸发展将上一个新台阶。毋庸置疑，未来更高阶段的发展目标是制成品贸易技术溢出效应平衡。要实现这一目标，有待于中国出口贸易技术结构调整中期目标甚至是远期目标的实现，即高技术商品和中高技术商品占出口比重提升至 25%~30%，低技术和中低技术商品占出口的比重降至约为 15%~20%。届时中国将成为世界上技术发达的国家之一。

第八章
加速中国外贸技术溢出效应逆差收敛探析

竞争与合作是全球化的永恒主题。没有竞争，合作就不会产生双赢，竞争的目的是为了更有效地合作，拥有更高的竞争力意味着拥有更多的合作筹码。历史已经证明，中国快速融入全球化，无论对中国还是对世界都是一种双赢选择。经过不懈的发展，中国整体贸易技术溢出效应逆差已经有很大程度的收敛，制成品贸易技术溢出效应逆差也有较大幅度的收窄，未来如果想要取得更大的成绩，有待克服和解决的问题依然不少，首当其冲的是继续提高本国商品技术含量和竞争力。本章第一节对中国贸易竞争力的强项和弱项进行了比较，在看到中国贸易竞争力提升和中国对世界贸易的贡献的同时，不应该忽视中国贸易发展质量不高的事实。技术创新是生产力进步的源泉，是提升中国出口贸易技术结构、提高出口商品贸易竞争力、加速中国外贸技术溢出效应逆差收敛的基本条件。早在2005年，中共中央就已经把增强自主创新能力提升到国家战略的高度，但市场体制和市场环境中仍然存在抑制企业创新精神发挥的不利因素。第二节将重点讨论这些因素并就如何更好地释放企业创新精神、引导企业往技术创新方向发展提出了几点政策建议。健康发展的制造业实体是中国技术优势累积的能量之源，是中国从制造业大国迈向制造业强国和科技强国的坚强后盾。第三节将探讨中国自身技术优势累积和促进制造业发展等有关内容。

第一节 中国贸易竞争力思辨

一、中国的贸易影响力

（一）中国贸易竞争力的提升

改革开放 30 多年来，中国的外贸发展取得了辉煌的成绩，出口商品竞争力有了大的提升。制造业增加值（Manufacturing Value Added，MVA）是联合国工业发展组织用来衡量一国贸易竞争力的重要指数。1990 年中国[①]占全球 MVA 的份额只有 2.2%，1995 年上升至 4.3%，2000 年和 2005 年该比例分别升至 6.6%和 9.8%。中国是近 20 年来占全球 MVA 份额增长最快的国家，年平均增长率超过 10%。2000~2005 年，工业化国家（Industrialized Countries）占全球 MVA 的份额由 74.3%下降到 69.4%，退让出来的份额（-5.1%）几乎全部由东亚国家补上，后者占全球 MVA 的份额由 13.3%上升至 17.5%（提升了 4.2%），这其中 80%的功劳是中国贡献的。[②]

与巴西、印度两个发展中国家相比，近 20 年来中国贸易竞争力增长势头更明显。中国在发展中国家 MVA 中的份额由 1995 年的 23%上升至 2005 年的 34%。1995 年巴西和印度的份额分别为 10%和 4.8%，2005 年其份额分别为 7.2%和 4.8%。[③]从竞争性工业绩效指数（Competitive Industrial Performance Index，CIP）看，2000 年中国的 CIP 值为 0.387，全球排名第 31 位；2005 年为 0.418，排名上升到第 26 位。巴西 2005 年的 CIP 值为 0.308，全球排名第 38 位，比 2000 年下降了 2 位。印度 2005 年的 CIP 值为 0.252，全球排名第 54 位，比 2000

[①] 指中国大陆，中国台湾、中国香港和中国澳门单独统计，不包括在内。
[②] 联合国工业发展组织编：《工业发展报告 2009》，第 99、118 页。联合国工业发展组织编：《工业发展报告 2005》(World Industrial Report Overview 2005)，2006 年，表 9.1 (Table 9.1)，第 130 页。
[③] 联合国工业发展组织编：《工业发展报告 2009》，第 101 页。

年下降了3位。①

1992~2010年的19年间，中国低技术商品出口占全球贸易的份额从8.25%提升至17.4%，翻了一倍多；中低技术商品出口占全球的份额从5.8%提升至13.2%，也翻了一倍多；中等技术商品的全球出口份额从2.1%提升至12.2%，扩大了六倍；中高和高技术商品的全球出口份额分别从0.73%和0.68%提升至8.35%和6%，几乎扩大了十倍。中国占全球贸易份额的增长与相关国家占全球贸易份额的下降互为消长，也就是说，中国在不同技术类型商品出口领域挤掉了竞争对手5%~10%不等的全球市场份额。出口竞争力的提升和在全球贸易活动中分量的增强是中国积极融入全球化所获得的重要贸易利益。中国商品全球出口份额的扩张建立在国内强大的制造能力和日益增长的出口商品竞争力基础之上。

（二）中国对世界贸易的贡献

1978年中国商品出口额占世界贸易总额的比重微不足道，不到1%。1992年该比重已经上升为2.5%，2010年这一比重为12%。当前，世界贸易额中每8美元中就有1美元是中国商品出口贡献的。本书对2010年中国出口的1033种SITC四位码商品占全球贸易的份额进行了计算，其中占全球贸易额50%以上的商品达35种，占全球贸易额30%以上的商品达139种，占全球贸易额10%以上的商品达429种之多，这一数量相当于1033种四位码可贸易商品的四成多。附录表A8-1提供了2010年中国出口占全球贸易额50%以上的35种SITC四位码商品的信息。

中国正以这样一种方式影响着世界：全球贸易中20%以上的洗衣机和电视机、30%以上的空调和无线电话、40%以上的吸尘器和热水器、50%以上的床垫及床上用品、60%以上的服装、70%以上的鞋、80%以上的箱包、90%以上的生丝都是中国出口的。这些商品关乎全球其他消费者衣、用、住等基本生活的主要方面。除了在与居民生活息息相关的SITC8"杂项制品"方面外，中国出口的SITC7"机械及运输设备"商品在全球贸易中也具有相当分量的影响力。全球贸易中20%的存储设备、25%的液压轮机、30%的晶体管和印刷电路、45%的办公设备、70%的数字式资料处理机和80%的集装箱都是中国出口的。附录表A8-2

---

① 2005年CIP指数全球排名第一的是新加坡，为0.890，爱尔兰排名第二，为0.689，日本排名第三，为0.678，瑞士排名第四，为0.659，瑞典排名第五，为0.603，通过这些数据可以看到中国与这些国家差距的大小。数据来自联合国工业发展组织编：《工业发展报告2009》，第118页。

提供了 2010 年中国出口占全球贸易额 20%以上的 51 种 SITC7 类四位码商品的信息。

中国在融入全球化、积极参与国际分工过程中将劳动力成本优势和规模经济优势发挥到了极致，突出表现在出口商品单位价格上。本书计算了中国出口份额超过全球 50%的 35 种商品（即附录表 A8-1 所示商品）的中国、美国、德国、日本四国出口金额与出口数量的比值，该比值近似代表了出口商品的单价，详见附录表 A8-3。比较发现，对于大多数商品而言，美、德、日的出口比价是中国出口比价的 10 倍。进一步对所有制成品的四国贸易比价进行计算和比较，统计的平均数和中位数情况如表 8-1 所示。平均而言，中国制成品出口价格是美国的 50%、德国的 40%、日本的 20%。

表 8-1　中国、美国、德国、日本出口制成品单价之比

项目/国别	美/中	德/中	日/中
平均数	11.763	8.601	17.38
中位数	1.985	2.434	4.594
样本数	533	484	601

资料来源：笔者计算整理。

就在美、日等发达国家按照雁行理论将传统制造业不断剥离并向国外转移时，中国稳稳地拿到了这个接力棒，大幅地降低了消费品和诸多工业产品的生产成本与采购价格，降低了全球通货膨胀水平，很大程度上满足了全球其他消费者的基本生活需求。中国对世界贸易和世界经济发展做出了巨大贡献。说全球其他经济体逐渐习惯并依赖上了中国的出口商品并不夸张。

二、中国贸易竞争力的双刃性

（一）中国的"出口中学习"

1978 年至 20 世纪 90 年代中期以前，中国经历过一段为出口而出口的时期。创汇是当时重中之重的贸易发展方针，由于外汇严重不足，1980~1981 年、1985~1986 年中国曾发生被迫取消已签订的设备引进计划的恶劣事件。"八五"期末，困扰中国多年的外汇短缺问题已经解决，创汇不再是出口贸易的首要目标。以 1996 年"科技兴贸战略"提出为标志，中国出口发展的重心开始转移到大力提高出口行业技术水平，增加出口商品技术附加值方面上来。从此，中国出口走

上了一条年均增长率超 10% 的高速发展道路。

十几年来，国内学术界对中国要不要走以及中国是否已经走了出口导向型发展道路一直争执不已，但只要注意到全球随处可见的 "Made in China" 商品和每年春运期间像候鸟一样迁徙的民工潮，便很难反驳中国走了 "出口导向型" 发展道路这一观点。中国快速发展的外贸出口推动了国内工业生产能力的扩张。规模庞大且体系健全的工业生产能力是中国得自 "出口中学习" 的最大收获之一，具备了这一能力之后才有条件在将来进行更趋利避害的选择，如产业的梯度转移和游向产业链与价值链的高端。围绕着庞大的生产制造能力，中国企业的组织化程度、运营管理水平和生产效率大幅度提高。[①] 中国成为世界出口大国和制造业大国的进程也推动了国内市场化改革的深入发展，促进了市场机制的完善。1996 年至今是中国出口贸易发展经历的重要阶段。

(二) 出口贸易发展质量不高

中国快速融入全球化给世界其他经济体带来了物美价廉商品的同时，也提高了自身出口商品竞争力，但出口贸易发展质量不是很高，出口对国民福利贡献有限也是不争的事实。本文第四、第五章在分析中国出口贸易技术结构时曾经指出，近 20 年来中等技术商品取代中低技术商品成为中国外贸出口最主要的商品，是中国出口贸易技术结构变迁的最显著特征，也是中国出口 TSS 值快速提升的重要原因，但遗憾的是中高与高技术商品占中国出口的比例没有大的改善（见第四章图 4-2）。即使是在全球出口中占有骄人份额的中等技术商品，也以低档次、低价格商品为主。科技兴贸战略并没有取得改善出口贸易粗放型发展方式的良好效果，出口活动没有完全超越低档次、低价格、低收益、高消耗 "三低一高" 的发展阶段。

中国占全球 MVA 的份额上升很快，但全球 MVA 和制成品出口仍然高度集中在工业化国家。从人均 MVA（MVA per capita）指标看，中国与工业化国家之

---

① 许斌 (2006) 使用世界银行提供的关于中国 450 个民营企业、562 个公有企业和 488 个外资企业的数据样本，深入分析了中国企业的生产率增长问题，发现出口对民营企业生产率增长起到了关键促进作用。路江涌 (2008) 以民营资本发达的浙江省为例，利用该省 1998~2005 年的工业企业数据库资料，分析了出口和企业生产效率之间的关系，结果发现，出口内资企业比非出口内资企业的生产效率高；生产效率高的内资企业更倾向于选择出口，并通过出口进一步提高了生产效率。参见：许斌：《外贸、外资和中国民营企业的生产率》，载林双林、王振中、尹尊声主编：《民营经济与中国发展》，北京大学出版社 2006 年版，第 213-224 页。路江涌：《企业出口与企业生产效率研究》，载金祥荣等主编：《民营化之路：轨迹与现象的理论解释》，浙江大学出版社 2008 年版，第 159-196 页。

间的差距非常大。据联合国工业发展组织统计，1990 年中国人均 MVA 是 101 美元（全球排名第 114 位），当年日本是 9697 美元，韩国是 2238 美元，新加坡是 4410 美元。2005 年中国人均 MVA 上升到 496 美元，当年日本是 8474 美元，韩国是 3827 美元，新加坡是 6708 美元。[①]

出口贸易除服务于经济增长外，也应该服务于增进国民福利。本书计算了全球各经济体 1992~2010 年出口 TSS 值增幅与同期人均 GNI 增幅之比，以考察不同经济体每单位出口 TSS 值上升能够在多大程度上增进人均 GNI 增长。计算结果显示，中国出口贸易技术结构提升对提高国民福利水平的绩效很不理想，该比值仅为 1.18，而全球整体水平为 7.8。这一成绩在全球 68 个样本经济体中排名第 48 位，排在斯里兰卡、土耳其、突尼斯和巴巴多斯的后面。[②] 中国这种对国民福利水平提高程度有限的出口贸易发展模式不应该再继续下去。

第二节　加速完善市场机制，释放企业创新精神

一、企业技术创新的系统性风险

市场能够自动识别高技术企业和低技术企业，将高技术溢价配置给创新性厂商，将低技术溢价配置给技术追随者。在与国外市场打交道的过程中，中国的企业体会到了品牌、渠道的重要性，尝到了"301"等制裁条款的苦头，深感自主创新是企业开创发展新局面的迫切需要。由于不是原创设计，即使是同等质量，中国商品往往只有外国商品价格的几分之一。由于不拥有自主知识产权，中国的企业需要向国外专利厂商支付高额的专利使用费，由此造成利润率上不去的困顿局面。逐利本性决定了企业不会安于"低价格—低利润—低技术"的恶性循环。

---

① 在此特地选取了东亚、东南亚人口密度很大的三个国家与中国做对比。联合国工业发展组织编：《工业发展报告 2005》，第 135 页。联合国工业发展组织编：《工业发展报告 2009》，第 129 页。
② 一些典型国家的绩效情况如下：挪威 78，排名第一，丹麦 39，排名第二，美国 36，排名第三，德国 16，排名第 10，日本 10.3，排名第 16，巴西 6.7，印度尼西亚 5.23，马来西亚 3.41，韩国 3.31，泰国 0.75。

一些先行开展技术创新的企业已经尝到了甜头，成为其他企业效仿的对象。说中国人不会创新只会模仿相当武断。国内企业不是没有创新的想法，除创新能力不足外，也有可能是因为一些外在的非技术性原因抑制了企业创新精神，阻碍了技术创新活动的开展。

技术创新是一场商业冒险[①]，一旦失败将给企业造成巨大损失。企业需要承担创新失败的风险，创新前自然会综合权衡投入、风险和收益。研发的失败或新产品推向市场化过程中的失败，既可能是因为存在技术漏洞、操作不便利、兼容性差或技术理念过于超前等与企业研发有关的因素，也可能与融资或知识产权等领域的配套制度不完善有关，或者是由于市场歧视或准入障碍等非市场化因素引致。前一种风险是内生的、个体性的，后两种风险是外生的，会给所有企业的技术创新行为造成负面影响，是系统性的。如果创新的系统性风险过高，回避创新就成为很多企业的理性选择。在成熟的市场经济国家，市场系统性风险很低，企业通常只需专注于技术创新活动本身就可以了。中国社会主义市场经济体制建设仍然存在不完善的地方，企业不得不分散一部分精力应对这些非市场化因素，从而对企业技术创新精神产生抑制作用。

二、创新机制建设有待完善

笔者曾在2011年暑假期间调研走访了山东省某地级市的一些高新技术企业和主管科技口的政府有关部门，调研的主题是当地企业的技术创新活动。此次调研加深了笔者对相关问题的认识。影响企业技术创新的市场机制、制度建设方面的问题主要表现在：

（一）融资机制创新不足

融资难是制约企业发展的重要因素，也是制约企业技术创新的重要因素。融资方考虑到技术创新风险很高，未来获得的收益很不确定，对于向创新环节提供资金持谨慎态度或者干脆拒绝。很多民营企业在技术创新环节难以得到外部融资

---

① 例如，2001年苹果公司刚推出iPod音乐播放器时，时任首席执行官史蒂夫·乔布斯（Steve Jobs）不太确定其是否能够成功，曾寻求与索尼联合发布iTunes商店对抗微软，但索尼不想和微软对着干，拒绝了乔布斯的提议。企业要想通过技术创新获得成功是要冒风险的。强如苹果，也有把不准市场"脉"的时候，强如索尼，也会因为害怕冒险而错失市场机会。案例选自路透社：《索尼的派系斗争》（The Sony Schism），2012年3月27日，网络地址：http://www.reuters.com/article/2012/03/27/us-sony-idUSBRE82OOHV20120327。

的支持，技术研发活动完全依靠自有资金。这不仅非常考验企业的资金实力，而且给企业现金流管理造成了极大压力。困扰企业创新环节中的资金需求和资金供给之间的矛盾不是不可调和的，并不是所有的企业都不适合获得技术创新环节的外部融资。但目前的情况是银行等资金供给方与企业难以就资金使用找到双方都能够接受的利益平衡点，企业技术创新环节的融资难题仍然悬而未决。

(二) 知识产权制度建设不完善

在知识产权领域，影响企业技术创新的问题集中地体现在企业发明专利被其他企业侵犯以及职务发明和个人发明之间的纠纷两个方面。很多企业不愿意在自主创新方面加大投入，而是采取模仿、剽窃的手段复制技术、复制产品，给被侵权企业带来经济损失，也进一步恶化了企业自身的技术创新能力。知识产权领域关于职务发明和个人发明界定的诉讼很常见。在诉讼过程中企业增加了内耗，当事人也不能集中精力继续从事研发活动，即使达成和解，也是一个"双输"的结果。知识产权制度建设的不完善，不利于引导企业及个人将技术创新往建设型方向发展，模仿型、重复型和内耗型的技术创新活动仍然不断出现。

(三) 准入障碍和行政壁垒仍然存在

在准入障碍面前，企业连勇于尝试、勇于创新的机会都没有。除必须由国家垄断的领域外，其余都应允许民营企业进入。准入障碍是企业技术创新前就能明确感知的负面因素，出于趋利避害的本能，一些企业选择绕开这些领域。行政壁垒是企业创新之后、新产品推向市场过程中才能感知的，此时企业已经付出了沉没成本，企业处境更加被动。行政壁垒表现为招标中的歧视性条款、地方保护主义措施、过高的许可证要求等。准入障碍和行政壁垒将真正有核心技术、有竞争优势的企业排除在外，使竞争能力较差的企业胜出，阻碍了市场机制的正常运行，不利于创新成果的推广应用。

(四) 淘汰机制建设不完善

很多企业不热衷于技术创新的一个重要原因是即使不从事技术创新仍然能够获得存活的市场空间。在激烈竞争的市场上，这种情况不被容许，怠于进取的企业不可能长期存活。但由于中国地域差距、城乡差距较大，在一些经济发展水平不高、消费水平低的地区，以及城市的低端市场上，低技术企业依然能够获得生存空间。① 如果低端产品能够在这部分市场上适销对路，倒也无妨。但实际情况却是，不创新企业的生存之道是价格竞争，不断压低成本的结果就是产品品质难以得到保障。卫生不达标、质量不达标、产品不耐用等不良情况时有发生。淘汰机制的不完善延迟了市场的自我净化过程，给技术落后企业可乘之机。达不到基本使用要求的低档商品是对各种资源的极大浪费，其生产过程中还常常伴随着恶意排污、高能耗等不友好行为，一些产品对人体有危害或者存在安全隐患，对社会的隐形危害很大。

技术创新是提高中国出口商品竞争力和缩小技术溢出效应逆差的重要支撑，是推动中国外贸发展方式和经济发展方式转型的重要力量。没有什么创新精神是与生俱来的。很多内资企业已经开始重视技术创新问题，有更加尊重创新精神的强烈愿望，但仍有一部分企业继续走低价格—低技术的老路，应该加速这类企业的分化和淘汰。

强调企业技术创新外部环境建设和创新的系统性风险，并非否定企业自身技术创新能力的重要性。企业创新能力不足与创新意愿不强都是技术创新的障碍。企业技术创新能力属于个体性、内生性问题，通过市场竞争能够自发完善，是企业自身可以做到位的事情。但是创新意愿的提升仅凭外界的督促和鼓励是行不通的。市场机制的不断完善才是发扬企业技术创新精神的保障。

促进市场机制发育和完善是社会主义市场经济体制建设的核心任务。市场机制需要相应的制度安排与其配套才能保持灵活有效。不断完善企业技术创新的融资机制，推进知识产权制度建设，进一步消除准入限制和行政壁垒，推动市场淘汰机制建设，营造公正公平、奖优惩劣的市场环境，才能有效地释放被抑制的企业创新意识，引导塑造百舸争流的企业创新精神。

---

① 熊彼特曾指出："经济上的最佳和技术上的完善二者不一定要背道而驰，然而却常常是背道而驰的，这不仅是由于愚昧和懒惰，而且是由于在技术上低劣的方法可能仍然最适合于给定的经济条件。"[美] 约瑟夫·熊彼特：《经济发展理论——对于利润、资本、信贷、利息和经济周期的考察》，何畏等译，商务印书馆1990年版，第19页。

第八章 加速中国外贸技术溢出效应逆差收敛探析

第三节 培育自身累积优势,迈向技术强国目标

一、加快技术优势累积

本书第五章的误差修正模型结果显示,中国进口商品 CVT 值与出口商品 RCA 值之间的回归系数为负。联系本章第一节谈到的中国出口商品竞争力提升情况,两相对照后,本书认为回归系数为负的症结在于:一方面,通过消化吸收技术溢出,中国出口商品竞争力有所提升,但提升的速度滞后于同期进口商品技术水平的提升速度。于是当期出口商品技术水平总是低于进口商品技术水平,等出口商品技术竞争力和技术水平提高了,进口商品的技术竞争力和技术水平又有了进一步提高。另一方面,中国出口商品竞争力提升迫使外国厂商不断将先进技术商品投放到中国市场,以替换先行投放的商品。当前外国厂商在中国市场上投放的新产品已经几乎与其国内生产的新产品同步,2010 年中国制成品进口 TSS 值已经名列全球第三名就是印证。中国外贸竞争力的提升推动了出口 TSS 值向进口 TSS 值的收敛,但同时我们也看到中国制成品进出口 TSS 值的收敛速度很慢,制成品出口 TSS 值提升速度有限,中国制成品出口 TSS 值全球排名提升缓慢等严峻事实。如果中国不主动做出一些安排和调整,制成品贸易技术溢出逆差恐怕长期不能收敛至平衡。因此,中国要想成为技术强国,必须打破"路径锁定"。

国家间的竞争既是不同国家企业技术创新能力和技术实力的竞争,也是国家之间发展战略、制度、体制和机制的竞争。没有好的制度作保障,技术优势或是什么别的优势都不可能保持得长久。在资本主义萌芽阶段,地中海沿岸的威尼斯、佛罗伦萨是当时欧洲技术水平最先进的城邦,也是欧洲的经济中心,但在随后的发展进程中,这些城邦没有保持住自身的领先地位。伊比利亚半岛的西班牙和葡萄牙曾是欧洲最富有探险精神和最富裕的国家,但也没有把握住机会,没能发展成为欧洲强国。反之,有好的制度作保障,没有什么累积优势和路径锁定是打不破的,荷兰、英国、法国、德国后来居上、成功守业,这种影响一直延绵至今。如今西北欧国家高度发展的贸易技术结构和高贸易技术溢出顺差格局正得益

于这笔厚重的历史遗产。

庞大的生产制造能力是一项战略资源，技术累积优势也是一项战略资源。对于前者，中国借助丰富的劳动力禀赋等资源，花了大约30年时间将其掌握；对于后者，目前中国尚未获得，但孜孜以求。打破技术锁定的关键是加快形成自身的技术累积优势。2005年的《中共中央关于制定国民经济和社会发展第十一个五年规划的建议》就已经把增强自主创新能力提升到"国家战略"的高度，要求把增强自主创新能力作为科学技术发展的战略基点和调整产业结构、转变增长方式的中心环节。[①] 不管是否冠以战略一词，推动本国经济发展方式转变、提高本国经济发展的质量和效益、提高本国商品的技术含量和竞争力是任何一个追求强盛的国家的必然选择。每一个国家都有责任在当代条件下拿出自己独特的解决办法，古今中外，概莫能外。影响技术进步与技术发展的远不止经济因素，政治的、文化的、军事的、宗教的等其他社会条件和因素也会影响其路径和速度。在加快中国自身优势累积的过程中，靠市场机制自发完善能够调节的只是一个侧面，应当进一步冲破束缚发展的藩篱和瓶颈，创造一个尊崇创新的社会环境，应当让中国特色社会主义市场经济制度的优越性有更大的发挥空间。

二、激活企业家创新精神

市场和企业家对于运营良好的经济和运营良好的社会都至关重要。并非所有的企业掌门人都称得上企业家。不管是白手起家创办一家企业的私营企业主或集体企业的负责人，还是打理国有企业的经理，如果只是在重复性地做他们所熟悉的事情，绝难成为真正的企业家。企业家是以一种崭新而出乎意料的方式把所有东西组合起来的人，企业家的职能是创新，创新精神是企业家最优秀的气质。[②]

既然企业家创新精神是推动社会繁荣发展的重要力量，那就值得专注于营造一个尊崇创新、鼓励企业竞争发展的社会环境。当前，外部市场环境和市场机制

[①]《中共中央关于制定国民经济和社会发展第十一个五年规划的建议》，《人民日报》，2005年10月19日，第一版。
[②]〔美〕约瑟夫·熊彼特：《经济发展理论——对于利润、资本、信贷、利息和经济周期的考察》，何畏等译，商务印书馆1990年版，第76、86页。新组合的五大范畴是：a.采用一种新的产品……或一种产品的一种新的特性；b.采用一种新的生产方法……；c.开辟一个新的市场……；d.掠取或控制原材料或半制成品的一种新的供应来源……；e.实现任何一种工业的新的组织，比如造成一种垄断地位……或打破一种垄断地位。

建设中还存在这样那样的不足，这是影响企业创新和持续经营的一个方面，但千千万万的企业领导人绝不应该就此放弃追求。如果只是贪图眼前的成功、追求自我享乐，不但企业发展不会长久，而且家族财富和社会地位也只消一两代人就耗散殆尽。技术优势是需要不断累积的，尽管新的企业会不断涌现，填补已衰亡企业的市场份额，但新设立企业对技术创新风险的认识与自身技术创新能力的积累都比不过持续经营的企业。调查显示，中国中小企业的平均寿命约为3年，集团企业的平均寿命仅7~8年，与欧美企业平均寿命20多年相比，国内企业能够累积起来的技术战略资源肯定有限。国际品牌和百年老店不足是中国与外国技术强国相比最直观的差距。

企业规模等数量化指标并不能有效评判企业竞争力高低。有这样一类企业，规模固然很大，产值固然很高，吸纳就业人数固然很多，但只是简单从事生产装配，缺乏核心技术，经营和业务模式固定僵化，再加上上游供应商处于寡头垄断地位，下游消费者对价格又十分敏感，于是利润率下滑，进一步致使生产和研发相互之间难以正常推进。企业经营如果走这样一条道路就会将自己逼到墙角，陷入经营困境是迟早的事情。眼下，这类企业并不在少数。

相反，一些企业不求规模大，也不求经营种类丰富，而是高度专注于某个领域，能够在一两个技术环节上获得相对于其他企业的技术领先优势，从而享有自主的定价权，能够将利润维持在一个适宜进行高强度技术研发的水平，从而顺利实现"生产—研发—再生产"之间的良好互动。这类企业做好了，也能达到一定的规模，甚至发展成为跨国公司，成为全球这一领域的冠军。

在市场这根指挥棒下，总会有部分企业主动避开利润率薄的领域，进入能够获得更高利润率的领域，这类领域往往是新兴的、代表未来产业发展方向的，通常也是国家产业政策鼓励发展的领域。一旦企业成功发展起来，就有实力推动该领域的发展，从而成为这一新兴领域的龙头。上述两类企业都是中国积累技术优势过程中的宝贵资源，将是未来中国企业的骄傲。

企业能否脱颖而出成为技术创新能手，除受外因影响外，关键的内因在于企业领导人是否具有坚定的追求成功的决心。按照熊彼特的说法，企业家必须具备三种非享乐主义动机：首先，存在有一种梦想和意志，要去找到一个私人王国，常常也是（虽然不一定是）一个王朝。……其次，存在有征服的意志：战斗的冲动，证明自己比别人优越的冲动，求得成功不是为了成功的果实，而是为了成功本身。……最后，存在有创造的欢乐，把事情办成的欢乐，或者只是施展个人的能力和智谋的欢乐。①追求成功的决心对企业发展异常重要，企业领导人应自觉地将个人旨趣引导到同步实现自身成功和为社会提供更优质、更具创新性产品上来。

三、引导制造业实体健康发展

近30年来，中国经济发展的突出成就之一是进一步建立起庞大且门类齐全的生产制造体系。这对于中国几亿劳动人口的就业和十几亿人口收入水平的全面提升、对于维护改革开放和经济建设发展稳定的大局具有重大意义。这也是中国从制造业大国向制造业强国和技术强国迈进的资本。

（一）粗放型发展模式走到尽头

当前中国制造业实体经济发展面临的困难和问题主要表现为：

（1）非实业投资获利，企业发展"脱实务虚"。当前，一部分企业有偏离制造业实体的苗头，资金主要流向房地产、股票市场等领域。若流走的资金不能及时地回流，反哺实体经济，势必影响制造业实体的健康发展。部分资金短期内停留在非实体领域即尝到炒作带来的高额利润，势必无意回归制造业实体，并对仍然从事制造实业的企业造成巨大吸引，不利于制造业实体经济的稳定发展。

（2）流通领域环节多、费用高，挤压企业利润。流通环节给制造业企业带来的困扰，一是企业物流成本高，二是经销、分销环节多。前者主要是与交通收费环节多、燃油价格上涨快有关；后者主要涉及销售环节层层加价，制造业企业被迫调低出厂价格以维持终端零售环节价格竞争力，于是制造业企业利润"两头"受挤压。

（3）信贷融资成本高，企业资金链紧绷。制造业企业信贷融资成本高且受政府宏观调控和货币政策影响较大。当银根紧缩、存款准备金不断提高时，企业融资难度进一步加大。审批手续多、贷款发放慢，也会对企业生产安排带来负面影响。部分企业不能满足银行贷款条件，寻求非银行融资，资金成本进一步走高。

（4）工资上升、原料价格上涨，进一步侵蚀制造业企业利润。中国劳动力工资已进入上升通道，用工成本的持续温和上涨已不可避免，石油价格、农产品和大宗商品以及制造业企业原材料价格的上涨合力致使企业生产成本不断攀升，生

---

① [美] 约瑟夫·熊彼特：《经济发展理论——对于利润、资本、信贷、利息和经济周期的考察》，何畏等译，商务印书馆1990年版，第107页。

产经营压力增大，净利润下滑明显。

（5）实体经营的税费负担依然很高。当前，中国企业的税费负担普遍相对较重，尤其对于中小企业和新创业企业而言。除纳入财政预算的税收和收费外，企业还负担着相当一大部分没有纳入预算的各种收费。税费负担重会削弱生产者的竞争力和发展后劲，乱收费现象大大增加了企业有形与无形的运营成本，从而制约制造业实体经济的发展。

多年来中国制造业企业注重仿制产品，不注重原创设计；注重改观样式，不注重核心技术自主研发；注重依靠劳动力数量和成本优势，不注重提升劳动作业精细化程度和产品服务水平；注重价格竞争，不注重形成差异化的投资和竞争格局；注重抢"蛋糕"，不注重开拓新市场。这种粗放型发展模式已经走到尽头。

（二）坚持不懈地追求创新是唯一的正确方向

中国制造业发展面临挑战并不意味着制造业空间发展遭遇瓶颈，相反中国制造业未来发展空间还很大。从外部市场来看，世界市场已经对中国产生依赖，中国在全球低技术、中低技术和中等技术商品制造及出口领域占据着重要份额，未来在中高技术和高技术商品制造领域的份额还有很大的提升空间。从国内市场来看，中国工业化和城市化进程的推进需要强健的制造业体系作支撑，国内消费者对产品品质和服务质量的日益苛求与消费的换代升级将催生出巨大的需求。要想保持得之不易的出口形势，防止中国占全球出口份额的逆转，增加出口对国民福利的贡献，就必须进一步提升制造业发展水平。克服"中等收入陷阱"，实现人均 GNI 从当前的约 4500 美元上升到 10000 美元的水平，也必须保持制造业的健康稳定发展。

只有不断创新，企业发展才能长久，才可能摆脱微利经营局面。技术研发是企业创新的核心内容，但创新不仅限于实验室的技术研发。技术是一个广义的概念，既包括技术性知识物化凝结并能够实施于生产的工具、设备、装置等"硬体"内容，也包括默会知识、工艺流程、技术诀窍以及管理信息系统、商业模式等能提高生产系统组织与协调有效性的知识、经验与方法等"软体"内容。"硬体"和"软体"技术水平的提高都有助于增加产品附加值和企业利润空间。中国制造业企业与发达国家制造业企业的技术差距既表现在"硬体"方面，更表现在"软体"方面，中国制造业企业的转型升级需要在这两方面都获得提高。

企业技术创新也要避免低水平重复性建设，绝不能关起门来搞。企业应该密切关注外部技术创新动向，充分了解国内外同行技术发展趋势，充分吸收外部技术创新信息。创新的本质并不是从无到有，而是要想办法在现有基础上更好地整合资源。企业应该尽快在一些重点领域和关键环节取得技术突破，着力提高原始创新能力，不断增强集成创新能力和消化吸收再创新能力。

（三）制造业转型升级需处理好三对关系

制造业转型升级过程中需处理好三对关系：一是传统劳动密集型制造业与非劳动密集型制造业的关系；二是制造业实体与商贸流通及高端服务业等非制造业实体的关系；三是制造业实体经济与虚拟经济的关系。

国情、世情都充分说明中国必须以制造业立国，必须坚定发展包括劳动密集型制造业在内的各制造业行业。中国人口众多、就业压力大，有发展劳动密集型制造业的条件和迫切要求。在一系列劳动密集型商品上中国都拥有较强的比较优势。世界依赖中国的劳动密集型商品这个特征在今后相当长一段时间内都不会改变。中国制造业转型升级绝不等同于放弃发展劳动密集型制造业。企业转型升级应该从自身熟悉的领域做起。技术基础比较好的企业当然可以向高端制造业领域拓展，但向发达国家拥有比较优势的高端制造业全面发起挑战的时机还未成熟。当前中国制造业体系门类齐全但缺乏纵深发展，偏于扁平化，向梯形或金字塔形方向发展是未来转型升级的目标。

服务业也是实体经济，但服务业的发展必须以更发达的制造业为基础，以促进制造业发展为前提。当前问题之一出在制造业和商贸流通类服务业协调发展上。中国市场经济改革最早是从商贸流通领域开始的，但从目前形势看，这一领域的发展已经严重滞后于并制约了制造业的发展。应该进一步深化商贸流通领域改革以推动改革事业的深化发展。问题之二出在制造业和高端服务业协调发展上。高端服务业通常包括设计、营销、展会、动漫、中介服务、信息服务、银行等金融服务、总部经济等类别。高端服务业能够为制造业发展提供润滑剂和燃料，能帮助制造业提升附加值和综合竞争力。失去高端服务业的外部支持，粗放式制造业发展模式将难以顺利实现转型。发展高端服务业已经成为发达地区，尤其是大中城市热衷的目标。但绝不能为发展高端服务业而刻意压低和排斥制造业的发展，应该努力谋求制造业和高端服务业的互动发展，通过促进高端服务业发展带动制造业企业向提高运营管理效率和品牌、研发等高端方向延伸。

虚拟经济是在信用关系基础上衍生的，借助股票、债券、期货、期权等权益性证券流通的经济活动。人们创造虚拟金融工具的初衷是促进社会零散资金集中于社会化大生产，分散实体经济投资风险，原本是一种有利于提高实体经济运行效率的制度创新。但随着金融创新和金融衍生品的发展，虚拟经济发展逐渐偏离实体经济，从服务于提高实体经济运行效率异化为纯粹投机，由此给经济发展造成破坏甚至引发危机。当然，制造业发展外部融资问题的解决、兼并收购等活动的开展仍然有待于股票等证券市场的进一步发展，不能拒绝发展虚拟经济。对待虚拟经济的正确态度是努力发挥其为实体经济服务的一面，抑制其投机炒作的一面。目前，在这两个方面都有很多工作有待解决。

（四）区分体制、机制和政策的适用范围

制造业转型升级过程中也需区分体制、机制、政策的适用范围与企业自身的能动范围。制造业企业发展过程中遇到的困难和问题部分是外因造成的，部分是由于企业自身进取意识不强、抗风险能力以及环境应变力不足等内因造成的。如果是企业通过自身努力能够调整到位的，则应该放手让企业去做，政府只需引导企业能动性的发挥。如果是政府政策不到位而带来的问题，则应该区分问题是出在体制、机制方面还是政策措施方面，而不是盲目调整。

体制是制度行之于外的实施形式，是制度原则的具体化。当前与制造业企业创新发展和转型升级迫切相关的体制性问题集中体现在投融资体制、财政税收体制、劳动就业体制、社会保障体制、科技创新体制等方面。当体制存在缺陷，或是没能随实际情况发展而相应改变时，制度的作用就不能得到应有的发挥。这时，就需要改革过时的、有缺陷的和不符合实际情况的旧体制，建立适应经济社会发展的新体制。

机制通过其内部组成要素按照一定方式相互作用而实现特定功能。机制也是从属于制度的。过去人们往往比较重视社会基本制度和体制的设计，对机制设计重视不够，当前亟须深化建设和完善的是市场机制，如竞争和淘汰机制、激励机制等。

政策是各级政府制定的工作步骤和具体实施措施，是政府与各社会主体和经济主体产生联系的直接纽带。制造业企业发展不能等政策，绝不能因为外部环境还不到位就延迟发展。反过来，政府部门也应该为企业创新发展提供相应的政策服务，引导制造业企业加快转型升级。利用政策推动制造业发展和转型升级的一个重要原则是绝不能以更大的政府干预来解决本身就是由政府干预所导致的问题。

结 论

一、本书的主要结论

(一) 关于中国贸易技术溢出效应逆差

贸易技术结构高度化和贸易技术溢出效应逆(顺)差是本书提出的两个概念。贸易技术结构高度化借用了产业结构高度化这一提法,是指随着一国进口或出口更多更具技术含量的商品使得贸易技术结构不断优化的发展过程。为便于分析比较,本书进一步设计了贸易技术结构高度化指数,即 TSS 指数。利用该指数对全球各经济体贸易技术结构高度化发展水平进行了测算,编制了 1992 年、2001 年和 2010 年三个典型年份的全球排行榜,从中得到一些新发现:几乎所有发展中国家都是进口 TSS 值高于出口 TSS 值,而绝大部分 OECD 发达国家是出口 TSS 值高于进口 TSS 值。本书将前种现象称为"贸易技术溢出效应逆差",将后种现象称为"贸易技术溢出效应顺差"。贸易技术溢出效应逆差或顺差是全球不同经济体贸易技术结构高度化发展中呈现出的两种不同状态。贸易技术溢出效应尤其是制成品贸易技术溢出效应是顺差还是逆差可以视作衡量一个国家是否是技术先进国的重要标准。根据这一标准,即使是通常认为属于发达国家集团的西班牙、希腊等国也不在贸易技术溢出效应顺差国之列。

对中国整体贸易技术结构高度化发展的分析显示,近 20 年来,中国进口 TSS 值和出口 TSS 值都有所提升,但出口 TSS 值一直低于进口 TSS 值。虽然中国一直处于贸易技术溢出效应逆差状态,但逆差程度在不断收敛。以 2000 年不变美元价格计算,中国出口 TSS 值约从 1992 年的 9000 美元上升到 2010 年的

12000 美元，进口 TSS 值约从 1992 年的 12500 美元上升到 2010 年的 13700 美元。

对中国制成品贸易技术结构高度化发展的分析显示，中国制成品贸易技术溢出效应逆差收敛情况次于整体贸易情况，制成品出口 TSS 值约从 1992 年的 9200 美元上升到 2010 年的 12300 美元，制成品进口 TSS 值约从 1992 年的 13200 美元上升到 2010 年的 16000 美元。制成品贸易进口 TSS 值提升速度过快是中国制成品贸易技术溢出效应逆差较整体贸易技术溢出效应逆差难以收敛的重要原因。

本书预测了中国未来贸易技术溢出效应逆差收敛情况，结果显示，按照当前发展速度，约到 2021 年前后，中国整体贸易 TSS 值将收敛至平衡。那时，中国制成品贸易仍然处于技术溢出效应逆差状态，预期逆差额将由 2010 年的 3457 美元缩小至 2021 年的 2160 美元。中国制成品贸易技术溢出效应由逆差实现平衡任重而道远，完成这项任务必须建立在提高国内制造业企业自主创新能力、促进制造业企业技术创新发展的基础之上。

（二）关于中国进出口贸易技术结构

贸易技术结构分析是本书的一个专题，本书意在通过各国贸易技术结构的对比展示其技术发展水平的差异。当前国内有关国别贸易技术结构的研究多半停留在 SITC 一位码或二位码水平，对应的商品分类口径只涉及 10 个或 67 个种类，涉及的年份也不够全面。有鉴于此，本书改进了流行的商品技术含量测度方法，提出了"技术商业化价值"指数，即 CVT 指数，逐年计算了以 2000 年不变价格计的 1992~2010 年 19 个年份、全球 1033 种贸易商品的 CVT 值。在对中国贸易技术结构展开分析之前，本书尝试先对世界贸易技术结构进行分析，以便将有关中国的分析置身于世界背景之下，加深对世界贸易格局和中国在世界贸易格局中地位的认识。

对国际贸易技术结构和国际贸易商品技术含量的分析显示，高收入国家具有全球领先的贸易竞争力和贸易地位，其贸易技术结构呈橄榄形特征。高收入国家出口的中等以上技术商品贸易比例显著高于中等收入国家，并极大地高于低收入国家整体水平。高收入国家占全球中等、中高和高技术商品贸易的比重分别高达七成、八成，甚至接近九成。即使是在全球中低和低技术商品贸易领域中，高收入国家也依然占据全球主力份额。在当前世界贸易格局中，高收入国家一股独大，中高收入国家贸易地位并不突出，中低收入国家和低收入国家在国际贸易中处于边缘化位置。

对中国出口贸易技术结构的分析显示,纵向比较来看,近20年来,中国出口贸易技术结构明显优化,低技术和中低技术商品出口比重显著减少,中等技术商品出口比重明显增加,实现了以中低和低技术商品出口为主向以中等技术商品出口为主的转变,但中高和高技术商品出口比重未有显著提升。横向比较来看,当前,中国高技术和中高技术商品出口比重低于全球整体水平,低技术和中低技术商品出口比重高于全球整体水平,出口贸易技术结构的橄榄形特征还不明显。中国在中高收入国家组别中居上游水平,与高收入国家和全球整体水平相比仍有很大差距,与美、日、德三大发达国家相比贸易技术结构上的差距更大,这是中国目前在全球贸易格局中定位的基本写照。高技术商品占比薄弱、低技术商品占比过大是中国出口贸易技术结构的主要问题。未来调整的重点将是提升高技术和中高技术商品出口比重,降低中低技术和低技术商品出口比重,使整个出口贸易技术结构进一步朝橄榄形方向靠拢。

对中国进口贸易技术结构的分析显示,中国进口贸易技术结构高于出口贸易技术结构,也高于全球整体水平。进口贸易技术结构的橄榄形特征比较显著。近20年来,中等技术商品进口比重明显增多,是最主要的进口商品类型,目前约占中国进口比重的一半;中等以下技术商品进口比重十分稳定,以资源、能源、原材料等初级品为主;中等以上技术商品进口比重呈下降趋势。

未来中国出口贸易结构调整的近期目标是提高中高和高技术商品出口比重合计5个百分点,降低中低和低技术商品出口比重合计5个百分点,大约相当于把低和中低、中等、高和中高技术商品这三大块的出口贸易比重设定在35∶50∶15的水平。中国出口贸易结构调整的中期和远期目标是在实现上述近期调整目标的基础上,进一步提高中高和高技术商品出口比重合计5个百分点和10个百分点,进一步降低中低和低技术商品出口比重合计5个百分点和10个百分点,大约分别相当于把低和中低、中等、高和中高商品这三大块的出口贸易比重设定在30∶50∶20的水平,以及25∶50∶25的水平。

中国出口贸易技术结构调整目标可与整体贸易及制成品贸易技术溢出效应逆差收敛目标相匹配。出口贸易技术结构调整近期目标的实现将有助于中国整体贸易技术溢出效应走向平衡,而要实现制成品贸易技术溢出效应由逆差走向平衡则有待于中期甚至远期调整目标的实现。

当前中国进口贸易技术结构高度化发展指数已经达到相当高的水平,未来进口贸易技术结构调整的重点在于稳定而不是继续追求数量化提高。应该是继续稳定中低和低技术水平的资源、能源、工业原料进口，以保障国民经济的正常运行。继续稳定高技术和中高技术商品进口比重，把对高技术和中高技术商品进口的调节重点放在提高技术溢出吸收能力、扩大进口贸易技术溢出效果上。对于中国自身劣势比较明显的产业，如机械设备产业等，进口商品对国内同类商品的竞争冲击过大则不利于国内相关产业成长。应着力研究这类高技术和中高技术商品进口的方式方法，深入评估这类商品进口对国内市场竞争和技术创新的影响。

(三) 关于中国贸易技术溢出效应

中国贸易技术结构分析和贸易技术溢出分析是本书相互交织的两条线索。当前实证研究中，凭计量关系断定贸易技术溢出效应大小和机制的分析思路是有缺陷的。不同国家贸易技术结构差异很大，如不解剖贸易技术结构则很难把贸易技术溢出的机制描述清楚。通过对中国贸易技术结构的分析，本书发现在利用进口贸易获得国外技术溢出方面，中国其实一直做得很好，主要表现为：

(1) 从进口商品技术结构看，中高和高技术商品一直在中国进口中占较大比重。目前，中国进口贸易技术结构高于全球整体水平且显著高于中国出口贸易技术结构。

(2) 从进口贸易技术结构高度化发展情况看，近年来，中国进口贸易尤其是制成品进口贸易技术结构高度化指数攀升很快。1992年中国制成品进口TSS值全球排名第40名，到2010年，中国该指数排名为全球第3名。

(3) 进一步从进口贸易商品技术含量看，近20年来，在全球1033种贸易商品中，SITC7"机械及运输设备"类商品技术含量提升速度和整体技术水平进步最快。SITC7一直以来也是中国占比最高的进口商品类型，平均占中国进口金额40%以上的比重，是中国吸收国外技术溢出的典型商品。

中国进口贸易技术结构的快速提升很大程度上受国内技术水平提升和出口商品竞争力提升的影响。正是得益后两者的改善，使得外国厂商更加重视中国市场，不断将最先进技术商品引进到中国。中国占全球高技术和中高技术商品进口贸易的份额分别从1992年的2.3%和2.2%上升至2010年的9.6%和11.2%，在全球中等以上技术商品进口贸易领域已占有重要地位。

出口商品RCA比较优势指数值和进口商品CVT技术含量值之间的误差修正模型分析表明，进口CVT值对出口RCA值的调节作用长期内呈收敛趋势，进口贸易技术竞争效应对出口商品比较优势提升具有促进作用。知识溢出效应和竞争效应是进口贸易作用于国内技术进步的两条不同机制，也是技术溢出的两种实现形式。回归模型表明，这两种不同效应的回归系数一正一负，体现了进口贸易的不同作用机制对中国技术进步的不同影响。

行业层面技术溢出分析研究表明，进口贸易知识溢出对中国制造业行业全要素生产率提升的影响为正，行业 R&D 投入对制造业行业全要素生产率提升的影响也为正，但进口贸易竞争效应为负。本书根据中国 22 个制造业行业 TSS 值的高低，将 22 个行业分为低 TSS、中 TSS 和高 TSS 三个组别。进一步的回归分析表明，进口贸易知识溢出效应、本行业 R&D 投入的影响和进口竞争效应的程度在低、中、高三个组别中依次递增；高 TSS 制造业行业受进口贸易知识溢出的影响程度最高，行业 R&D 投资对行业 TFP 的促进作用最明显，受进口竞争的负面冲击也最大。

（四）关于中国制造业的技术进步

根据企业技术创新活动的新趋向和经济学对技术认识的拓展，本书倾向于从广义角度看待技术，认为技术不仅包括生产工具、设备和装置等物化表现形式，还包括默会知识、工艺流程、技术诀窍以及管理信息系统、商业模式等能提高生产系统组织与协调有效性的知识、经验与方法等非物化表现形式。

决定和推动一国技术发展的必然是内在的技术创新，而不是外在的技术溢出或其他力量。固然技术创新和 R&D 活动本身很重要，但技术只能在具体时间、具体事情、具体环境中才能发挥其功能，离开了特定的时间、事情和环境，技术的功能将大打折扣。靠集中人力、财力、物力实现重大技术突破只能在局部领域可行，中国要想全面缩小与发达国家之间的技术差距，着实有待于经济发展差距的同步缩小和经济社会制度的完善与改进。国家间的竞争既是不同国家企业技术创新能力和技术实力的竞争，也是国家之间发展战略、制度、体制和机制的竞争。

国内目前技术创新水平较低，一方面是由于企业创新能力不足，另一方面在于仍然存在阻碍创新的制度性障碍。企业创新意愿的提升仅凭外界的督促和鼓励是行不通的。市场机制的不完善加大了企业技术创新的系统性风险。在成熟市场经济国家，市场系统性风险很低，企业通常只需专注于技术创新活动本身就可以了。目前，中国社会主义市场经济体制建设中还有许多不完善之处，企业不得不分散一部分精力应对这些非市场化因素，从而对企业创新精神产生了抑制作用。

结　论

在加快中国自身技术优势累积、打破路径锁定的过程中，靠市场机制完善能够调节的只是其中一个方面。应当进一步解放冲破发展的藩篱和瓶颈，创造一个尊崇创新的社会环境；应当让中国特色社会主义市场经济制度的优越性有更大的发挥空间；应该继续完善社会主义市场经济体制，促进体制创新；应该不断完善企业技术创新的融资机制，推进知识产权制度建设，进一步消除准入限制和行政壁垒，推动市场淘汰机制建设，从而释放被抑制的企业创新意识，引导塑造百舸争流的企业创新精神。

多年以来，中国制造业企业注重仿制产品，不注重原创设计；注重改观样式，不注重核心技术自主研发；注重依靠劳动力数量和成本优势，不注重提升劳动作业精细化程度和产品服务水平；注重价格竞争，不注重形成差异化的投资和竞争格局；注重抢"蛋糕"，不注重开拓新市场。这种粗放型发展模式已经走到尽头。制造业企业应该尽快在一些重点领域和关键环节取得技术突破，全面提高原始创新能力，不断增强集成创新能力和消化吸收再创新能力。

中国制造业转型升级过程中需处理好三对关系：一是传统劳动密集型制造业与非劳动密集型制造业的关系；二是制造业实体与商贸流通及高端服务业等非制造业实体的关系；三是制造业实体经济与虚拟经济的关系。制造业转型升级过程中也需区分体制、机制、政策的适用范围和企业自身的能动范围。企业通过努力和改进能够调整到位的，应该放手让企业去做，政府的努力方向是为企业创新发展提供良好的制度保障，引导制造业企业加快转型升级。

本书尝试将贸易技术溢出理论融入到对中国技术发展阶段和贸易技术结构高度化发展阶段的判定研究中。虽然本书采用的是贸易数据，分析的是贸易技术结构，借用的是贸易技术溢出理论模型，但本书把国际贸易作为观察和分析技术对经济增长的影响及其互动关系的一个基本视角，通过比较不同国家的贸易技术结构揭示国家间经济与技术的发展差距，通过辨析国别贸易技术溢出效应逆（顺）差状态判定一国经济与技术的发展阶段。

本书基本实现了开篇设定的研究目标。对中国与发达国家相比技术差距有多大、得自国外技术溢出的利益有多大这两个基础性问题给予了一个基于国际贸易视角的解答。对篇首提出的如何更好地促进中国从经济大国和贸易大国迈向经济强国和贸易强国这一时代命题进行了独立的思考和探索。

二、研究的不足与进一步的研究方向

本书也存在诸多不足和需进一步拓展提升的地方。本书的主旨在于思考如何推动中国从经济大国和贸易大国迈向经济强国和贸易强国。显然，这是一个宏大的发展经济学命题，绝非一本书能够遍历的，本书只是涉及了该问题的一些方面。

与已有文献相比，虽然本书将贸易技术溢出和贸易技术结构分析推进到了商品层面和 SITC 四位码层面，但主要是充分利用了联合国 Comtrade 数据库的贸易数据。虽然本书对 C-H 模型进行了修正，但没有突破传统的贸易技术溢出研究框架。实证分析中，前人已经发现一些国家吸收的技术溢出大于对外的技术溢出，还有一些国家对外的技术溢出大于其吸收的技术溢出，本书只是借助统计分析手段将其加以展示。如果说本书做了一些有意义的工作的话，恐怕就在于将贸易技术结构分析引入传统贸易技术溢出分析领域，利用贸易技术结构高度化指数对各国贸易技术溢出效应逆（顺）差程度和走势进行了量的刻画和比较，并给予了一个全球视角的统计支撑和证实，寻找到了一些关于中国近 20 年来贸易技术结构及其发展中的规律和特征。

本书对中国经济技术发展中所存在的问题、技术发展与经济发展的互动机制等问题挖掘得不够，关于中国技术进步和贸易结构改善的探讨不够细致、深入。一方面，这与本书研究问题的复杂性、目标设定的有限性、研究任务的阶段性有关；另一方面，与笔者自身对主旨问题的思考、驾驭和积淀尚浅有关。希望在以后的学术生涯中继续深化有关研究。

战略性贸易政策研究是新国际经济学中的一个重要领域。战略性贸易理论和政策听上去很容易让人产生警惕或引起重视，而要想冷静地识别战略性产业并实施战略性政策是有难度的。本书的研究中只是略涉及战略性贸易理论和政策领域，对来自国外进口竞争效应的研究、对进口贸易知识溢出效应的研究以及对制造业行业贸易发展与技术创新的研究需要进一步深入地借助该理论框架展开分析。

对国际贸易以及经济发展等问题的研究不能没有一个广阔的国际视角。本书在这方面做了一些努力，但做得还不够，有必要更多地开展对先进国家经验教训的研究和中外比较性分析。

对于技术溢出和技术进步这一专题，不仅需加强对双边贸易流量和双边贸易技术溢出的分析，还需加强对 FDI、专利等其他技术扩散渠道中技术溢出效应的分析，以及加强对中国对外技术溢出的研究，更深入地探讨中国在全球化活动中如何扮演更积极的角色、获得更多的双赢和多赢利益、构建更加和平稳定的发展局面等问题。

本书利用国际贸易数据研究中国技术进步和技术发展问题的一个务实考虑是微观企业调研数据难以获取。如果能利用制造业企业以及出口型制造业企业的相关调研数据，则有利于更深入地分析制造业企业在技术创新方面的困难和需求、制造业发展与经济发展和国民福利之间的关系、制造业发展与进出口贸易之间的影响机制、企业技术创新环境构建等诸多问题。

本书的一点遗憾是原始贸易数据采用的是 SITC 四位码编码而不是更高口径的五位码编码。SITC 第三版将商品分为 10 大类、67 章、262 个组、1033 个子目和 2970 个基本标题，各级编码所涵盖的信息量是非线性递增的。如果一些高级研究项目不能满足于四位码贸易数据分析，那么进行更细致的 SITC 五位码或 HS 八位码贸易数据研究是有必要的。

笔者推崇德国历史学派历史导向性的研究方法和政策主张，重新重视和借鉴历史学派的现实意义十分突出。在研究本书所追求的主旨问题时，既应该坚持抽象演绎的理论分析，但也绝不应该忽视经验实证性分析；在坚持以下观点的同时——哲学决定科学范式，范式决定基础理论，基础理论决定具体理论，具体理论决定模型，模型决定模式——也绝不应该忽视对理论、模型和经济行为所处的社会环境和制度的研究。

附 录

附录一 第三章附表

表 A3-1 2010年全球四种收入类型国家及全球整体出口贸易技术结构比较

单位：%

项目＼类别	低收入国家	中低收入国家	中高收入国家	高收入国家	全球整体
低技术商品	56.0	26.6	12.8	4.2	7.6
中低技术商品	33.8	44.7	40.7	25.2	31.0
中等技术商品	7.6	23.1	36.7	45.3	40.2
中高技术商品	2.3	4.4	7.8	18.7	16.4
高技术商品	0.4	1.2	1.9	6.5	4.8

注：与图 3-3 相对应。

资料来源：根据联合国 Comtrade 商品贸易数据库等有关资料计算整理。

表 A3-2 2010年中国与世界主要经济体及全球整体出口贸易技术结构比较

单位：%

项目＼国别	中国	美国	德国	日本	欧盟	东盟	全球整体
低技术商品	11.0	4.7	2.9	1.5	4.2	10.7	7.6
中低技术商品	32.5	23.7	15.5	10.9	20.0	26.1	31.0
中等技术商品	44.3	45.0	55.4	62.4	48.1	51.9	40.2

续表

项目 \ 国别	中国	美国	德国	日本	欧盟	东盟	全球整体
中高技术商品	9.9	19.1	20.2	16.4	20.9	9.2	16.4
高技术商品	2.3	7.5	6.0	8.8	6.8	2.1	4.8

注：与图 3-4 相对应。
资料来源：根据联合国 Comtrade 商品贸易数据库等有关资料计算整理。

表 A3-3　2010 年世界其他主要经济体出口贸易技术结构比较

单位：%

国别 \ 项目	低技术商品	中低技术商品	中等技术商品	中高技术商品	高技术商品
奥地利	3.7	21.2	50.9	17.4	6.8
比利时	5.2	21.9	44.7	21.7	6.5
丹麦	5.2	23.0	45.7	19.9	6.3
芬兰	2.5	16.2	46.1	29.2	6.0
法国	4.3	22.0	44.7	24.9	4.1
希腊	12.5	30.6	46.3	8.4	2.2
冰岛	0.9	8.1	28.2	37.9	24.8
意大利	5.9	26.7	44.5	18.0	4.9
卢森堡	1.6	16.9	34.6	19.4	27.6
荷兰	5.7	19.8	56.4	14.0	4.0
葡萄牙	12.7	35.8	41.2	8.7	1.6
西班牙	8.3	27.0	47.4	14.2	3.0
瑞典	2.0	16.7	52.3	24.9	4.1
瑞士	1.2	9.4	30.4	31.8	27.2
英国	2.7	26.4	40.4	23.3	7.3
韩国	3.8	14.9	62.6	15.4	3.3
俄罗斯	5.3	42.0	47.1	3.7	1.9
印度	18.3	26.5	47.2	6.1	1.9
巴西	17.3	41.3	32.6	7.5	1.4
泰国	11.7	31.4	48.1	7.8	1.0
新加坡	1.6	9.1	71.4	13.9	4.0
菲律宾	11.1	29.9	54.5	3.7	0.8
马来西亚	13.0	29.9	48.1	7.5	1.5
印度尼西亚	25.2	50.5	19.0	4.6	0.7
澳大利亚	5.8	47.1	40.4	4.2	2.6
加拿大	3.4	37.4	44.3	11.5	3.3
以色列	6.0	36.3	28.9	25.4	3.3

注：是对表 A3-2 的补充。
资料来源：根据联合国 Comtrade 商品贸易数据库等有关资料计算整理。

表 A3-4　2010 年世界其他主要经济体出口占各类技术商品全球贸易额的份额

单位：%

项目 国别	占全球低技术商品贸易的份额	占全球中低技术商品贸易的份额	占全球中等技术商品贸易的份额	占全球中高技术商品贸易的份额	占全球高技术商品贸易的份额	占全球商品贸易总额的份额
奥地利	0.5	0.7	1.3	1.2	1.5	1.1
比利时	2.2	2.3	3.5	4.8	4.3	3.3
丹麦	0.5	0.6	0.8	1.0	1.0	0.8
芬兰	0.2	0.3	0.6	1.1	0.7	0.6
法国	2.2	2.9	4.4	6.8	3.4	4.0
希腊	0.3	0.2	0.2	0.1	0.1	0.2
冰岛	0.1	0.2	0.6	2.4	4.7	0.9
意大利	2.6	3.1	3.8	4.3	3.5	3.5
卢森堡	0.0	0.1	0.1	0.1	0.6	0.1
荷兰	2.8	2.5	5.3	3.7	3.2	3.9
葡萄牙	0.6	0.4	0.4	0.2	0.1	0.4
西班牙	2.1	1.7	2.2	1.9	1.2	1.9
瑞典	0.3	0.7	1.6	2.1	1.0	1.3
瑞士	0.2	0.5	1.1	3.3	8.6	1.5
英国	0.9	2.4	2.7	4.4	4.1	2.8
韩国	1.8	1.8	5.6	3.9	2.5	3.7
俄罗斯	2.1	4.3	3.6	0.8	1.2	3.2
印度	4.1	1.5	2.0	0.7	0.7	1.7
巴西	3.4	2.1	1.2	0.8	0.4	1.6
泰国	2.3	1.6	1.8	0.8	0.3	1.5
新加坡	0.6	0.8	4.8	2.6	2.2	2.8
菲律宾	0.6	0.4	0.5	0.1	0.1	0.4
马来西亚	2.6	1.5	1.8	0.8	0.5	1.6
印度尼西亚	4.0	2.0	0.6	0.4	0.2	1.2
澳大利亚	1.2	2.5	1.6	0.5	0.9	1.6
加拿大	1.3	3.7	3.3	2.4	2.1	3.1
以色列	0.4	0.5	0.3	0.8	0.3	0.5

资料来源：根据联合国 Comtrade 商品贸易数据库等有关资料计算整理。

附　录

表 A3-5　1992~2010 年五类技术商品占全球贸易额比重变迁

单位：%

年份 项目	1992	1993	1994	1995	1996	1997	1998	1999	2000	2001	2002	2003	2004	2005	2006	2007	2008	2009	2010
低技术商品	4.3	5.5	5.8	5.2	5.3	5.9	4.6	5.4	7.3	8.2	6.2	5.9	5.5	5.0	5.3	5.7	6.2	6.7	7.6
中低技术商品	19.6	19.7	24.0	25.2	29.3	26.2	24.7	26.7	28.1	25.9	28.6	27.6	28.9	32.7	31.2	34.0	32.0	30.8	31.0
中等技术商品	33.4	34.8	32.4	36.7	35.3	37.8	41.2	36.9	42.6	42.1	42.6	43.2	44.3	45.2	45.5	42.4	41.4	42.8	40.2
中高技术商品	34.7	34.0	32.9	27.3	24.5	23.4	24.6	25.5	18.1	19.0	18.5	18.7	16.3	13.5	14.1	12.9	15.5	14.8	16.4
高技术商品	8.0	6.0	4.8	5.6	5.6	6.7	5.0	5.5	3.9	4.9	4.1	4.8	5.0	3.6	3.9	5.1	4.9	4.8	4.8

注：与图 3-5 相对应。
资料来源：根据联合国 Comtrade 商品贸易数据库等有关资料计算整理。

表 A3-6　1992~2010 年五类技术制成品占全球贸易额比重变迁

单位：%

年份 项目	1992	1993	1994	1995	1996	1997	1998	1999	2000	2001	2002	2003	2004	2005	2006	2007	2008	2009	2010
低技术制成品	2.7	3.7	3.0	2.3	2.4	3.2	2.7	2.5	4.3	6.1	4.1	3.9	3.4	2.8	3.2	3.3	4.5	4.6	6.2
中低技术制成品	15.7	15.6	21.8	21.3	21.4	18.9	20.6	18.8	19.5	16.2	19.2	18.4	19.9	22.3	21.2	24.7	20.5	21.3	20.9
中等技术制成品	29.7	31.8	29.4	36.7	39.1	40.7	42.3	41.7	49.6	48.9	49.8	49.7	50.5	54.2	53.6	50.0	48.7	49.3	48.2
中高技术制成品	42.0	41.4	39.9	32.9	30.1	28.9	29.1	30.6	21.8	22.8	22.1	22.3	20.1	16.2	17.1	15.6	19.8	18.6	18.6
高技术制成品	9.9	7.5	5.9	6.8	6.9	8.2	5.9	6.4	4.7	6.0	4.9	5.7	6.0	4.5	4.9	6.4	6.4	6.1	6.2

注：与图 3-6 相对应。
资料来源：根据联合国 Comtrade 商品贸易数据库等有关资料计算整理。

附录二 第四章附表

表 A4-1 1992~2010 年中国五类技术商品出口比重变迁

单位：%

年份 项目	1992	1993	1994	1995	1996	1997	1998	1999	2000	2001	2002	2003	2004	2005	2006	2007	2008	2009	2010
低技术商品	14.0	17.6	18.6	11.8	10.7	11.8	7.0	9.7	13.5	15.0	12.5	11.5	9.5	6.8	7.0	7.0	9.2	9.3	11.4
中低技术商品	45.4	41.4	42.4	46.6	45.4	42.4	44.5	41.2	36.9	35.0	33.1	30.9	33.7	37.6	34.8	34.8	34.7	34.1	33.8
中等技术商品	28.4	30.2	27.3	29.5	32.3	34.1	35.9	33.6	36.2	35.8	41.5	44.1	41.4	43.4	48.7	48.7	42.6	46.7	42.1
中高技术商品	10.1	8.7	10.2	9.6	9.1	9.3	10.6	13.4	11.8	11.9	11.6	11.9	13.7	10.8	8.4	8.4	11.8	8.0	10.3
高技术商品	2.2	2.0	1.6	2.5	2.5	2.4	1.9	2.1	1.6	2.4	1.4	1.6	1.7	1.4	1.2	1.2	1.7	2.0	2.4

注：与图 4-2 相对应。
资料来源：根据联合国 Comtrade 商品贸易数据库等有关资料计算整理。

表 A4-2 1992~2010 年美国五类技术商品出口比重变迁

单位：%

年份 项目	1992	1993	1994	1995	1996	1997	1998	1999	2000	2001	2002	2003	2004	2005	2006	2007	2008	2009	2010
低技术商品	2.9	4.4	5.3	3.5	4.2	4.4	3.7	3.4	4.3	4.3	3.9	3.2	3.0	3.0	3.1	3.1	3.1	3.7	4.7
中低技术商品	13.8	14.0	16.5	20.5	19.6	18.8	17.2	16.8	17.3	16.9	18.0	18.2	18.4	19.2	19.3	19.3	21.0	22.7	23.7
中等技术商品	30.0	32.1	30.3	37.6	41.1	43.2	44.9	46.0	49.0	45.6	46.4	45.7	43.1	50.7	48.7	48.7	44.8	46.8	45.0
中高技术商品	38.9	39.0	41.9	31.7	26.9	25.9	26.9	26.3	24.5	26.3	26.2	25.8	27.7	22.0	22.1	22.1	20.0	18.7	19.1
高技术商品	14.5	10.6	6.0	6.7	8.3	7.8	7.3	7.5	4.9	6.9	5.5	7.2	7.8	5.0	6.8	6.8	11.1	8.1	7.5

注：与图 4-3 相对应。
资料来源：根据联合国 Comtrade 商品贸易数据库等有关资料计算整理。

表 A4-3　1992~2010 年德国五类技术商品出口比重变迁

单位：%

年份 项目	1992	1993	1994	1995	1996	1997	1998	1999	2000	2001	2002	2003	2004	2005	2006	2007	2008	2009	2010
低技术商品	1.6	1.9	2.0	1.7	1.6	1.8	1.7	2.1	2.6	3.0	2.1	2.0	1.8	1.6	1.7	1.7	2.2	2.6	3.2
中低技术商品	12.0	13.5	17.6	17.6	17.7	15.8	16.6	14.0	14.4	14.7	16.4	14.4	15.4	17.7	17.3	17.3	16.1	17.1	16.5
中等技术商品	29.4	30.5	28.3	35.2	36.3	37.7	39.2	38.9	43.8	48.5	49.2	50.7	53.2	55.7	52.9	52.9	50.5	49.1	51.3
中高技术商品	46.4	45.0	44.0	36.7	36.3	35.1	36.3	38.4	33.2	28.3	27.4	27.4	23.9	20.4	22.6	22.6	23.4	24.2	22.4
高技术商品	10.6	9.0	8.0	8.7	8.1	9.6	6.3	6.5	5.9	5.4	4.8	5.5	6.5	4.6	5.5	5.5	7.8	7.0	6.6

注：与图 4-4 相对应。
资料来源：根据联合国 Comtrade 商品贸易数据库等有关资料计算整理。

表 A4-4　1992~2010 年日本五类技术商品出口比重变迁

单位：%

年份 项目	1992	1993	1994	1995	1996	1997	1998	1999	2000	2001	2002	2003	2004	2005	2006	2007	2008	2009	2010
低技术商品	0.3	0.3	0.3	0.6	0.4	0.6	0.7	0.7	0.7	0.7	0.7	0.5	0.6	0.8	1.0	1.0	0.9	1.1	1.7
中低技术商品	7.5	6.5	9.3	9.5	8.8	7.8	9.0	8.0	8.5	9.0	10.0	9.6	10.0	13.2	11.7	11.7	10.5	11.0	11.3
中等技术商品	25.3	29.5	33.2	39.8	42.4	42.8	43.2	42.4	50.8	59.2	62.6	59.9	58.6	57.3	62.1	62.1	60.2	62.9	58.8
中高技术商品	54.9	55.2	48.8	39.3	38.8	39.1	39.8	41.4	32.3	23.3	21.4	23.9	23.8	23.7	20.2	20.2	23.2	18.7	18.4
高技术商品	12.0	8.5	8.3	10.8	9.6	9.8	7.3	7.5	7.7	7.9	5.3	6.1	6.9	5.0	5.0	5.0	5.3	6.3	9.8

注：与图 4-5 相对应。
资料来源：根据联合国 Comtrade 商品贸易数据库等有关资料计算整理。

表 A4-5 1992~2010 年中国出口和进口 TSS 指数值

单位：美元

年份 项目	1992	1993	1994	1995	1996	1997	1998	1999	2000	2001	2002	2003	2004	2005	2006	2007	2008	2009	2010
出口 TSS	8920	8855	8649	8964	8953	9156	9761	10163	10356	10321	10838	11116	11594	11156	10927	10608	12558	11814	12197
进口 TSS	12587	12840	12504	11657	11548	11340	11829	12259	12404	12393	12862	13116	13497	12341	12016	11709	13621	13251	13734

注：与图 4-1 和图 4-8 相对应。

资料来源：根据联合国 Comtrade 商品贸易数据库等有关资料计算整理。

表 A4-6 1992~2010 年中国 SITC0-8 进口贸易技术结构高度化率 (TSSR)

年份 项目	1992	1993	1994	1995	1996	1997	1998	1999	2000	2001	2002	2003	2004	2005	2006	2007	2008	2009	2010
TSSR (SITC0)	1	0.553	0.642	0.801	0.744	0.522	0.490	0.478	0.458	0.410	0.395	0.325	0.298	0.303	0.192	0.230	0.325	0.339	0.364
TSSR (SITC1)	1	0.825	0.727	0.972	1.260	0.701	0.426	0.420	0.460	0.412	0.321	0.320	0.293	0.304	0.528	0.443	0.624	0.614	0.509
TSSR (SITC2)	1	0.729	0.776	0.814	0.781	0.876	0.914	0.899	0.976	1.019	0.907	0.992	1.196	1.281	1.241	1.407	2.300	2.158	2.557
TSSR (SITC3)	1	1.142	0.697	0.811	1.002	1.240	1.141	0.858	2.294	1.781	1.373	1.788	2.254	2.257	2.625	3.015	2.726	2.402	3.171
TSSR (SITC4)	1	0.635	2.070	2.580	1.500	1.585	1.357	0.925	0.509	0.333	0.554	0.654	0.752	0.450	0.395	0.673	1.065	0.794	0.774
TSSR (SITC5)	1	0.749	0.776	0.870	0.845	0.909	1.034	1.117	0.994	1.039	1.086	1.026	0.972	0.901	0.862	0.907	1.049	1.052	1.041
TSSR (SITC6)	1	1.081	0.942	0.784	0.766	0.818	0.857	0.908	0.798	0.706	0.705	0.642	0.605	0.544	0.482	0.461	0.508	0.524	0.457
TSSR (SITC7)	1	1.151	1.138	1.011	0.999	0.928	0.963	1.006	1.038	1.092	1.148	1.191	1.184	1.072	1.053	0.975	1.100	1.061	1.081
TSSR (SITC8)	1	0.855	0.823	0.958	0.910	0.997	0.868	0.970	1.002	1.085	1.192	1.491	1.730	1.562	1.463	1.421	1.614	1.582	1.611

注：与图 4-9 和图 4-10 相对应。

资料来源：根据联合国 Comtrade 商品贸易数据库等有关资料计算整理。

表 A4-7 1992~2010 年中国制成品出口和进口 TSS 指数值

单位：美元

年份 项目	1992	1993	1994	1995	1996	1997	1998	1999	2000	2001	2002	2003	2004	2005	2006	2007	2008	2009	2010
制成品出口 TSS	9224	9157	9029	9347	9337	9522	10111	10532	10728	10656	11162	11396	11900	11375	11098	10769	12755	11972	12335
制成品进口 TSS	13175	13247	13140	12643	12550	12400	12558	13182	13588	13418	13899	14166	14845	13631	13303	12958	16046	15208	15792

注：与图 4-11 相对应。
资料来源：根据联合国 Comtrade 商品贸易数据库等有关资料计算整理。

表 A4-8 1992~2010 年中国进口贸易 SITC0~8 各类商品进口比重

单位：%

年份 项目	1992	1993	1994	1995	1996	1997	1998	1999	2000	2001	2002	2003	2004	2005	2006	2007	2008	2009	2010
SITC0	3.9	2.2	2.7	4.7	4.1	3.1	2.7	2.2	2.1	2.1	1.8	1.5	1.6	1.4	1.1	1.2	1.3	1.5	1.6
SITC1	0.3	0.2	0.1	0.3	0.4	0.2	0.1	0.1	0.2	0.2	0.1	0.1	0.1	0.1	0.2	0.1	0.2	0.2	0.2
SITC2	7.2	5.4	6.5	7.8	7.8	8.5	7.7	7.8	9.0	9.2	7.8	8.3	9.9	10.7	10.8	12.5	15.0	14.2	15.6
SITC3	4.5	4.9	3.5	3.9	5.0	7.3	4.9	5.5	9.3	7.3	6.6	7.1	8.6	9.8	10.5	11.2	15.2	12.5	13.9
SITC4	0.7	0.5	1.6	2.0	1.2	1.2	1.1	0.8	0.4	0.3	0.6	0.7	0.8	0.5	0.5	0.8	1.0	0.8	0.7
SITC5	14.0	9.7	10.6	13.1	13.2	13.7	14.6	14.7	13.6	13.3	13.4	12.0	11.8	11.9	11.2	11.4	10.7	11.3	11.0
SITC6	24.2	26.6	24.5	21.8	22.4	22.5	22.0	20.8	18.7	17.3	16.5	15.5	13.2	12.3	10.9	10.9	9.6	10.9	9.6
SITC7	38.5	44.4	44.9	40.4	39.9	37.5	41.0	42.5	41.4	44.5	46.9	47.1	45.4	44.4	46.1	43.1	38.9	40.5	39.6
SITC8	6.7	6.0	5.7	6.0	5.9	5.9	5.8	5.6	5.3	5.9	6.3	7.6	8.6	8.8	8.7	8.7	8.3	8.1	7.9

注：与图 4-12 相对应。
资料来源：根据联合国 Comtrade 商品贸易数据库等有关资料计算整理。

表A4-9 1992~2010年全球贸易 SITC0~8 各类商品出口比重

单位：%

年份\项目	1992	1993	1994	1995	1996	1997	1998	1999	2000	2001	2002	2003	2004	2005	2006	2007	2008	2009	2010
SITC0	7.9	7.7	7.6	7.5	7.5	7.1	6.8	6.4	5.7	6.2	6.2	6.1	5.8	5.7	5.4	5.7	6.0	7.0	6.4
SITC1	1.3	1.3	1.3	1.2	1.2	1.2	1.1	1.1	1.0	1.0	1.0	1.0	0.9	0.9	0.8	0.9	0.9	1.0	0.9
SITC2	4.1	3.9	4.0	4.2	3.9	3.9	3.5	3.2	3.3	3.2	3.2	3.3	3.4	3.5	3.7	4.0	4.0	3.9	4.6
SITC3	6.8	6.6	5.9	5.3	7.4	6.1	5.5	6.9	8.7	8.0	7.4	7.8	8.2	9.7	10.8	9.8	12.6	10.1	10.1
SITC4	0.4	0.4	0.5	0.6	0.5	0.5	0.6	0.5	0.3	0.3	0.4	0.5	0.5	0.4	0.4	0.5	0.6	0.6	0.6
SITC5	9.4	9.3	9.6	10.0	9.8	9.8	10.1	10.0	9.7	10.4	11.1	11.5	11.6	11.6	11.3	11.8	11.8	13.0	12.7
SITC6	16.3	16.1	16.1	16.8	15.4	15.3	15.0	14.4	14.0	14.0	14.0	13.9	14.3	14.2	14.5	15.7	15.1	14.0	14.5
SITC7	39.8	40.4	41.1	41.3	41.1	42.4	43.7	44.1	44.2	43.4	43.1	42.5	42.4	41.5	40.9	40.0	37.8	37.6	38.2
SITC8	14.0	14.2	13.9	13.2	13.2	13.6	13.7	13.5	13.1	13.5	13.5	13.3	12.8	12.5	12.1	11.8	11.2	12.7	11.9

资料来源：根据联合国 Comtrade 商品贸易数据库等有关资料计算整理。

附录三 第七章附表

表 A7-1 1992~2010 年中国、巴西、俄罗斯、印度、印度尼西亚、马来西亚、泰国制成品贸易技术结构高度化发展比较

单位：美元

年份 项目	1992	1993	1994	1995	1996	1997	1998	1999	2000	2001	2002	2003	2004	2005	2006	2007	2008	2009	2010
中国制成品进口 TSS	13175	13247	13140	12643	12550	12400	12558	13182	13588	13418	13899	14166	14845	13631	13303	12958	16046	15208	15792
巴西制成品进口 TSS	14504	14254	13711	13341	13243	13442	13396	14127	14551	14467	14621	14579	14804	13784	13362	13200	15486	15026	15186
印度制成品进口 TSS	12788	13607	12661	12124	11527	11329	11403	11305	11764	11962	12142	12894	12725	12282	12770	12045	14534	13793	13396
俄罗斯制成品进口 TSS	—	—	—	—	11576	12396	12844	13725	13348	13429	13651	14050	14314	13428	12937	12695	15203	14274	14204
印度尼西亚制成品进口 TSS	14045	14217	13569	13215	12817	12894	13201	13029	13252	13302	13588	13894	14161	13073	12503	12463	14638	14213	14424
马来西亚制成品进口 TSS	13412	13675	13618	13051	12763	13059	12545	13117	14154	13474	13471	13632	14392	13430	13124	12921	15821	14885	15764
泰国制成品进口 TSS	13503	13599	13014	12714	12188	12405	12178	12842	13534	13349	13508	13647	13934	13124	12845	12474	14921	14362	14805
中国制成品出口 TSS	9224	9157	9029	9347	9337	9522	10111	10532	10728	10656	11162	11396	11900	11375	11098	10769	12755	11972	12335
巴西制成品出口 TSS	11467	11467	10916	10621	9990	10778	11088	11222	11359	11470	11883	12012	12058	11633	11259	10877	13301	13303	13673

续表

年份 项目	1992	1993	1994	1995	1996	1997	1998	1999	2000	2001	2002	2003	2004	2005	2006	2007	2008	2009	2010
印度制成品出口TSS	9018	9108	8218	8151	8180	8080	8488	8705	8583	8683	9194	9537	9938	9781	9923	9969	11856	11295	11311
俄罗斯制成品出口TSS	—	—	—	—	8686	9255	10834	10821	10570	10905	11384	11524	11027	10185	10655	10397	12516	12575	13071
印度尼西亚制成品出口TSS	7592	7462	7510	7938	8019	8158	8846	9175	9888	9396	10039	10177	10761	10086	9852	9731	11543	10983	11236
马来西亚制成品出口TSS	11482	11718	11901	11740	11250	11666	11229	11607	12654	12399	12480	12670	13303	12494	12096	11504	13646	13400	13808
泰国制成品出口TSS	10098	10250	10234	10568	10573	10631	10464	10923	11494	11254	11640	12048	12490	11799	11481	11328	13411	12617	13118

注：俄罗斯1992~1995年数据缺失。
资料来源：根据联合国Comtrade商品贸易数据库等有关资料计算整理。

附录四 中国贸易技术溢出效应逆差收敛预测（与第七章对应）

一、进口 TSS 值预测

方法一：利用中国进口 TSS（CHNIMTSS）值趋势外推。

方法二：鉴于中国进口 TSS 与全球贸易 TSS 曲线走势具有高一致性的特点，先利用全球贸易 TSS 值趋势外推得到全球贸易 TSS 预测值，再预测中国自身进口 TSS 值。方法二需要首先预测全球贸易 TSS 值（WLDTSS），有两种方法可以采用：

方法 a：取 WLDTSS 一阶滞后项。

方法 b：取 WLDTSS 二阶滞后项。

方法 a 与方法 b 经比较（见表 A7-2）后，选方法 a 预测全球贸易 TSS 值，预测结果见表 A7-3。

接下来就要确定在预测中国进口 TSS 值时，方法一和方法二这两种方法哪种方法预测的准确度更高。在确定法一预测方程的过程中，采取了与表 A7-2 类似的一阶滞后项与二阶滞后项比较方法，比较过程不再详述；方法二预测方程的确定过程见表 A7-4，选择法 a 的方程。

方法一和方法二预测效果的比较见表 A7-5。结果显示方法二预测精确度高，方法二预测结果见表 A7-6。

二、出口 TSS 值预测

中国出口 TSS 值的预测过程与进口 TSS 值的预测过程相仿。

方法一：利用中国出口 TSS 值趋势外推。

方法二：鉴于中国出口 TSS 与全球贸易 TSS 曲线走势具有高一致性的特点，利用上面已经得到的全球贸易 TSS 预测值，预测中国自身出口 TSS 值。

中国出口 TSS 的两种预测方法预测效果的比较见表 A7-7。方法一预测方程的确定采取了与表 A7-2 类似的过程，不再赘述。方法二预测方程的确定采取了与表 A7-4 类似的比较方法，比较过程不再详述。结果显示方法二预测精确度高，方法二预测结果见表 A7-8。

表 A7-2 全球贸易 TSS 值预测方法比较

方法 a

Variable	Coefficient	Std. Error	t-Statistic	Prob.
YEAR	52.838	24.169	2.186	0.045
WLDTSS (−1)	0.389	0.220	1.770	0.097
C	−98277.12	47334.42	−2.076	0.056
R-squared	0.471	Mean dependent var		12216.83
Adj. R-squared	0.401	S.D. dependent var		626.22
S.E. of regression	484.685	Akaike info criterion		15.356
Sum squared resid	3523792.0	Schwarz criterion		15.504
Log likelihood	−135.203	Hannan−Quinn criter.		15.376
F-statistic	6.689	Durbin−Watson stat		2.021
Prob (F-statistic)	0.008			

方法 b

Variable	Coefficient	Std. Error	t-Statistic	Prob.
YEAR	70.338	29.077	2.419	0.031
WLDTSS (−1)	0.342	0.267	1.280	0.223
WLDTSS (−2)	−0.127	0.247	−0.515	0.615
C	−131222.7	56535.2	−2.321	0.037
R-squared	0.521	Mean dependent var		12209.06
Adj. R-squared	0.410	S.D. dependent var		644.597
S.E. of regression	495.074	Akaike info criterion		15.450
Sum squared resid	3186275.0	Schwarz criterion		15.646
Log likelihood	−127.322	Hannan−Quinn criter.		15.469
F-statistic	4.708	Durbin−Watson stat		2.143
Prob (F-statistic)	0.019			

资料来源：笔者计算整理。

表 A7-3 全球贸易 TSS 值预测结果

年份 项目	2011	2012	2013	2014	2015	2016	2017	2018	2019	2020	2021	2022	2023	2024
WLDTSS 预测值	13103	13129	13192	13269	13352	13437	13523	13610	13696	13782	13869	13955	14042	14128

资料来源：笔者计算整理。

表 A7-4 中国进口 TSS 预测方程选择（方法二）

方法 a

Variable	Coefficient	Std. Error	t-Statistic	Prob.
WLDTSS	1.1287	0.0776	14.5411	0.0000
C	-1310.326	950.9093	-1.3780	0.1861
R-squared	0.926	Mean dependent var		12500.42
Adj. R-squared	0.921	S.D. dependent var		720.642
S.E. of regression	202.287	Akaike info criterion		13.557
Sum squared resid	695639.2	Schwarz criterion		13.656
Log likelihood	-126.787	Hannan-Quinn criter.		13.573
F-statistic	211.442	Durbin-Watson stat		2.073
Prob. (F-statistic)	0.0000			

方法 b

Variable	Coefficient	Std. Error	t-Statistic	Prob.
WLDTSS	1.0690	0.0792	13.5028	0.0000
CHNIMTSS (-1)	0.1441	0.0735	1.9610	0.0687
C	-2354.540	950.9180	-2.4761	0.0257
R-squared	0.949	Mean dependent var		12495.610
Adj. R-squared	0.942	S.D. dependent var		741.221
S.E. of regression	178.093	Akaike info criterion		13.354
Sum squared resid	475757.4	Schwarz criterion		13.502
Log likelihood	-117.182	Hannan-Quinn criter.		13.374
F-statistic	139.738	Durbin-Watson stat		2.505
Prob. (F-statistic)	0.0000			

方法 c

Variable	Coefficient	Std. Error	t-Statistic	Prob.
WLDTSS	1.0349	0.0816	12.6815	0.0000
CHNIMTSS (-1)	-0.1240	0.2169	-0.5717	0.5766
WLDTSS (-1)	0.3406	0.2601	1.3097	0.2114
C	-2755.54	978.182	-2.817	0.014
R-squared	0.955	Mean dependent var		12495.610
Adj. R-squared	0.945	S.D. dependent var		741.221
S.E. of regression	173.993	Akaike info criterion		13.349
Sum squared resid	423831.0	Schwarz criterion		13.547
Log likelihood	-116.141	Hannan-Quinn criter.		13.376
F-statistic	98.172	Durbin-Watson stat		2.241
Prob. (F-statistic)	0.0000			

资料来源：笔者计算整理。

表 A7-5 中国进口 TSS 预测方法比较

方法一

预测方程：CHNIMTSS = 51.419848384 × YEAR + 0.474518262678 × CHNIMTSS (-1) - 96320.3737467

年份	1992	1993	1994	1995	1996	1997	1998	1999	2000	2001	2002	2003	2004	2005	2006	2007	2008	2009	2010
中国进口 TSS	12587	12840	12504	11657	11548	11340	11829	12259	12404	12393	12862	13116	13497	12341	12016	11709	13621	13251	13734
中国进口 TSS 预测值		12132	12304	12196	11845	11845	11798	12081	12336	12457	12503	12777	12949	13181	12684	12581	12487	13446	13321
预测值/实际值		0.945	0.984	1.046	1.026	1.045	0.997	0.985	0.995	1.005	0.972	0.974	0.959	1.068	1.056	1.074	0.917	1.015	0.97

方法二

预测方程：CHNIMTSS = 1.128702677736 × WLDTSS - 1310.3255021

年份	1992	1993	1994	1995	1996	1997	1998	1999	2000	2001	2002	2003	2004	2005	2006	2007	2008	2009	2010
中国进口 TSS	12587	12840	12504	11657	11548	11340	11829	12259	12404	12393	12862	13116	13497	12341	12016	11709	13621	13251	13734
中国进口 TSS 预测值	12628	12069	11813	11321	11623	11870	12210	12665	12531	12811	13026	13405	12351	11955	11847	13808	13127	13558	
预测值/实际值	0.983	0.965	1.013	0.98	1.025	1.003	0.996	1.021	1.011	0.996	0.993	0.993	1.001	0.995	1.012	1.014	0.991	0.987	

资料来源：笔者计算整理。

表 A7-6 中国进口 TSS 预测结果

项目/年份	2011	2012	2013	2014	2015	2016	2017	2018	2019	2020	2021	2022	2023	2024
CHNIMTSS 预测值	13480	13509	13580	13667	13760	13856	13953	14051	14148	14246	14343	14441	14539	14636

资料来源：笔者计算整理。

表 A7-7 中国出口 TSS 预测方法比较

方法一	预测方程：CHNEXTSS = 200.350123196 × YEAR + 0.054536730037 × CHNEXTSS (−1) − 391114.861166													
年份	1992	1993	1994	1995	1996	1997	1998	1999	2000	2001	2002	2003	2004	2005
中国出口TSS	8920	8855	8649	8964	8953	9156	9761	10163	10356	10321	10838	11116	11594	11156
中国出口TSS 预测值	8668	8865	9054	9271	9471	9682	9916	10138	10349	10547	10776	10991	11217
预测值/实际值	0.979	1.025	1.01	1.036	1.034	0.992	0.976	0.979	1.003	0.973	0.969	0.948	1.005
方法二	预测方程：CHNEXTSS = 0.961824009224 × WLDTSS − 0.843118574798 × WLDTSS (−1) + 0.879112906429 × CHNEXTSS (−1) − 55.428683057 9													
年份	1992	1993	1994	1995	1996	1997	1998	1999	2000	2001	2002	2003	2004	2005
中国出口TSS	8920	8855	8649	8964	8953	9156	9761	10163	10356	10321	10838	11116	11594	11156
中国出口TSS 预测值	9057	8719	8737	8786	9401	9564	10202	10689	10404	10712	11141	11547	10787
预测值/实际值	1.023	1.008	0.975	0.981	1.027	0.98	1.004	1.032	1.008	0.988	1.002	0.996	0.967

资料来源：笔者计算整理。

表 A7-8 中国出口 TSS 预测结果

项目/年份	2011	2012	2013	2014	2015	2016	2017	2018	2019	2020	2021	2022	2023	2024
CHNEXTSS 预测值	12164	12472	12699	12906	13107	13305	13503	13699	13896	14093	14289	14486	14682	14879

资料来源：笔者计算整理。

附录五 第八章附表

表 A8-1 2010 年中国出口占全球贸易额 50% 以上的 35 种 SITC 四位码商品

商品编码	占全球贸易额的比重（%）	商品名称
S3-2613	92.35	生丝
S3-7863	81.89	集装箱
S3-8312	79.46	皮箱、衣箱、小手提包、公事箱、公事包等
S3-8994	76.97	雨伞、手杖、马鞭等
S3-7522	72.85	数字式自动资料处理机
S3-8517	71.78	鞋履
S3-6662	70.41	小雕像及其他装饰品
S3-8432	68.43	男装套装
S3-6583	67.73	毯及旅行毯
S3-8999	66.87	肠线或筋腱制品、羽毛制品、毛发制品、假发、降落伞、保温瓶
S3-8513	66.03	其他鞋履
S3-8944	65.22	圣诞节用装饰品
S3-0561	63.70	洋葱及蘑菇
S3-6966	63.66	有刃餐具及厨具
S3-6549	63.50	纺织毛巾织物及簇绒织物
S3-8992	62.89	人造花、枝叶、果实及其零件
S3-5933	62.72	烟花及信号弹
S3-6536	60.86	梭织物
S3-6964	58.20	剪刀
S3-8515	57.83	鞋履，外底用橡胶或塑胶制、用皮革或合成皮制，或鞋面用纺织原料制
S3-6521	57.40	棉质梭织物
S3-8442	57.28	女装套装
S3-8313	57.25	个人梳洗、缝纫活清洁鞋子或衣服用的旅行套具
S3-8483	57.18	服装、衣服配件及其他毛皮制品
S3-5259	55.46	钇、钪或其混合物的无机或有机化合物
S3-8857	55.37	仪表板钟及类似钟，用于车辆、航空器、太空船或船舶
S3-6551	55.19	针织或钩织物
S3-6582	53.45	防水布罩、天篷及遮阳篷、帐篷、船帆、露营用品
S3-8421	52.82	女式大衣、雨衣、驾车外套、短斗篷、长斗篷

续表

商品编码	占全球贸易额的比重（%）	商品名称
S3-8941	52.72	婴儿车及其零件
S3-8411	52.21	男式大衣、雨衣、驾车外套、短斗篷、长斗篷
S3-6565	52.12	刺绣品
S3-6533	50.85	聚酯切段短纤维梭织物其他合成切段短纤维梭织物
S3-8212	50.74	褥垫及其他床上用品
S3-6978	50.51	贱金属制机械用具，手动；相框、书架、镜等贱金属制装饰物

资料来源：根据联合国 Comtrade 商品贸易数据库等有关资料计算整理。

表 A8-2 2010 年中国出口占全球贸易额 20% 以上的 51 种 SITC7 类四位码商品

商品编码	占全球贸易额的比重（%）	商品名称
S3-7863	81.89	集装箱
S3-7522	72.85	数字式自动资料处理机
S3-7511	44.33	办公设备
S3-7852	44.03	脚踏车、非电动
S3-7784	42.58	电钻、电锯
S3-7642	42.18	扬声器、耳戴收话器
S3-7513	41.39	影印器具
S3-7757	40.92	吸尘器、搅拌机、榨汁机
S3-7526	39.56	存储部件
S3-7758	38.84	电热水器、微波炉、电熨斗等
S3-7119	37.88	锅炉零件
S3-7643	37.21	无线电话
S3-7112	36.52	蒸汽锅炉冷凝器
S3-7243	34.66	家用缝纫机
S3-7638	34.15	影像收录器、录音机
S3-7628	33.55	其他无线电广播接收器
S3-7512	33.53	计算器
S3-7782	32.35	灯
S3-7722	32.08	印刷电路
S3-7523	31.51	数字式处理部件
S3-7754	30.84	剃毛器
S3-7622	30.83	收音机
S3-7415	30.36	空调
S3-7641	29.90	电话机
S3-7853	29.42	伤残人士用车
S3-7763	29.35	晶体管及其他半导体器件
S3-7434	29.08	电扇

续表

商品编码	占全球贸易额的比重（%）	商品名称
S3-7932	28.95	油船、渔船、冷藏船、巡航船等
S3-7649	28.92	电信设备零件
S3-7444	27.75	车房用的固定起重系统，用于升高车辆
S3-7851	26.95	电动单车
S3-7712	26.72	变流器、电感器
S3-7937	26.19	拖船及推船
S3-7519	25.93	复印机等办公机械
S3-7453	25.56	称量机械
S3-7181	24.78	液压轮机
S3-7599	23.44	复印机零件
S3-7761	23.18	电视显像管
S3-7781	22.81	电池组及蓄电池
S3-7611	22.59	彩色电视机
S3-7161	22.27	电马达
S3-7443	22.20	高架移动式、塔式、跨式、桥门式起重机
S3-7811	22.19	特别设计的车辆，如高尔夫球用汽车
S3-7868	22.09	拖车
S3-7787	21.85	粒子加速器
S3-7479	21.79	阀门类零件
S3-7612	21.08	黑白电视机
S3-7751	20.86	洗衣机、干衣机
S3-7483	20.45	传动轴
S3-7371	20.22	转炉、铸造机
S3-7527	20.00	存储部件

资料来源：根据联合国 Comtrade 商品贸易数据库等有关资料计算整理。

表 A8-3　2010 年中、美、德、日四国商品出口比价比较

商品编码	份额（%）	中国	美国	德国	日本
S3-2613	92.3	39.82	1.29	39.10	45.70
S3-7863	81.9	2893.8	n.a.	n.a.	19140
S3-8312	79.5	3.10	10.84	n.a.	23.87
S3-7522	72.9	478.32	702.17	184.24	614.89
S3-8517	71.8	2.99	4.25	17.25	58.96
S3-6662	70.4	2.70	n.a.	6.00	67.72
S3-8432	68.4	3.60	5.48	n.a.	57.19
S3-6583	67.7	4.17	8.97	11.48	36.73
S3-8999	66.9	11.77	n.a.	20.60	13.13

续表

商品编码	份额（%）	中国	美国	德国	日本
S3-8513	66.0	2.36	8.10	n.a.	17.80
S3-8944	65.2	4.30	11.62	13.90	40.82
S3-0561	63.7	5.10	3.43	5.16	23.06
S3-6966	63.7	3.95	n.a.	16.11	12.18
S3-6549	63.5	12.85	5.22	18.99	19.26
S3-8992	62.9	4.27	9.00	11.59	23.56
S3-5933	62.7	1.85	60.08	17.90	15.20
S3-6536	60.9	6.25	11.79	15.92	28.66
S3-6964	58.2	3.97	30.11	45.84	61.81
S3-8515	57.8	2.68	7.18	n.a.	24.51
S3-6521	57.4	6.69	5.69	15.07	25.64
S3-8442	57.3	3.61	5.97	n.a.	54.79
S3-8313	57.2	0.37	0.37	0.37	1.64
S3-8483	57.2	101.61	157.94	259.09	85.21
S3-5259	55.5	22.84	29.43	76.57	21.28
S3-8857	55.4	2.00	29.32	n.a.	21.99
S3-6551	55.2	4.07	11.79	12.69	16.90
S3-6582	53.4	3.11	12.27	14.30	286.83
S3-8421	52.8	14.28	17.59	35.99	178.90
S3-8941	52.7	3.89	10.92	14.59	17.89
S3-8411	52.2	12.46	18.17	n.a.	189.85
S3-6565	52.1	10.89	17.64	63.58	159.51
S3-6533	50.8	5.43	7.48	9.75	14.31
S3-6978	50.5	3.12	9.39	11.65	65.75

注：与表 A8-1 对应。
出口比价是用当年该种商品出口总金额（Trade Value）除以出口数量（Quantity）得来。
"份额"指中国商品出口额占全球商品贸易额的份额。
n.a. 表示此项无数值。
资料来源：根据联合国 Comtrade 商品贸易数据库等有关资料计算整理。

参 考 文 献

[1] Abramovitz, M., "Catching up, Forging ahead, and Falling behind", *Journal of Economic History*, 1986, 46 (2).

[2] Acharya, R. and Keller, W., "Estimating the Productivity Seletion and Technology Spillover Effects of Imports", NBER Working Paper No.14079, 2008.

[3] Aghion, P. and Howitt, P., "A Model of Growth through Creative Destruction", *Econometrica*, 1992, 60 (2).

[4] Agrawal, A. and Oettl, A., "International Labor Mobility and Knowledge Flow Externalities", *Journal of International Business Studies*, 2008, 39 (8).

[5] Aitken, B. and Harrison, A., "Do Domestic Firms Benefit from Direct Foreign Investment? Evidence from Venezuela", *American Economic Review*, 1999, 89 (3).

[6] Aitken, B., Hanson, G. and Harrison, A., "Spillovers, Foreign Investment, and Export Behavior", NBER Working Paper No.4967, 1994.

[7] Alfaro, L., Rodriguez-Clare, A., Hanson, G. and Bravo-Ortega, C., "Multinationals and Linkages: An Empirical Investigation", *Economía*, 2004, 4 (2).

[8] Almeida, P. and Kogut, B., "Localization of Knowledge and the Mobility of Engineers in Regional Networks", *Management Science*, 1999, 45 (7).

[9] Arora, A., Forsfuri, A. and Gambardela. A. *Markets for Technology: Economics of Innovation and Corporate Strategy*, Cambridge, MA: The MIT Press, 2002.

[10] Arrow, K., "The Economic Implications of Learning by Doing", *Review of Economic Studies*, 1962, 29 (3).

[11] Balassa, B., "Exports and Economic Growth: Further Evidence", *Journal of Development Economics*, 1978, 5 (2).

[12] Balassa, B., "Trade Liberalisation and 'Revealed' Comparative Advantage", *Manchester School of Economic and Social Studies*, 1965, 33 (2).

[13] Banker, R., Charnes, A. and Cooper, W., "Some Models for Estimating Technical and Scale Inefficiencies in Data Envelopment Analysis", *Management Science*, 1984, 30 (9).

[14] Bayoumi, T., Coe, D. and Helpman, E., "R&D Spillovers and Global Growth", NBER Working Paper No.5628, 1996.

[15] Bell, M. and Pavitt, K., "Technological Accumulation and Industrial Growth: Contrasts between Developed and Developing Countries", *Industrial and Corporate Change*, 1993, 2 (2).

[16] Bernstein, I., "International R&D Spillovers between Industries in Canada and the United States, Social Rates of Return and Productivity Growth", *Canadian Journal of Economics*, Special Issue: Part 2, 1996 (29).

[17] Bernstein, I. and Mohnen, P., "International R&D Spillovers between U.S. and Japanese R&D Intensive Sectors", *Journal of International Economics*, 1998, 44 (2).

[18] Bernstein, I., and Yan Xiaoyi, "Canadian-Japanese R&D Spillovers and Productivity Growth", *Applied Economics Letters*, 1996, 3 (12).

[19] Bernstein, I., and Yan Xiaoyi, "International R&D Spillovers between Canadian and Japanese Industries", *Canadian Journal of Economics*, 1997, 30 (2).

[20] Blyde, J. and Fernández-Arias, E., "Why Does Latin America Grow More Slowly?" Inter-American Development Bank Publications No.22698, 2004.

[21] Brander, J. and Spencer, B., "Export Subsidies and International Market Share Rivalry", *Journal of International Economics*, 1985, 18 (1/2).

[22] Brander, J. and Spencer, B., "Tariff Protection and Imperfect Competition", in Kierzkowski, H., ed., *Monopolistic Competition and International Trade*.

Oxford: Oxford University Press, 1984.

[23] Breitung, J., "The Local Power of Some Unit Root Tests for Panel Data", in: Baltagi, B. eds., *Nonstationary Panels, Panel Cointegration, and Dynamic Panels*, Advances in Econometrics, JAI: Amsterdam, 2000 (15).

[24] Caves, D., Christensen, L. and Diewert, W., "Multilateral Comparisons of Output, Input, and Productivity Using Superlative Index Numbers", *Economic Journal*, 1982a, 92 (365).

[25] Caves, D., Christensen, L. and Diewert, W., "The Economic Theory of Index Numbers and the Measurement of Input, Output, and Productivity", *Econometrica*, 1982b, 50 (6).

[26] Charnes, A., Cooper, W. and Rhodes, E., "Measuring the Efficiency of Decision Making Units", *European Journal of Operational Research*, 1978, 2 (6).

[27] Cincera, M. and Van Pottelsberghe De La Potterie, B., "International R&D Spillovers: A Survey", *Brussels Economic Review*, 2001, 169 (1).

[28] Coe, D. T., Helpman, E. and Hoffmaister, A. W., "North-South R&D Spillovers", *Economic Journal*, 1997, 107 (440).

[29] Coe, T. and Helpman, E., "International R&D Spillovers", *European Economic Review*, 1995, 39 (5).

[30] Cohen, W. and Levinthal, D., "Absorptive Capacity: A New Perspective on Learning and Innovation", *Administrative Science Quarterly*, 1990, 35 (1).

[31] Cohen, W. and Levinthal, D., "Innovation and Learning: The Two Faces of R&D", *Economic Journal*, 1989, 99 (397).

[32] Crespo, J., C. Martin, and F. J. Velazquez, "International Technology Diffusion through Imports and Its Impact on Economic Growth", European Economy Group Working Papers No.12, 2002.

[33] Dixit, A. and Stiglitz, J., "Monopolistic Competition and Optimum Product Diversity", *American Economic Review*, 1977, 67 (3).

[34] Eaton, J. and Kortum, S., "Engines of Growth: Domestic and Foreign Sources of Innovation", *Japan World Economy*, 1997, 9 (2).

[35] Eaton, J. and Kortum, S., "International Technology Diffusion: Theory

and Measurement", *International Economic Review*, 1999, 40 (3).

[36] Eaton, J. and Kortum, S., "Technology, Geography, and Trade", *Economitrica*, 2002, 70 (5).

[37] Eaton, J. and Kortum, S., "Trade in Capital Goods", *European Economic Review*, 2001, 45 (7).

[38] Eaton, J. and Kortum, S., "Trade in Ideas: Patenting and Productivity in the OECD", *Journal of International Economics*, 1996, 40 (3-4).

[39] Engle, R. and Granger, C., "Co-integration and Error Correction: Representation, Estimation, and Testing", *Econometrica*, 1987, 55 (2).

[40] Ethier, W., "National and International Returns to Scale in the Modern Theory of International Trade", *American Economic Review*, 1982, 72 (7).

[41] Falvey, R., Foster, N. and Greenaway, D., "Imports, Exports, Knowledge Spillovers and Growth", *Economics Letters*, 2004, 85 (2).

[42] Falvey, R., Foster, N. and Greenaway, D. "North-South Trade, Knowledge Spillovers and Growth", Journal of Economic Integration, 2002, 17 (4).

[43] Färe, R., Grosskopf, S., Norris. M. and Zhang Z., "Productivity Growth, Technical Progress, and Efficiency Changes in Industrialized Countries", *American Economic Review*, 1994, 84 (1).

[44] Farrell, M., "The Measurement of Productive Efficiency", *Journal of the Royal Statistical Society*, Series A (General), 1957, 120 (3).

[45] Feder, G., "On Export and Economic Growth", *Journal of Development Economics*, 1982 (12).

[46] Feenstra R., Lipsey R., Deng H., Ma A. and Mo H. "World Trade Flows: 1962-2000", NBER Working Paper No.11040, 2005.

[47] Fu, Xiaolan, "Exports, Technical Progress and Productivity Growth in a Transition Economy: A Non-parametric Approach for China", *Applied Economics*, 2005, 37 (7).

[48] Galor, O. and Tsiddon, D., "Technological Progress, Mobility, and Economic Growth", *American Economic Review*, 1997, 87 (3).

[49] Gittleman, M. and Wolff, E., "R&D Activity and Cross-country Growth

Comparisons", *Cambridge Journal of Economics*, 1995, 19 (1).

[50] Griliches, Z., "Issues in Assessing the Contribution of Research and Development to Productivity Growth", *Bell Journal of Economics*, 1979, 10 (1).

[51] Grossman, G. and Helpman, E., "Protection for Sale", *American Economic Review*, 1994, 84 (4).

[52] Grossman, G. and Helpman, E., "Quality Ladders in the Theory of Growth", *Review of Economic Studies*, 1991, 58 (1).

[53] Grossman, G. and Helpman, E., *Innovation and Growth in the Global Economy*. Cambridge, Mass: MIT Press, 1991.

[54] Hakura, D. and F. Jaumotte., "The Role of Inter-and Intra-industry Trade in Technology Diffusion", IMF Working Paper No. WP/58, 1999.

[55] Haskel, J., Pereira, S. and Slaughter, M., "Does Inward Foreign Direct Investment Boost the Productivity of Domestic Firms?" NBER Working Paper No. 8724, 2002.

[56] Hausmann, R. and Klinger, B., "Structural Transformation and Patterns of Comparative Advantage in the Product Space", Center for International Development Working Paper No.128, 2006, Harvard University.

[57] Hausmann, R., Hwang, J. and Rodrik, D., "What You Export Matters", Kennedy School of Government Working Paper No.05-063, 2005, Harvard University.

[58] Hayami, Y. and Ruttan, W., *Agricultural Development: An International Perspective*. Baltimore and London: The John Hopkins University Press, 1985.

[59] Helpman, E., "The Structure of Foreign Trade", *Journal of Economic Perspective*, 1999, 13 (2).

[60] Helpman, E. and Krugman, P., *Market Structure and Foreign Trade*. Cambridge, Mass: MIT Press, 1985.

[61] Im, K.S., Pesaran, M.H. and Shin, Y., "Testing for Unit Roots in Heterogeneous Panels", Substantially Revised Version of Department of Applied Economics (DAE) Working Paper No. 9526, 1997, Cambridge University.

[62] Jaffe, A. and Trajtenberg, M., "Flows of Knowledge from Universities

and Federal Labs: Modeling the Flow of Patent Citations over time and across Institutional and Geographic Boundaries", NBER Working Paper No.5712, 1996.

[63] Jaffe, A., Trajtenberg, M. and Henderson, R., "Geographic Localization of Knowledge Spillovers as Evidenced by Patent Citations", *Quarterly Journal of Economics*, 1993, 108 (3).

[64] Javorcik, B., and Spatareanu, M., "To Share or Not to Share: Does Local Participation Matter for Spillovers from Foreign Direct Investment?" *Journal of Development Economics*, 2008, 85 (1-2).

[65] Jefferson, G., Rawski, T., Wang, L., and Zheng, Y., "Ownership, Productivity Change, and Financial Performance in Chinese Industry", *Journal of Comparative Economics*, 2000, 28 (4).

[66] Kao C., M. Chiang, and Chen, B., "International R&D Spillovers: An Application of Estimation and Inference in Panel Cointegration", *Oxford Bulletin of Economics and Statistics*, 1999, 61 (4).

[67] Kao, C., "Spurious Regression and Residual-based Tests for Cointegration in Panel Data", *Journal of Econometrics*, 1999, 90 (1).

[68] Keller, W., "Absorptive Capacity: On the Creation and Acquisition of Technology in Development", *Journal of Development Economics*, 1996, 49 (1).

[69] Keller, W., "Are International R&D Spillovers Trade-related? Analyzing Spillovers among Randomly Matched Trade Partners", *European Economic Review*, 1998, 42 (8).

[70] Keller, W., "Are International R&D Spillovers Trade-related? Analyzing Spillovers among Randomly Matched Trade Partners", Working papers No.9607, Wisconsin Madison Social Systems, 1996.

[71] Keller, W., "Geographic Localization of International Technology Diffusion", *American Economic Review*, 2002, 92 (1).

[72] Keller, W., "International Technology Diffusion", *Journal of Economic Literature*, 2004, 42 (3).

[73] Keller, W., "Knowledge Spillovers at the World's Technology Frontier", CEPR Discussion Papers No.2815, 2001.

[74] Keller, W., "Trade and the Transmission of Technology", *Journal of Economic Growth*, 2002, 7 (1).

[75] Koopmans, T. C., "An Analysis of Production as an Efficient Combination of Activities", in T. C., Koopmans eds., *Activity Analysis of Production and Allocation*, New York: Wiley, 1951.

[76] Kortum, S., "Research, Patenting, and Technological Change", *Econometrica*, 1997, 65 (6).

[77] Kreinin M. *International Economics: A Policy Approach* (8th Edition), FortWorth, Tex: Dryden, 1998.

[78] Krugman, P., "Increasing Returns, Monopolistic Competition and International Trade", *Journal of International Economics*, 1979, 9 (4).

[79] Krugman, P., "Intra-industry Specialization and the Gains from Trade", *Journal of Political Economy*, 1981, 89 (3).

[80] Krugman, P., "Myth of East Asia's Miracle", Foreign Affairs, 1994, 73 (6).

[81] Krugman, P., "Scale Economics, Product Differentiation and the Pattern of Trade", *American Economic Review*, 1980, 70 (5).

[82] Lall, S., Weiss, J. and Zhang Jinkang., "The 'Sophistication' of Exports: A New Trade Measure", ADB Institute Discussion Paper No. 23, 2005 (1).

[83] Lall, S., Weiss, J. and Zhang Jinkang, "The 'Sophistication' of Exports: A New Trade Measure", *World Development*, 2006, 34 (2).

[84] Lall, S., "Technological Capabilities and Industrialization", *World Development*, 1992, 20 (2).

[85] Lall, S., "The Technological Structure and Performance of Developing Country Manufactured Exports, 1985–1998", *Oxford Development Studies*, 2000, 28 (3).

[86] Levin, A. and Lin, F., "Unit Root Tests in Panel Data: New Results", Discussion Paper No. 56-93, 1993, Department of Economics, University of California at San Diego.

[87] Levin, A., Lin, F. and Chu, C., "Unit Root Tests in Panel Data:

Asymptotic and Finite-Sample Properties", *Journal of Econometrics*, 2002, 108 (1).

[88] Lichtenberg, F., and Van Pottelsberghe De La Potterie, B. "International R&D Spillover: A Comment", *European Economic Review*, 1998, 42 (8).

[89] Liesner, H., "The European Common Market and British Industry", *Economic Journal*, 1958, 68 (270).

[90] Maddala, G. S. and Wu. S., "A Comparative Study of Unit Root Tests with Panel Data and a New Simple Test", *Oxford Bulletin of Economics and Statistics*, 1999, 61 (1).

[91] Madsen, J., "Technology Spillover through Trade and TFP Convergence: 120 Years of Evidence for the OECD Countries", EPRU Working Paper Series, 2005.

[92] Madsen, J., "Technology Spillover through Trade and TFP Convergence: 135 Years of Evidence for the OECD Countries", *Journal of International Economics*, 2007, 72 (2).

[93] Madsen, J., "The Anatomy of Growth in the OECD since 1870", *Journal of Monetary Economics*, 2010, 57 (6).

[94] Michaely, M., *Trade, Income Levels and Dependence*. Amsterdam: North-Holland, 1984.

[95] Misa Okabe, "International R&D Spillovers and Trade Expansion: Evidence from East Asian Economies", *ASEAN Economic Bulletin*, 2002, 19 (2).

[96] Mohnen, P., "International R&D Spillovers and Economic Growth", in: Matti Pohjola ed., *Information Technology, Productivity, and Economic Growth: International Evidence and Implications for Economic Development*, New York: Oxford University Press, 2001.

[97] Moore, L., *The Growth and Structure of International Trade since the Second World War*, Brighton, Sussex and Totowa, N.J.: Wheatsheaf Books LTD, 1985.

[98] Moschos, D., "Export Expansion, Growth and the Level of Economic Development: An Empirical Analysis", *Journal of Development Economics*, 1989, 30

(1).

[99] Müller, W. and Nettekoven, M., "A Panel Data Analysis: Research and Development Spillover", *Economics Letters*, 1999, 64 (1).

[100] Nadiri, I. and Kim, S., "International R&D Spillovers, Trade, and Productivity in Major OECD Countries", NBER Working Paper No.5801, 1996.

[101] Pedroni, P., "Critical Values for Cointegration Tests in Heterogeneous Panels with Multiple Regressors", *Oxford Bulletin of Economics and Statistics*, Special Issue, 1996 (61).

[102] Peri, G., "Knowledge Flow and Innovation", University of California, Davis, Working Paper, 2002.

[103] Polanyi, M., *Personal Knowledge: Towards a Post-critical Philosophy*. Chicago: University of Chicago Press, 1958.

[104] Posner, M., "International Trade and Technical Change", *Oxford Economic Papers*, 1961, 13 (3).

[105] Rivera-Batiz, L. A. and Romer, P. M., "International Trade with Endogenous Technological Change", *European Economic Review*, 1991, 35 (4).

[106] Rodrik, D., "Closing the Technology Gap: Does Trade Liberalization Really Help?" NBER Working Papers No.2654, 1988.

[107] Rodrik, D., "What's so Special about China's Exports?", NBER Working Paper No.11947, 2006.

[108] Romer, P., "Endogenous Technological Change", Journal of Political Economy, 1990, 98 (5).

[109] Romer, P., "Growth Based on Increasing Returns Due to Specialization", *American Economic Review*, 1987, 77 (2).

[110] Romer, P., "Increasing Returns and Long-run Growth", *Journal of Political Economy*, 1986, 94 (5).

[111] Sakurai, N., Papaconstantinou, G. and Ioannidis, E., "The Impact of R&D and Technology Diffusion on Productivity Growth: Evidence from 10 OECD Countries", *Economic Systems Research*, 1997, 9 (1).

[112] Samuelson, P., "Growth Theory Tries Once Again", *Japan and the*

World Economy, 1997, 9 (2).

[113] Samuelson, P. and Scotchmer. S., "The Law and Economics of Reverse Engineering", *Yale Law Journal*, 2002 (5).

[114] Schiff, M. and Wang, Yanling, "North-South Technology Diffusion, Regional Integration, and the Dynamics of the Natural Trading Partners Hypothesis", World Bank Policy Research Working Paper No.3434, 2004.

[115] Schiff, M., Wang, Yanling and Olarreaga, M., "Trade-related Technology Diffusion and the Dynamics of North-South and South-South Integration", World Bank Policy Research Working Paper No.2861, 2002.

[116] Schmookler, J., *Invention and Economic Growth*. Cambridge, Mass: Harvard University Press, 1966.

[117] Thompson, P. and Kean, M., "Patent Citations and the Geography of Knowledge Spillovers: A Reassessment", *American Economic Review*, 2005, 95 (1).

[118] Vernon, R., "International Investment and International Trade in the Product Life Cycle", *Quarterly Journal of Economics*, 1966, 80 (2).

[119] Vuori, S., "Inter-industry Technology Flows and Productivity in Finnish Manufacturing", *Economic Systems Research*, 1997, 9 (1).

[120] Wang Jianmao and Xu Bing, "Trade, FDI, and International Technology Diffusion", *Journal of Economic Integration*, 2000, 15 (4).

[121] Xu Bin, and Wang Jianmao, "Capital Goods Trade and R&D Spillovers in the OECD", *Canadian Journal of Economics*, 1999, 32 (5).

[122] Young, A., "Learning by Doing and the Dynamic Effects of International Trade", *Quarterly Journal of Economics*, 1991, 106 (2).

[123] Zahra, S. and George, G., "Absorptive Capacity: A Review, Reconceptualization, and Extension", *Academy of Management Review*, 2002, 27 (2).

[124] [澳] 科埃利、拉奥、奥唐纳和巴蒂斯：《效率与生产率分析导论（第二版)》，刘大成译，清华大学出版社2009年版。

[125] [德] 弗里德里希·李斯特：《政治经济学的国民体系》，邱伟立译，华夏出版社2009年版。

[126] [德] 马克思、恩格斯:《马克思恩格斯全集》(第46卷)(下),中央编译局译,人民出版社1993年版。

[127] [美] 保罗·克鲁格曼主编:《战略性贸易政策与新国际经济学》,海闻等译,中国人民大学出版社、北京大学出版社2000年版。

[128] [美] 保罗·克鲁格曼:《流行的国际主义》,张兆杰等译,中信出版社2010年版。

[129] [美] 格罗斯罗、赫尔普曼:《全球经济中的创新与增长》,何帆等译,中国人民大学出版社2003年版。

[130] [美] 克雷顿·克里斯滕森:《创新者的窘境》,吴潜龙译,江苏人民出版社2001年版。

[131] [美] 罗伯特·金·莫顿:《十七世纪英格兰的科学、技术与社会》,范岱年等译,商务印书馆2000年版。

[132] [美] 罗斯托:《经济成长的阶段——非共产党宣言》,国际关系研究所编译室译,商务印书馆1962年版内部刊物。

[133] [美] 约瑟夫·熊彼特:《经济发展理论——对于利润、资本、信贷、利息和经济周期的考察》,何畏等译,商务印书馆1990年版。

[134] [瑞典] 理查德·斯威德伯格:《熊彼特》,安佳译,江苏人民出版社2005年版。

[135] [英] 张夏准:《富国的伪善——自由贸易的迷失与资本主义秘史》,严荣译,社会科学文献出版社2009年版。

[136] 海关总署报关员资格考试教材编写委员会编:《2005年版进出口商品名称与编码》,中国海关出版社2005年版。

[137] 联合国工业发展组织编:《发展中国家技术引进指南》,陆以庆等译,中国社会科学出版社1981年版。

[138] 联合国工业发展组织编:《工业发展报告2005》,2006年。

[139] 联合国工业发展组织编:《工业发展报告2009》,2010年。

[140] 联合国工业发展组织编:《工业发展报告2011(概览)》,2012年。

[141] 世界知识产权组织(WIPO)编:《技术贸易手册》,刘朝晋等译,中国财政经济出版社1979年版。

[142] 路江涌:《企业出口与企业生产效率研究》,载金祥荣等主编:《民营化

之路：轨迹与现象的理论解释》，浙江大学出版社 2008 年版。

[143] 许斌：《外贸、外资和中国民营企业的生产率》，载林双林、王振中、尹尊声主编：《民营经济与中国发展》，北京大学出版社 2006 年版。

[144] 姚枝仲：《中国的进口战略》，载宋泓主编：《中国进口：战略与管理》，社会科学文献出版社 2009 年版。

[145] 左大培、杨春学主编：《经济增长理论模型的内生化历程》，中国经济出版社 2007 年版。

[146] 包群、许和连、赖明勇：《出口贸易如何促进经济增长？——基于全要素生产率的实证研究》，《上海经济研究》，2003 年第 3 期。

[147] 陈勇、李小平：《中国工业行业的技术进步与工业经济转型——对工业行业技术进步的 DEA 法衡量及转型特征分析》，《管理世界》，2007 年第 6 期。

[148] 杜修立、王维国：《中国出口贸易的技术结构及其变迁：1980~2003》，《经济研究》，2007 年第 7 期。

[149] 樊纲、关志雄、姚枝仲：《国际贸易结构分析：贸易品的技术分布》，《经济研究》，2006 年第 8 期。

[150] 樊纲：《国际经济新趋势：技术革命、经济全球化、全球的市场化》，《国际经济评论》，2000 年第 6 期。

[151] 方希桦、包群、赖明勇：《"国际技术溢出"：基于进口传导机制的实证研究》，《中国软科学》，2004 年第 7 期。

[152] 高凌云、王洛林：《进口贸易与工业行业全要素生产率》，《经济学》（季刊），2010 年第 2 期。

[153] 高凌云、王永中：《R&D 溢出渠道、异质性反应与生产率——基于 178 个国家面板数据的经验研究》，《世界经济》，2008 年第 2 期。

[154] 高凌云、夏万军：《进口品属性、溢出与全要素生产率：文献综述》，《首都经济贸易大学学报》，2009 年第 1 期。

[155] 关志雄：《从美国市场看中国制造的实力——以信息技术产品为中心》，《国际经济评论》，2002 年第 7-8 期。

[156] 郭庆旺、贾俊雪：《中国全要素生产率的估算：1979~2004》，《经济研究》，2005 年第 6 期。

[157] 海闻：《国际贸易理论的新发展》，《经济研究》，1995 年第 7 期。

[158] 黄凌云、徐磊:《国际贸易技术溢出对我国的影响——基于工业制成品部门的GTAP模型分析》,《国际贸易问题》,2009年第3期。

[159] 黄先海、石东楠:《对外贸易对我国全要素生产率影响的测度与分析》,《世界经济研究》,2005年第1期。

[160] 江涌:《知识产权:中国一直被动挨打》,《世界知识》,2009年第19期。

[161] 赖明勇、张新、彭水军、包群:《经济增长的源泉:人力资本、研究开发与技术外溢》,《中国社会科学》,2005年第2期。

[162] 李宾、曾志雄:《中国全要素生产率变动的再测算:1978~2007年》,《数量经济技术经济研究》,2009年第3期。

[163] 李兵:《进口贸易结构与我国经济增长的实证研究》,《国际贸易问题》,2008年第6期。

[164] 李春顶:《中国制造业行业生产率的变动及影响因素——基于DEA技术的1998~2007年行业面板数据分析》,《数量经济技术经济研究》,2009年第12期。

[165] 李荣林、姜茜:《进出口贸易结构对产业结构的影响分析——基于产品技术附加值的研究》,《经济与管理研究》,2010年第4期。

[166] 李小平、卢现祥、朱钟棣:《国际贸易、技术进步和中国工业行业的生产率增长》,《经济学》(季刊),2008年第1期。

[167] 李小平、朱钟棣:《国际贸易、R&D溢出和生产率增长》,《经济研究》,2006年第2期。

[168] 李小平、朱钟棣:《国际贸易的技术溢出门槛效应——基于中国各地区面板数据的分析》,《统计研究》,2004年第10期。

[169] 李小平:《国际贸易与技术溢出:途径及测算研究综述》,《财贸经济》,2008年第5期。

[170] 刘小玄、李双杰:《制造业企业相对效率的度量和比较及其外生决定因素(2000~2004)》,《经济学》(季刊),2008年第3期。

[171] 刘小玄、吴延兵:《企业生产率增长及来源:创新还是需求拉动》,《经济研究》,2009年第7期。

[172] 盛斌:《中国工业贸易保护结构政治经济学的实证分析》,《经济学》(季刊),2002年第3期。

[173] 苏振东：《进出口贸易与中国经济增长：1997Q1~2008Q4——基于异质面板季节单整、协整检验和面板季节误差修正模型的动态分析》，《世界经济文汇》，2009年第6期。

[174] 唐保庆：《贸易结构、吸收能力与国际R&D溢出效应》，《国际贸易问题》，2010年第2期。

[175] 佟家栋：《中国贸易体制改革探讨》，《南开学报》，1998年第2期。

[176] 涂正革、肖耿：《中国的工业生产力革命——用随机前沿生产模型对中国大中型工业企业全要素生产率增长的分解及分析》，《经济研究》，2005年第3期。

[177] 王永齐：《贸易溢出、人力资本与经济增长——基于中国数据的经验分析》，《南开经济研究》，2006年第1期。

[178] 魏权龄：《数据包络分析（DEA）》，《科学通报》，2000年第17期。

[179] 谢建国、周露昭：《进口贸易、吸收能力与国际R&D技术溢出：中国省级面板数据的研究》，《世界经济》，2009年第9期。

[180] 徐圆：《国际R&D溢出、产业间贸易流与中国制造业生产率》，《经济科学》，2009年第3期。

[181] 许和连、栾永玉：《出口贸易的技术外溢效应：基于三部门模型的实证研究》，《数量经济技术经济研究》，2005年第8期。

[182] 许和连、王艳和邹武鹰：《人力资本与国际技术扩散：基于进口贸易的实证研究》，《湖南大学学报》（社会科学版），2007年第2期。

[183] 许和连、赖明勇：《出口导向经济增长的经验研究：综述与评论》，《世界经济》，2002年第2期。

[184] 许培源：《贸易品的技术密度、技术吸收能力与技术溢出效应》，《国际贸易问题》，2010年第3期。

[185] 闫荣国、王文博：《我国贸易出口与实际产出关系的季节单整与协整分析》，《当代经济科学》，2006年第7期。

[186] 颜鹏飞、王兵：《技术效率、技术进步与生产率增长：基于DEA的实证分析》，《经济研究》，2004年第12期。

[187] 杨全发、舒元：《广东对外贸易促进经济增长分析》，《世界经济文汇》，1999年第4期。

[188] 杨全发：《中国地区出口贸易的产出效应分析》，《经济研究》，1998年

第 7 期。

[189] 姚战琪：《生产率增长与要素再配置效应：中国的经验研究》，《经济研究》，2009 年第 11 期。

[190] 喻美辞、喻春娇：《中国进口贸易技术溢出效应的实证分析》，《国际贸易问题》，2006 年第 3 期。

[191] 张冰、金戈：《进口贸易与经济增长的研究综述》，《国际商务》，2007 年第 2 期。

[192] 张海洋：《R&D 两面性、外资活动与中国工业生产率增长》，《经济研究》，2005 年第 5 期。

[193] 张杰、李克、刘志彪：《市场化转型与企业生产效率——中国的经验研究》，《经济学》（季刊），2011 年第 2 期。

[194] 赵伟、汪全立：《人力资本与技术溢出：基于进口传导机制的实证研究》，《中国软科学》，2006 年第 4 期。

[195] 郑京海、胡鞍钢、Arne Bigsten：《中国的经济增长能否持续？——一个生产率视角》，《经济学》（季刊），2008 年第 3 期。

[196] 郑京海、胡鞍钢：《中国改革时期省际生产率增长变化的实证分析(1979~2001 年)》，《经济学》（季刊），2005 年第 2 期。

[197] 邹武鹰、许和连、赖明勇：《出口贸易的后向链接溢出效应——基于中国制造业数据的实证研究》，《数量经济技术经济研究》，2007 年第 7 期。

[198]《对外贸易经济合作部关于印发〈对外经贸"九五"科技进步计划纲要〉的通知》，1996 年。

[199]《中共中央关于制定国民经济和社会发展"九五"计划和 2010 年远景目标的建议》，1995 年。

[200]《中共中央关于制定国民经济和社会发展第十一个五年规划的建议》，《人民日报》，2005 年 10 月 19 日。

[201] 梁晓亮：《DVD 专利使用费之争告诉我们什么?》，《经济日报》，2002 年 12 月 16 日。

[202] 国家统计局编：《中国统计年鉴》，中国统计出版社，各有关年份。

[203] 国家统计局编：《中国工业经济统计年鉴》，中国统计出版社，各有关年份。

[204] 国家统计局编:《中国科技统计年鉴》,中国统计出版社,各有关年份。

[205] 联合国统计署,网络地址: http://unstats.un.org/unsd/tradekb/Knowledgebase/What-is-UN-Comtrade。

[206] 联合国商品贸易统计数据库,网络地址: http://comtrade.un.org/db/default.aspx。

[207] 路透社:《索尼的派系斗争》(The Sony Schism),网络地址: http://www.reuters.com/article/2012/03/27/us-sony-idUSBRE82O0HV20120327。

[208] 世界银行数据库,网络地址: http://data.worldbank.org/data-catalog。

[209] 译言网,网络地址: http://article.yeeyan.org/view/145075/120845。

后 记

本书最初定位于将中国贸易技术结构分析与贸易技术溢出分析相结合，早期的框架也是按照这个方向打造的。但行进到第四章，当画出中国进口 TSS 和出口 TSS 曲线时，发现这两条曲线趋势相仿且逐渐收窄，隐隐觉得如果把其他国家的情况也绘制出来应该有更大收获，于是先做了小范围的对比，发现中国的情况与样本发达国家的情况正好相反。为了避免犯小样本错误，又分别计算和对比了三个年份全球各经济体进出口 TSS 值，从而证实"贸易技术溢出效应逆差"是发展中国家贸易技术结构高度化发展过程中的普遍特征。进出口贸易技术溢出效应呈逆差且逐渐收敛是中国近 20 年来贸易技术结构变迁中的最显著变化，这一点最终融合成本书的主标题。作为偏实证性的研究，本书自然少不了与数据打交道。要将海量原始数据变换成形形色色的图形与表格没有点浪漫主义是不行的，但操作中又需聚精会神，为保证数据分析的准确性，还必须寻求别样方法印证前一种处理方法和处理过程是否有误，因此不得不在两种极端工作状态中切换，正是这样一个过程加深了我对研究问题的理解。大篇幅写作本身就是一件充满挑战的事情，由于时间、学识以及驾驭能力有限，本书有些地方只是提出了问题而并未完全作答，不少地方仍不尽如人意，需进一步拓展和提升，可能有一些问题自己还未意识到，恳请各位读者多多批评指正，提出宝贵意见。

就读博士期间需要感谢的人有很多，借此机会表达我的感激之情。首先，能够成为刘迎秋教授的弟子是我求知生涯中最大的幸运，这三年来老师对我悉心栽培、辛勤教育，是我最需要感谢的人。入学伊始，老师就告诫我们要立大志、上大舞台、勇攀学术高峰；对如何读书、如何做学问都做了明确指导，为我们指明了正确的人生道路。在刘老师门下，我开始系统地接受现代经济学训练，对经济学和政策研究有了新的领悟，研究风格和研究倾向也深受影响。在刘老师身边，我所学习和感受到的不仅是老师崇高的使命意识、严谨的治学态度、勤勉的科研精神，还有丰富有益的生活经验和深刻的人生哲理，这是老师赐予我的一笔宝贵财富。老师对我的写作倾注了巨大心力。从选题立意到框架结构，老师都给予了深刻中肯的意见。写作中，老师曾多次就研究问题考问我，我却由于考虑不周、研究不足而时时语塞，而正是老师指出的这些不容回避、直指核心的问题引导着本研究走向深处。本书完稿后，老师花大量精力帮我审阅，对书中的语言逻辑和表达提出精益求精的要求。是老师的呕心沥血和精心点拨造就了本书！春风化雨，润物无声，见贤思齐，效法随从，在此对老师致以最诚挚的谢意！

读博期间还得到了政府政策系身兼老师和师兄双重身份的刘剑雄大哥以及徐浩庆老师的教育和关怀，在此对二位老师表示感谢。还要感谢张亮、魏政、薛白、赵雷、赵三英和丁兴华等师兄，李梦娟师姐，宋佳、李衡和庞鑫师弟，求学期间大家相互帮助，共同奋进，携手度过了难忘的博士学习生涯。感谢政府政策系2009级博士班同学以及陈宏亚、李俏、缪爱丽等同学的同窗之谊。感谢经济系刘春季、数技经系周华林和世经政系苏庆义同学对本书全要素生产率分解和计量分析等方面的帮助和宝贵意见。

特别感谢养育我、为我的成长付出无数心血的父母，感谢公婆对我的巨大理解和支持，他们在抚育孩子方面替我分担很多。感谢我的老公和儿子。老公全力支持我读博，这几年我们聚少离多，他经受着创业的煎熬，担负起养育小孩的重担，赡养我体弱的父亲，如此付出只为圆我的梦想，这更让我珍惜这份幸福。来读博之时，儿子尚不足两岁，正是凡事都需大人照顾的时候，转眼间他已近五岁，已然会与人交流、会思考问题。不能体验其发育成长的美妙已经是我的缺憾，而这段时期母爱的局部缺失对他未来成长会造成怎样的影响答案仍然未知。希望他能够理解我，也祝愿他将来能成为一个不懈追求理想的人。

光阴荏苒，博士生活转瞬即逝。博士求学生涯使我明白了更多的道理，对于以后的人生道路而言，这是一个新的开始。路漫漫其修远兮，吾将上下而求索！

余慧倩